영어 교과서 '속살 보기'
오류와 실수

100가지 오류·실수 타박하기

영어 교과서 '속살 보기'
오류와 실수

이예식·김지희 지음

W미디어

 지구촌 시대를 맞아 국제 공용어인 영어 교육의 중요함은 아무리
강조해도 지나치지 않을 것이다. 그러나 우리는 효과적인 영어 교육
을 못하고 있다. 우리나라 영어 교육은 역류효과(washback effect)가
너무 강한 측면이 있다. 학생도 수능 영어시험에 나오는 듣기와 읽기
능력인 이해 능력만 공부하고, 시험에 출제되지 않는 부문은 아예 무
시한다. 외국어 습득의 목적은 해당 언어 화자들과 의사소통하기 위
함이다. 의사소통은 상대의 생각을 이해하고 자기 생각을 말로 혹은
글로 표현하여 이해시키는 것이다. 이런 측면에서 보면 우리나라 영
어 교육은 처음부터 외눈박이 교육인 셈이다.

 문제는 영어 교과서도 부족한 면이 나타난다는 것이다. 필자는 '영
어 교과서 표현의 문제점'을 분석한 결과를 한국영어교육학회에서 발
표한 적이 있다. 동아일보는 그 내용을 "영어 교과서도 '콩글리시'…
새 교과서 오류 발견"으로 보도하여 사회에 경종을 울렸던 적이 있었
다. 필자는 그 이후 현재까지 20년 넘게 영어 교과서 표현의 문제점을
분석해 오고 있다. 그리고 이 책의 공동 저자인 김지희 박사가 필자의
지도로 현재 사용되고 있는 중학교 영어 교과서 표현을 분석하고, 그

결과를 언어습득이론으로 해석하였다. 분석 결과 20년 전의 영어 교과서에서 발견되었던 틀린 표현이 고스란히 지금의 영어 교과서에도 다시 등장하고 있어서 영어 교과서는 전혀 개선되지 않고 있음을 알 수 있었다.

영어 교과서 저자들은 최고의 전문가들이다. 그런데 특정 영어표현을 왜 지속해서 잘못 사용하고 있을까? 필자들은 영어 교과서에 반복적으로 잘못 사용된 영어표현을 실수(mistake)라기보다 오류(error)로 보고 있다. 오류 표현은 단순 실수로 잘못 사용한 표현과 달리 그 표현을 사용하는 사람들은 잘못된 표현이라는 것을 인식하지 못한 채 반복적으로 사용하여 자가수정(self-correction)이 되지 않는 표현이다. 언어학자들은 이 오류 표현을 아주 자연스러운 현상이라 보고 있다. 외국어를 배우는 과정은 해당 외국어의 완전한 언어능력에 다가가는 과정이며, 외국어 학습자의 해당 외국어 능력은 불완전할 수밖에 없다. 불행하게도 대부분 학습자는 해당 외국어를 구사하는 성인 원어민의 언어능력을 획득할 수 없다. 이런 현상을 언어학자들은 학습자의 해당 외국어 능력이 더 이상 나아지지 않고 불완전한 상태로 굳어진다고 해서 화석화(fossilization)로 표현하고 있다. 각 장에서 제시되고 있는 잘못된 교과서 영어표현은 어쩌면 교과서 저자들의 해당 표현에 대한 용법이 영어원어민의 수준에 도달하지 못한 채 화석화되어 있음을 보여주고 있을지 모른다.

이 책에서 다루고 있는 표현은 공동 저자 김지희의 박사논문에서 분석했던 자료와 필자가 그동안 수집했던 자료 가운데 선별한 가장 경계해야 할 '100가지 영어표현'이다. 이 표현들은 영어 교과서 저자들조차 자신들이 잘못 사용하고 있다는 것을 헤아리지 못한다는 점에서 악성 오류 표현들이다. 이들 교과서 표현이 왜 틀렸는지 그리고 어떻게 수정해야 바로잡을 수 있는지를 관련 영어표현의 예를 들어 해설했다. 필자들은 언어학의 두 영역인 언어습득이론(Language Acquisition Theories)과 의미론(Meaning Theories: Semantics and Pragmatics)에 근거하여 설명했다. 그리고 일반 영어학습자도 이해할 수 있도록 이론적 개념은 일상의 언어로 최대한 쉽게 풀어 놓았다.

이 책의 집필 목적은 중학교 영어 교사에게 영어 교과서의 실상을 알게 하고 교과서의 잘못된 표현을 올바르게 가르쳐 학생들이 훗날 유도된 오류(induced error)를 범하지 않도록 하기 위함이다. 그리고 교과서 집필을 담당하고 있는 교육기관, 교과서 저자, 출판사 관계자가 다음 교육과정의 영어 교과서 출판 시 이 책에서 다룬 오류 표현을 다시 사용하지 않도록 도움을 주기 위해서이다. 또한 학생, 학부모를 포함한 일반 영어학습자도 한국식 영어표현을 피해 정확한 영어를 구사하는 데 도움을 주기 위함이다.

끝으로, 이 책을 집필하면서 많은 도움을 주신 분들께 감사한 마음을 전한다. 원어민의 영어표현에 대한 직관을 빌려준 동료인 Jonathan Jordahl 교수님, Daria Seog 교수님께 감사드린다. 특히 Jonathan Jordahl 교수님은 이 책에서 다룬 거의 모든 영어표현이 지닌 언어의 문화적 차이의 의미를 필자들과 토론하는 데 많은 시간을 할애하였다. 영어권 문화에서 성장한 원어민만이 '알고 느낄 수' 있는 영어표현의 섬세한 의미적 차이들에 관한 설명이 각 장에 담겨 있다. Jonathan Jordahl 교수님의 조언이 없었다면 이처럼 섬세한 영어표현의 '속살'을 볼 수 없었을 것이다. 이 책에서 다룬 영어표현의 자료 설문에 기꺼이 응해준 경북대학교 교양 영어를 담당하는 원어민 강사 열다섯 분에게도 이 자리를 빌려 감사의 말을 전한다. 더불어 에피소드 내용이 잘 전달되도록 재미있는 삽화를 정성껏 그려주신 일러스트 지소현 작가에게 깊은 감사를 드린다.

책은 집필자의 몫이다. 그러나 책에 혼과 생기를 불어넣는 주체는 독자이다. 읽히지 않는 책은 살아있는 책이 아니기 때문이다. 독자의 사랑으로 이 책이 무럭무럭 자라고, 활짝 꽃피우기를 희망한다.

2022년 입춘절에
이예식-김지희

Contents

Chapter 1 | 표현의 올바른 어순 & 'the'의 올바른 사용
The Correct Word Order for Conjoined Expressions and The Correct Use of 'the'

Chapter 5 | 영어 문법 세계 탐험하기
Exploring the World of English Grammar

Chapter 6 | 이심전심
To Have the Right Chemistry

1

표현의 올바른 어순 &
'the'의 올바른 사용

The Correct Word Order for
Conjoined Expressions &
The Correct Use of 'the'

왜 항상 소금과 후추예요?
salt and pepper vs. pepper and salt

Tom Hanks를 좋아하는 영화팬이라면 아래의 영화 대사를 모르는 사람은 거의 없을 것이다.

"인생은 초콜릿 상자와 같은 거야. 네가 무엇을 고를지 아무도 모른단다."

Tom Hanks 주연의 영화 〈Forrest Gump〉에서 주인공 Forrest의 어린 시절에 어머니가 Forrest에게 들려주었던 말이다. 누구나 삶을 살아가다 보면 자신만이 가진 장점 하나씩은 있다는 것을 알게 될 것이다. 그 재능을 펼칠 기회도 한 번씩 온다. 희망을 버리지 않고 묵묵히 달리는 Forrest의 인생관은 자신의 부족함으로 좌절감이 느껴질 때 큰 위안을 주는 '인생영화'로 유명하다. 다음 대화는 영화 〈Forrest Gump〉에 나오는 Forrest의 대사 중 숙어처럼 쓰이는 관용표현을 인용한 것이다.

"From that day on we was always together.

Jenny and me was like **peas and carrots**."

(그날 이후 우리는 늘 함께 있었어요. Jenny와 나는 단짝 친구 같았어요.)

이 대사는 학교로 가는 통학버스에서 우연히 Jenny가 자신의 옆자리에 앉던 날, Forrest가 이야기할 기회를 얻게 되었고, 이후 둘은 단짝이 되어 늘 같이 붙어 다녔다고 회상하는 장면에서 나온다.

여기에서 'we was'와 'Jenny and me was'라고 표현한 이유는 조금 어눌한 캐릭터의 Forrest를 그려내기 위해서일 것이다. 그리고 Forrest가 말한 'peas and carrots'란 표현은 '단짝'이란 의미가 있다(반대말: apples and oranges).

이렇게 숙어처럼 쓰이는 표현 'salt and pepper'에 대한 순서를 한 번 살펴보자.

한국어는 '후추와 소금', '소금과 후추' 어떤 순서로 언급해도 별 차이가 없지만, 영어로 표현하면 반드시 'salt and pepper'로 그 어순이 굳어진다. Why?

salt and pepper?
pepper and salt?

영어의 병렬구조에서 어순을 결정하는 요인은 어느 것이 더 중요하게 여겨져서 우선인식 대상이 되는지를 판단하는 것이다. 그 우선순위는 병렬구조 명칭에 투영된다고 할 수 있다(예: bread and cheese, meat and potatoes). 영어원어민 화자들은 이러한 어순이 음성적 요인이나 발음의 편의를 위해서 특정 어순으로 조합된 병렬구조가 정착한 것으로 느끼고 있다. 이러한 발음의 편의성이 담보되려면 다음과 같은 음성적 특성을 두 단어 모두 충족해야 한다.

❶ 음성적으로 짧은 것이 앞선다(음절 수가 많을수록 뒤에 옴).

nice and beautiful vs. *[1]beautiful and nice

bees and butterflies vs. *butterflies and bees

peas and carrots vs. *carrots and peas

❷ 다른 조건이 같으면 초성의 자음 수가 적은 것이 앞선다.

hot and dry vs. *dry and hot(climate)

apples and bananas vs. *bananas and apples

❸ 다른 조건이 같으면 초성의 폐쇄성이 약한 것이 앞선다(폐쇄성이 강한 자음: [p/b, t/d, k/g]).

salt and pepper vs. *pepper and salt

surf and turf vs. *turf and surf

❹ 다른 조건이 같으면 전설모음이 앞선다('이, 에': 전설모음, '아, 오, 우': 후설모음).

deep and blue vs. *blue and deep

pizza and pasta vs. *pasta and pizza

❺ 종성의 자음 수가 많거나 폐쇄성이 강할수록 앞선다.

Jocks and fun vs. *fun and jocks

Pink and blue vs. *blue and pink

---

1. '*'는 잘못된 표현을 의미한다.

'pepper'가 'salt'보다 한 음절 더 길고, 첫음절에 강세가 온다. 영어 표현에서 다른 조건이 같으면 음절 수가 많아 더 긴 표현이 짧은 표현 뒤에 온다. 그리고 'pepper'의 초성은 폐쇄성이 강한 [p]로, 'salt'는 폐쇄성이 약한 [s]로 시작하고 있다. 이런 이유로 'salt and pepper'라는 특정 어순을 가진 표현으로 정착했다고 설명할 수 있다.

사랑이 미움보다 먼저랍니다
love vs. hate

한국어의 '사랑과 미움'이라는 두 감정을 나타내는 표현을 병렬구조로 연결하면 어느 순서가 일반적일까? 이 표현은 영어로도 'love and hate'라고 한다. 이렇게 상반되는 감정이 공존하는 심경을 영어에서는 'mixed feelings'라 표현한다.

예문을 들어 설명하면, "She has mixed feelings toward him, love and hate at the same time." (그녀는 그에 대하여 사랑하고 동시에 미워하는 복잡한 심경이다.) 복잡한 심경인 사람들에게서 흔히 듣는 '사랑하지만 미워한다' 또는 '미워하지만 사랑한다'라는 넋두리가 있다. 이런 어순을 지키며 두 표현을 영어로 옮기면 다음과 같다.

I hate him, but I love him.
I love him, but I hate him.

두 표현 중 첫 번째 예문은 잘 사용되지 않는 어색한 표현이고, 두 번째 예문은 자연스러운 표현이다. 그 이유는 우선 '사랑'하는 사이가 되었다가 '미워하는 감정'을 가지는 것이 일반적으로 전개될 수 있는 심리상태이기 때문이다. 그 반대의 경우는 매우 어색하거나 흔하지 않은 상황을 나타낸다.

첫 번째 영어문장은 화자(I)가 어떤 사람을 미워하다가 결국 사랑하게 되었다는 것을 나타낸다. 사실 'love and hate'와 같은 명사구는 위의 두 번째 문장을 줄인 표현이라고 할 수 있다. 만약 첫 번째 문장을 이런 식으로 줄여보면 'hate and love'가 될 것이다. 영어에서 이 어순은 위에서 설명한 것과 같은 어색함 때문에 일반적으로 사용하지 않는다. 한국어에서는 그래도 수용할 만한 '미움과 사랑'이 영어에서는 어순이 어긋나 거의 용인되지 않는다.

병렬구조의 이해를 돕기 위해 "Easy come, easy go!"와 "No pain, no gain."을 예로 들어보자. 처음 표현에서 'easy'를 모두 생략하면 'come and go', 두 번째 표현에서 'no'를 모두 제거하면 'pain and gain'이라는 병렬구조의 표현을 얻을 수 있다. 이들 또한 숙어적 표현으로 어순이 고정되어 있다. 다음 예문에서처럼 'come and go'는 '쉽게 나타났다가, 쉽게 사라진다'라는 뜻이다.

The feeling of nausea **comes and goes**.

(구토증이 있다가 곧 사라진다.)

I'm tired of you **coming and going** as you please, so either stay here or stay out!

(난 네가 마음대로 들어왔다가 나갔다가 하는 것이 지겨워. 여기 있든지 아니면 밖에 있든지 해!)

명사로 표현된 병렬구조의 영어 표현 'cat and mouse'는 한국어에서 '쥐와 고양이'로 번역된다. 필자의 한국어 직관으로도 '고양이와 쥐'라는 어순보다 '쥐와 고양이'가 훨씬 더 자연스럽다. 이와 유사한 '늑대와 호랑이', '토끼와 여우', '쥐와 고양이', '개와 고양이' 등과 같은 한국어 병렬구조에 대한 영어 표현은 'tiger and wolf', 'fox and rabbit', 'cat and mouse', 'cat and dog'와 같이 그 어순이 한국어 표현과는 반대가 된다. 이 표현을 영어로 나타낼 때 한국어 어순에 이끌려 'dog and cat', 'mouse and cat', 'rabbit and fox', 'wolf and tiger'라고 어긋난 표현을 사용하지 않도록 유의하자.

어느 것을 먹나요?

coffee and bread vs. bread and coffee

한국 사람들은 커피전문점에서 샌드위치나 빵 종류를 곁들여 커피를 마시며 점심을 먹거나, 디저트 시간을 갖는다. 이때 cheese cakes, tiramisu cakes, chocolate brownies, pastries 등과 같은 달콤한 후식 종류들과 빵 종류에 속하는 Swiss rolls, pretzels, croissants, cookies, doughnuts, muffins, scones 등을 통틀어 빵으로 부르는 경향이 있다.

'빵과 커피 좀 드세요.'를 영어로 표현하면 'Have some coffee and bread.' 로 나타낼 수 있다. 커피전문점에서는 커피가 주 메뉴가 되기 때문에 'coffee and bread'라고 하는 것이 옳을 것 이다. 하지만 그림과 같이 레스토랑 에서 식사하는 맥락이라면 빵이 주 가 되어 'bread and coffee'라고 하는 것이 자연스러운 표현이다.

'빵과 커피'를 'bread and coffee'와 'coffee and bread' 두

표현 모두 영어에서는 맥락에 따라 사용될 수 있다. 그러나 우리말은 대체로 '빵'을 먼저 언급한 다음 '커피'를 언급하는 것이 일반적이다. 그래서 '빵과 커피 좀 드세요.'라고 말한다.

그렇다면 특정한 맥락 없이 일반적으로 빵과 커피를 의미하는 병렬구조의 영어 표현은 'bread and coffee'일까? 아니면 'coffee and bread'일까?

특수한 맥락이 아닌 일반적인 상황에서 식음료 명칭 두 가지가 병렬구조로 표현될 때 영어는 비교적 그 어순이 굳어져 있다. 상황에 따라 'bread and butter'처럼 그 병렬구조의 어순이 절대로 바뀔 수 없을 징도로 화석화된 것도 있고, 'coffee and bread'처럼 맥락에 따라 다소 융통성 있게 그 순서가 바뀌어 사용될 수도 있다. 즉, 맥락에 따라 중요한 것이 먼저 언급된다.

어떤 것이 더 중요하다는 것은 그것이 우리의 우선인식 대상이 된다는 것을 의미한다. 음식에서 두 가지 식자재로 명칭이 지어진다면 그 음식을 이루는 주요 식자재 명칭이 더 중요하게 느껴지고, 그것이 우리의 우선인식 대상이 된다. 그리고 그 우선 순위가 병렬구조 명칭에 투영된다고 할 수 있다.

예를 들면, '빵과 치즈'와 같은 것은 당연히 빵이 이 음식의 기본이며, 치즈는 부차적인 요소이다. 고기와 감자가 함께 나오는 요리 명칭을 표현해보면 'meat and potatoes'가 된다. 이유는 고기가 요리의 기본이며, 감자는 부차적인 부분이기 때문이다.

어순에 대한 이런 방식의 설명은 'fruits and vegetables'의 병렬구조의 어순을 설명하지는 못한다. 왜냐하면 '과일'과 '채소'를 두고 생각해보면 그 중요성이 거의 같게 인식되기 때문이다. 그런데 왜 이 어순만 영어 화자들에게 자연스러울까? 이 의문에 대한 답은 아래 표에 설명하였다.

화석화되어 어순이 고정된 영어 병렬구조

bread and butter	bread and cheese
bacon and eggs	milk and honey
bacon and sausage	sausages and beans
meat and potatoes	fish and chips
surf and turf	fruits and vegetables
wine and pickles	peas and carrots

KBS-TV의 '이슈&뉴스', 이 표현은 틀렸어요!

Issues and News vs. News and Issues

한국 K-pop 그룹 BTS(방탄소년단)의 유럽 공연을 전하는 KBS-TV의 prime-time news에서 아래 사진처럼 '이슈&뉴스'라는 section을 보았다.

이슈 & 뉴스
K팝 첫 공연 유럽 '열광'

자랑스럽고 가슴 뿌듯한 느낌도 잠시…. 그 소식을 전하는 KBS-TV의 prime-time news에 나오는 section 제목은 전혀 자랑스럽지 않았다. 이 표현의 영어적 어순은 '뉴스&이슈'이다. KBS-TV의 이런 잘못된 영어의 한글 표기는 다음과 같은 문제점을 초래할 수 있다.

뉴스의 생명은 정확성이다. 그 뉴스를 전달하는 section의 명칭을 잘못 표기하면 전달되는 내용의 정확성도 함께 의심받을 수 있다는 것! '아니, 한국의 대표 방송국이 자기들의 뉴스 section 이름이 맞는지 틀렸는지를 확인하지도

않고 저렇게 이상하게 붙인 걸 보면 뉴스도 아마 대충 취재했을 거야.' '이슈&
뉴스'가 잘못된 표현인 것을 아는 영어권 화자들의 반응을 잠시 상상해보았다.
이 잘못된 명칭은 오늘도 당당하게 노란 글씨로 방송되고 있다.

'이슈&뉴스'의 올바른 영어 표현은 'News and Issues'이다. KBS-TV의 9시
뉴스가 어떤 section의 명칭을 '이슈&뉴스'라고 한 이유를 추측해보면 다음과
같다.

❶ 영어 어순을 전혀 고려하지 않고, 한국어 표현 습성에 맞추어 이름을 붙
였을지도 모른다. 어순도 문제이지만, 여러 이슈들을 다루기 때문에
'issue'는 복수형(issues)으로 나타내야 한다. 그리고 'news'가 's'로 끝나
므로 압운(rhyming)을 살리기 위해서도 'issue'의 복수형(issues)을 사용
하는 것이 맞는 표현이다. '**News and Issues**'라고 해야 의미적으로도 올
바르고, 음성적인 압운도 살려 정말 살아 있는 영어 문구가 될 것이다.

❷ 어떤 사안이 **뉴스를 타고 사람들에게 널리 알려져야 논쟁거리**(issues)가

되는 것이므로, 영어의 일반적 언어사용 원칙을 어긴 것이다.

John loved and married Mary.
John married and loved Mary.

위 첫 번째 문장은 "John이 Mary를 사랑해서 결혼했다."라는 해석이 되고, 두 번째 문장은 "John은 결혼하고 나서 Mary를 사랑하게 되었다."라는 의미가 있다. 그런데 두 번째 문장은 '발생한 상황 혹은 사건의 순서에 따라 표현해야 한다'라는 어순 결정에 대한 일반원칙에 따라 위 두 문장은 다른 어순으로 표현되었다.

❸ 영어권에 이미 'News and Issues'라는 사이트가 있어서 중복을 피하려고 의도적으로 영어 어순을 어겨 '이슈&뉴스'라 했을 것으로도 추측할 수 있다.

❹ 뉴스 section 이름을 지은 사람들의 영어 식견이 부족해서 'News and Issues'와 'Issues and News'가 별다른 차이가 없다고 판단하여 한국어 표현으로 더 익숙한 어순인 '이슈&뉴스'를 택했을 것으로도 추측해볼 수 있겠다.

이 문제의 답은 무엇일까요?
a solution vs. an answer

미국 목사이자 작가인 Norman Vincent Peale(1898~1993)의 책 <The Power of Positive Thinking>에 나오는 두 문장을 인용하여 이번 solution을 찾아보자.

"**Every problem** has in it the seeds of its own **solution**. If you don't have any problems, you don't get any seeds."

(모든 문제는 그 자체로 해결의 실마리가 있다. 당신이 아무런 문제가 없다면 어떤 발전의 기회(seeds)도 가질 수 없다.)

"그 시험 문제의 답은 무엇입니까?"를 영어로 옮기면 "What is the answer to the test question?"이 될 것이다. 한국어로 'a solution'과 'an answer'의 해석은 '답'에 해당한다. 물론 'a solution'은 '해결책'이라는 표현으로 번역하는 것이 'an answer'의 번역과 더 명확한 구별이 된다. 'a problem'은 'a solution'을, 'a question'은 'an answer'를 짝으로 두어야 바른 표현이 된다.

일반적으로 'problems and solutions', 'questions and answers'라고 한다.
세부적인 설명은 아래에서 확인하시길!

problems and solutions

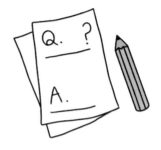

questions and answers

'problems and solutions'와 'questions and answers'라는 두 가지 병렬구조 표현에서 앞뒤 순서를 바꾸면 어긋난 표현이 된다. 'solutions and problems'나 'answers and questions'라는 표현은 KBS-TV의 9시 뉴스 section 이름인 '이슈&뉴스'를 '뉴스&이슈'라는 순서의 병렬구조로 표현해야 하는 이유와 같은 맥락에서 어긋난 표현이다.

문제가 발생한 후 해결책을 생각하는 것이 일반적인 인지과정이다. 이런 시간적 순서 매김을 반영하는 방식으로 병렬구조의 표현들은 일반적으로 그 구성요소의 순서가 정해진다. 이런 표현의 조합 이외에도 그 표현의 쓰임에서 유의할 점을 아래에 정리해보았다.

❶ 어떤 문제에 대한 해결 ➡ 'a solution _____ the problem'에서 빈

칸에 어떤 전치사가 가장 적합할까? '대하여'의 해석이 있다고 해서 전치사 'about'을 쓰는 실수를 하지 않도록 주의하고, 전치사 'to', 'for' 둘 다 가능하다는 것을 기억해두자.

❷ '어떤 문제의 해결책을 제시하다'라고 할 때 'provide/come up with a solution to/for the problem'이라고 표현한다. 그리고 '문제의 해결책을 찾거나 해결책을 어떤 문제에 적용하여 풀다'라는 의미는 'find/apply a solution to/for the problem'이라고 한다.

❸ 어떤 (시험)문제에 대한 답 ➡ 'an answer _____ the question'에서 빈칸에 어떤 전치사가 가장 적합할까? '대하여'의 해석이 있다고 해서 전치사 'about'을 쓰는 실수하지 않도록 주의하고 전치사 'to'만 가능하다는 것을 기억해두자.

❹ '해당하는 시험 문제의 답을 제시하시오'라고 할 때는 'provide/come up with an answer to the question'이라고 하는 것이 한국어 표현에 대한 정확한 영어 표현이다('for'를 쓰는 경우: 표준 영어 표현이라고 할 수 없고, 영어원어민 화자들의 언어 습관에 부합하지 않음). 해답을 목적어로 취하는 동사 표현은 'provide', 'come up with' 이외에도 'give', 'offer', 'have', 'know', 'get', 'receive' 등이 있다. '시험 문제에 답을 한다'라는 표현은 'give/offer/provide/come up with an answer to the question'이다.

밤낮없이 당신만 생각해요!
night and day vs. day and night

아래 Cartoon Strip에서 Snoopy가 'day and night'라 하지 않고 왜 'night and day'라고 했을까?

Snoopy는 사랑하는 사람에게 편지를 쓰고 있다. 내용은 "나는 밤낮없이 당신만을 생각해요!", "당신은 이 세상 그 무엇보다 내게는 더 소중해요."라는 달콤한 사랑의 고백이다.

만약 여기에서 'night and day' 대신 숙어로 굳어진 표현인 'day and night'를 사용하여 "Dear Sweetheart, I think of you **day and night**."라고 했다면 어떻게 될까? Snoopy가 달콤하게 꿈꾸는 로맨틱한 분위기는 완전히 엉망이 될 것이다.

이 표현은 일차적으로 'unceasingly, continually, all the time'의 의미가 강하게 전달된다. 즉 "당신을 계속해서 끊임없이 늘 생각한다"라는 의미가 포함되어 결과적으로 "I am obsessed with you."처럼 "나는 당신에게 집착하고 있다"라는 의미를 갖게 된다. Snoopy의 사랑 고백은 결국 스토커의 협박이 될 수 있다. 반면, 숙어적인 순서를 뒤집은 표현 'night and day'는 밤이라는 시간대를 먼저 인식의 대상으로 여기는 표현으로 '나는 당신을 어젯밤에도 생각했고, 오늘 낮에도 계속해서 생각합니다. 너무 보고 싶어요'라는 로맨틱한 사랑의 표현이 된다.

병렬구조 표현의 구성 순서를 결정하는 큰 원칙 중 하나는 논리적 혹은 시간적 발생 순서를 따르는 것이다. 특정 시간대(day or night)를 우선적인 인식대상의 배경으로 여김으로써 그 순서가 정해지는 아래 표현들을 한 번 살펴보자.

The nurse was at her patient's bedside **day and night**.
➡ 환자를 돌보는 시간의 기점을 낮으로 잡고 돌보는 시간이 밤까지 이어져 24시간 늘 돌본다는 의미이다. 만약 밤 시간대에도 돌본다는 것을 부각해 강조하고 싶으면 'night and day'를 사용해야 한다.

The building is guarded **night and day**.

→ 건물의 경비를 서는(be guarded) 시작 시간대를 밤으로 보고 그 행위가 낮 시간대까지 이어져서 24시간 늘 그 건물은 경비 상태임을 나타낸다. 이 건물이 은행처럼 낮 동안에 경비를 엄격하게 서고, 밤에도 추가로 경비 업무를 더한다면 'day and night'로 표현하면 자연스럽다.

우리말의 병렬구조 어순도 논리적 혹은 시간적 발생 순서에 따라 결정되는 것을 아래 예를 통해 확인해볼 수 있다.

'**낮밤** 가리지 않는 음주운전 단속', '**낮밤**이 없는 도시! 화려한 광고판에 둘러싸인 뉴욕의 타임스퀘어', '**낮밤**이 바뀐 아이는…', '**낮밤** 없는 도심 성매매', '산란 수 늘리느라 **낮밤**도 없이 닭장에 불을 켜놓고'

→ 위의 '낮밤'의 쓰임을 보면 '낮' 시간대가 먼저 인식의 대상이 되는 경우이다. 음주운전 단속은 주로 야간에 시작되지만, 주간에도 이루어짐을 강조한다. 화려한 네온사인의 불빛은 밤의 광경이지만, 뉴욕 도심은 낮에도 다른 도시와 대비가 되도록 네온사인이 화려하게 켜져 있는 것을 강조하기 위해서 '낮밤'이라고 표현!

달빛이 비치는 강
Moon River vs. The Moon River

영화 <Breakfast at Tiffany's>에서 눈부시게 아름다운 Audrey Hepburn 이 창틀에서 기타를 치며 노래하는 장면을 기억하는가? 그때 외롭고 공허한 마음을 달래면서 불렀던 노래 <Moon River>를 들으며 정관사 'the'의 세계로 여행을 시작해보자.

Moon River, wilder than a mile, (달빛 가득한 강 넓기도 하네)

I'm crossing you in style some day. (언젠가 널 멋지게 건널 거야.)

그런데 노래를 작사한 Johnny Mercer는 이 곡의 제목을 'Blue River'라고 생각했지만, 같은 제목의 노래가 있어 'Moon River'로 바꾸었다고 한다. 여기서 잠깐! 실제로 Canada Ontario 주에 'the Moon River'라는 강이 있고, 정관사 'the'를 붙여 지금도 그렇게 부르고 있다.

한국어에는 없는 '정관사'의 세계를 알아보는 것은 부담스러울 수밖에 없다. 하지만 이 챕터를 끝까지 읽으면 언어 지식 습득에 고급스러운 액세서리 하나 얻은 느낌이 들 것이다.

아래 표현은 모두 아마존 강 이름을 올바르게 표현한 것이다. 오마이갓!

(i) the+고유 명칭+River: the Amazon River

(ii) 고유 명칭+River: Amazon River

(iii) the+고유 명칭: the Amazon

(iv) 고유 명칭: Amazon

(v) River+고유 명칭: River Amazon

중학교 영어 교과서에 나온 아래 예문의 강 이름에는 노래 제목 'Moon River'처럼 무관사이다.

A: Bora, what did you do last weekend?

B: I went camping at **Hongcheon River** with my family

전통적인 학교 영문법은 정관사를 붙여 'the Hongcheon River'라고 해야 맞다. 'Moon River'처럼 정관사 'the' 없이 강 이름을 영어로

부를 수 있을까? 원어민 영어 강사 15명에게 설문한 결과, 기존의 학교 영문법과는 달리 12명이 정관사를 붙이지 않은 교과서 표현을 선호했다.

그렇다면 강 이름 앞에 정관사 'the'를 사용해야 한다는 학교 영문법은 어떻게 된 것일까? 강 이름을 인터넷에서 검색해보면 다음과 같은 예문들이 등장한다.

"The Murray River (or River Murray) is Australia's longest river, at 2,508 kilometers (1,558 mi) in length."

"Amazon River, the greatest river of South America…."

"The Amazon River, usually abbreviated to Amazon…."

"Nile River served as the source and inspiration behind many agricultural revolutions, technological innovations, and works of art."

강 명칭에 정관사를 사용할 것인지 아닌지는 그 맥락에 따라 정할 수 있다. 일상적인 맥락에서는 정관사 'the'를 생략하거나 'River'를 생략하고 사용하기도 한다. 그리고 문맥상 오해의 소지가 없으면 모두 생략하고 'Amazon'처럼 해당 고유 명칭만으로 강을 부를 수도 있다.

그렇다면 이 중 어느 유형으로 강의 명칭을 말하면 좋을까? 어떤 유형으로 명명할 것인지는 그때그때 맥락에 맞게 결정하면 된다. 영어 교과서처럼 어법이 엄격히 지켜져야 하는 맥락에서는 'the+고유 명칭+River'의 유형으로, 일상적인 대화에서는 간략한 유형의 강 명칭을 사용하자.

하지만 이런 식의 영어 강 명칭 표기방식은 시간이 지나면서 독일, 프랑스와 같은 주변국 강의 명칭(라인 강: Der Rhein, 센 강: La Seine)에 영향을 받아 18세기 이후 정관사가 지속해서 나타나는 관행이 정착되었다. 이 관행에 따르면 앞에 나온 교과서 예문의 강 명칭에 정관사를 붙여서 'the Hongcheon River'라고 해야 하지만, 실제 영어원어민 화자들은 그 문제를 그렇게 중요하게 생각하지 않았다. 격식을 갖춘 표현인지, 일상적인 표현인지에 따라 강 이름 앞의 정관사 유무가 결정되는 것으로 보인다.

런던에는 없는 London Bridge
London Bridge vs. The London Bridge

'London Bridge는 런던에 있다, 없다?' 이 퀴즈의 답은 "Yes and No!"이다. 한편으로는 그렇고, 다른 한편으로는 그렇지 않다는 의미이다.

'London Bridge'는 유럽에서 사람들이 가장 많이 왕래하는 Thames 강 위에 있는 다리이다. 이 명칭에는 정관사 'the'를 붙이지 않지만, Thames 강 위에 근래에 세워진 다리 'The Millennium Bridge(2000년 준공)'와 'The Golden Jubilee Bridges(2002년 준공)'는 정관사를 붙여서 부른다. San Francisco Bay에 있는 금문교 'The Golden Gate Bridge(1993년 준공)' 또한 정관사 'the'를 붙여서 부른다. 이들 다리는 근래에 건설됐다는 공통점이 있다.

20세기에 세워진 앞의 다리 두 개를 제외한 London의 Thames 강 위에 세워진 다리들은 거의 모두 수백 년 전에 세워진 다리들이다. 이들의 이름에는 정관사 'the'를 붙이지 않는다. 하지만 20세기 이후에 건설된 미국의 다리들의 이름은 대부분 정관사 'the'를 붙여서 사용한다.

강 이름부터 다리 이름까지 이건 완전 딜레마의 연속이군! 정관사, 너는 우리나라에는 없는 씨앗인데 무슨 꽃을 피우는지 정체를 알 수가 없구나.

❶ **영국** 런던의 다리들은 대체로 유서 깊은 오래된 것들이다. 다리 명
칭에는 정관사를 붙이지 않는 것이 일반적이다. 'The Millennium
Bridge'는 정관사 'the'를 붙여 사용하기도 하지만, 정관사를 붙이지
않는 경우가 더 흔하다. Thames 강에 있는 '**Tower Bridge**'는 18세
기에 세워졌으며, 정관사를 사용하지 않는다. 반면, 미국 California
Sacramento 강 위에 있는 같은 이름의 다리 명칭에는 정관사 'the'를
붙여 '**The Tower Bridge**'라고 표기한다. 왜 그런지 답을 밝힌 언어학
자는 아직 없으며, 다만 잠정적으로 오래된 다리도 처음에는 정관사를
붙였지만 사람들의 일상과 가까워지면서 관사를 생략했을 수도 있다
고 추측해본다(인간중심: Anthropocentric).

❷ **미국** New York에 있는 다리 명칭은 어떨까? 'Pelham Bridge,
Rikers Island Bridge, Brooklyn Bridge, Manhattan Bridge'와 같
은 다리 이름은 정관사 'the'를 붙이지 않는다. 주목할 만한 것은 최근
에 건립된 다리일수록 그 명칭에 정관사 'the'를 사용한다는 것이다.
건국 역사가 그리 오래되지 않은 미국, 뉴질랜드, 호주와 같은 영어권

나라의 다리 명칭에는 정관사 'the'를 붙여 사용하는 경우가 훨씬 더 많다.

❸ New Zealand의 유명한 다리 18개 명칭을 살펴본 결과 정관사를 사용하지 않은 다리 명칭은 다음과 같이 6개였다(Wikipedia). Fairfield Bridge, Grafton Bridge, Hamish Hay Bridge, Hauraki Bridge, Mangere Bridge, Onepoto Bridge. 나머지 12개는 정관사를 가진 명칭을 사용했다.

❹ Australia의 가장 아름다운 다리 12개를 소개하는 웹사이트에서는 'Barham Koondrook Bridge'를 제외하고 모두 정관사를 사용했다. The Ross Bridge, The Anzac Bridge, The Webb Bridge, Brisbane's Story Bridge, The Hawkesbury River Railway Bridge, The Sea Cliff Bridge, The Stony Creek Falls Bridge, **Barham Koondrook Bridge**, The Bethanga Bridge, The Sydney Harbour Bridge.

❺ 한국 한강의 다리 명칭 대다수가 정관사 'the'를 가졌다. '비영어권 국가에서 다리 명칭을 영어로 지을 때 'the'를 붙이는 것이 더 자연스럽게 보인다'라는 일반적인 경향을 따른 것이라고 볼 수 있다. 한강의 다리 이름 29개 중 다음의 6개만 정관사 없이 Wikipedia에 등재되어 있다. Cheongdam Bridge, Dongho Bridge, Dongjak Bridge, Yeongdong Bridge, Olympic Bridge or Grand Olympic Bridge, Seogang Bridge or Grand Seogang Bridge.

지구를 영어로?
Earth vs. the Earth, earth vs. the earth

대문자로 시작하는 'Earth'와 소문자로 시작하는 'earth', 그 앞에 정관사 'the'를 붙일 때와 그렇지 않을 때! 우리나라에 없는 씨앗의 만행은 또 시작되었다. 영어 교과서를 들고 와서 틀린 부분을 찾아달라는 학생의 요청을 받고, 이번 기회에 제대로 정리해서 기록으로 남겨 보고 싶었다.

Today we live on **the earth**. In the future we will live in a space station. What will people do there? They'll build a city with factories, shops, and houses. How will they do it? A space shuttle will take materials from **the earth** to the space station. Robots will build a giant spaceship for us.

❶ 첫 번째 문장 'the earth' ➡ earth(공중의 개념을 나타내는 표현 'in a space station'과 대비되는 '땅에'라는 의미를 나타내려면 정관사 없이 단순히 'earth'라는 표현을 사용해야 한다.)

❷ 두 번째 문장 'the earth' ➜ earth('땅에서 우주정거장으로' 물자를 가져간다
는 의미를 표현하므로 공중의 개념과 대비되어 있다. 이 표현도 정관사 없이 'earth'
라는 표현을 사용해야 한다.)

❶ **Earth** 지구를 지칭하는 이름, 대문자로 시작, 관사 없이 쓰인다(고유
명사의 특성). 수성, 금성, 화성, 목성을 'Mercury', 'Venus', 'Mars',
'Jupiter'로 부르는 것처럼 지구를 'Earth'라고 명명한 것이다.
The spaceship returned safely to Earth.
(그 우주선은 무사히 지구로 되돌아갔다.)

❷ **the Earth** 태양계의 지구를 의미한다(지구가 존재하는 범위를 태양계로 제
한). 'the Mercury', 'the Venus', 'the Mars', 'the Jupiter'도 같은 맥
락이 된다.
**Meteorites often burn up in the atmosphere before they
reach the Earth.**
(많은 운석이 지구의 대기권에 도착하기 전에 전소한다.)

❸ **earth** 우리가 사는 지구를 뜻하고, 공중을 나타내는 'the air'와 대비
되는 '땅'이라는 뜻이며, 그 범위가 제한되지 않으면 정관사 없이 사용

한다. '땅으로 떨어진다, 땅으로 내려앉는다'처럼 공중과 대비되어 '땅에서', '땅으로'의 의미를 나타낼 때 'earth'를 사용한다. 그리고 '우리가 사는 이 세상'이라고 할 때도 정관사 없이 단순히 'earth'로 표현한다. 정관사 없이 사용되는 또 다른 경우 '흙'이라는 물질을 뜻하는데, 그 흙의 범위가 제한되어 있지 않을 때 쓰인다(범위가 제한되면 정관사를 가진 'the earth'로 표현).

The pilot brought the plane gently **back to earth**.

(그 조종사는 비행기를 사뿐히 땅에 착륙시켰다.)

God's will be done **on earth** as it is in heaven.

(천국에서처럼 이 세상에서도 하나님의 뜻이 이루어질 것이다.)

The ploughed **earth** looked rich and dark and fertile.

(쟁기질한 흙은 기름지고 검고 비옥해 보였다.)

❹ **the earth** '땅'이란 의미를 나타낼 때 보통 정관사 없이 'earth'로 표현한다. '지진의 흔들림을 느낀 땅'처럼 땅의 범위가 한정될 때, 지구 밖에서 본 지구 전체를 나타낼 때, 지구 내부에서 본 지구 전체를 나타낼 때 사용한다.

The earth was shaking and people rushed out of their houses in panic.

(땅이 흔들렸고, 사람들은 겁에 질려 집 밖으로 뛰쳐나왔다.)

Many species are in danger of vanishing from **the earth**.

(많은 종이 지구상에서 사라질 위험에 처해 있다.)

신기하고 이상한 얼음계곡

ice is frozen vs. ice forms

경상북도 청송군에 위치한 국립공원 주왕산은 웅장하면서도 수려한 기암절벽을 자랑한다. 몇 년 전, 청송군에서 주왕산과 계곡을 UNESCO Global Geopark에 등재하기 위해 세계지질공원위원회(UNESCO Global Geopark Committee)에 제출할 지원서를 영문으로 준비하고 있었다.

필자가 그 지원서의 초고를 볼 수 있었는데, 영문 표현에 있어 많은 오류를 담고 있었다. 아래 영어 표현은 그 오류 중의 하나로, 한국식 영어 표현이 얼마

나 황당한 의미를 내포할 수 있는지 보여주는 사례이다.

'In Cheongsong Ice Valley, ice is frozen during the summer….'

위의 영어 표현에는 크게 세 부분이 잘못되었다. 우선 '청송 얼음골'의 영어 표기 'Cheongsong Ice Valley'에서 정관사가 빠져 있다. 두 번째 문제는 '얼음이 얼다'를 영어로 옮긴 부분이다. 마지막으로, 'during the summer'는 '청송 얼음골에서는 여름 동안(만) 얼음이 언다'라는 의미를 나타낸다. 영어원어민 화자들은 이 표현을 접하는 순간 참으로 이상한 계곡이 한국에 있다고 생각할지도 모를 일이다.

첫 번째 문제를 살펴보면, 전 세계적으로 명성을 얻지 못한 골짜기 명칭 앞에는 아래 예들이 보여주듯이 대부분 정관사를 붙여서 표현한다.: the Fraser Valley, the Willamette Valley, the Ruhr Valley, the Nile Valley….

'청송 얼음골'에 정관사를 붙이지 않으면 영어원어민 화자들은 그 골짜기를 마치 Death Valley, Silicon Valley처럼 전 세계적으로 유명한 장소로 간주하듯이 정관사 'the'를 생략하고 있어 너무 과장된 표현이라고 판단하지 않을까?

이처럼 유명 장소 이름에 정관사를 생략하는 예는 위에서 아마존 강, 런던 브릿지와 같이 사람들의 일상에 매우 친근하고 가까이 있어 정관사를 생략하는 관행과 무관하지 않다. 그렇다면 정관사 'the'를 붙이지 않은 이런 방식의 표현은 전체 지원서가 과장되었을 수 있다는 느낌을 은연중에 주지 않을까 염려된다.

두 번째 문제는 '얼음이 얼다'를 영어로 옮긴 부분에 'ice is frozen' 이라는 표현은 그 자체로는 어떤 오류도 없어 보이지만, 'freeze'라 는 동사는 능동의 형식을 취하는 능격동사(ergative verb)이다(예: Salt water is harder to freeze than fresh water. 소금물은 민물보다 잘 얼지 않 는다).

이런 문제 외에도 'ice'라는 명사 자체가 물이 얼어 단단하게 된 것 을 의미하기 때문에 'Ice is frozen'이라는 영어 표현은 매우 무의미해 진다. 왜냐하면 '얼음은 이미 얼어 있는 것'을 나타내기 때문이다. 따 라서 우리말 표현 '얼음은 섭씨 영도에서 언다'를 영어로는 다음과 같 이 표현할 수 있다. "**Water freezes into/becomes ice** at 0 degrees Celsius."(물은 0℃에서 얼어서 얼음이 된다.) 만약 'ice'를 주어로 사용하 려면 "**Ice forms** at 0 degrees Celsius."라고 표현하면 될 것이다.

세 번째, 'during the summer' 표현의 전치사 'during'은 그 뒤에 오는 시간 표현의 명사가 나타내는 시간 '~동안'이라는 의미를 나타 낸다. 즉 'how long?'이라는 표현의 의미에 상응하는 시간의 길이 또 는 범위를 나타내므로 'during the summer'는 여름이라는 시간 동 안이라는 의미를 나타낸다. 따라서 지원서의 "In Cheongsong Ice Valley, ice is frozen during the summer⋯."는 "청송 얼음골에서는 여름 동안(만) 얼음이 언다."라는 정말 희한한 의미가 된다. 얼음은 일 반적으로 겨울에 어는데 청송 얼음골은 정반대로 여름 동안만 언다고 표현되어 있으니, 현실 세계가 아닌 동화에서나 나올 것 같은 이상하 고 진기한 계곡이 되어버렸다. 원문을 바르게 수정해보자.

In **the** Cheongsong Ice Valley, ice **forms/ is found even in** the summer⋯.

(청송 얼음골에는 심지어 여름 동안에도 얼음이 언다.)

그럴 시간이 없어요!

I don't have time. vs. I don't have the time.

한국인 영어학습자들에게 "그럴 시간이 없어요."를 영어로 표현해보라고 하면 대부분 "I do not have time to do that."이라고 한다. 사실 영어원어민 화자들은 간단하게 "I'm too busy (to do that)."라고 할 것이다. 중요한 차이는 영어원어민 화자들은 이런 표현에서 'time'을 명시적으로 잘 사용하지 않는다는 점이다.

마찬가지로, 한국인 영어학습자들에게 "몇 시죠?"와 "시간 있습니까?"를 영어로 표현하게 하면 대체로 다음과 같이 표현한다.

Do you have the time?

Do you have time?

한국인 영어학습자는 시간을 묻는 표현에 사용되는 'time'은 반드시 정관사 'the'와 함께 사용되어야 한다는 사실 또한 외우고 있다. 그리고 시간이 있는지 물어보는 질문에 사용되는 'time'은 위의 두 번째 문장처럼 정관사 'the'를 갖지 않는다는 것도 알고 있다. 첫 번째 의문문에 사용된 'the time'은 '당신이 가진 시계의 현재 시간'을 의미한다. 직역하면 '시계 가지고 있습니까?' 정도가 될 것이다. 이러한 의미는 결국 지금 몇 시냐고 물어보는 질문이 된다.

'time'의 이런 쓰임을 바탕으로 중학교 영어 교과서에 나온 아래 예문의 'time'이 제대로 사용되었는지 판단해보자.

T: How often do you listen to your friends' problems?

S: Only sometimes. I just don't have **time**.

T: How about making more time for your friends?

S: Thank you, I will.

위 예문은 선생님이 학생에게 상담해주는 상황을 묘사한 것이다. 어떻게 하면 친구들과 더 가까워질 수 있는지를 학생이 선생님께 묻고 있다. 이런 맥락에서 두 번째 문장의 'have time'은 'have the time'으로 수정해야 한다.

시간의 유무를 표현하려면 일반적으로 'time'은 정관사 없이 사용된다. 위 교과서 내용 중 학생의 두 번째 대화에 'have time'은 올바른 표현인 듯하다. 하지만 "그렇게 할 시간이 없어요."라는 의미를 표현하려면 그 시간은 한정된 특정시간을 의미하기 때문에 'the time'이라고 해야 한다.

여기서 'the time'은 몇 시인지를 물어보는 것이 아니다. 구체적으로 설명해보면 'the time'은 자신의 시간 계획에서 친구들의 문제를 들어줄 특정 시간은 없다는 뜻이다.

'time'이 관사와 같이 사용될 수 있는 경우를 좀 더 살펴보자. 아래 예문의 영어 표현에서 확인할 수 있듯이 부정관사 'a' 또는 무관사 복수형 'times'로

'time'이 사용되면 어떤 사건이 발생한 불특정 길이의 시간 또는 그런 여러 시간의 반복(복수형)을 나타낸다.

For **a long time** (a long period), we all thought that Sheila and Frank would get married.

(오랜 시간 우리는 모두 Sheila와 Frank가 결혼할 것으로 생각했다.)

When would be **a good time** for me to call you?

(제가 전화를 드리면 좋을 시간이 언제입니까?)

We all had **a good/great/lovely time** (during a particular period) at the concert.

(우리 모두 연주회에서 멋진 시간을 가졌습니다.)

You can be really annoying **at times** (sometimes), you know.

(당신은 때때로 정말 성가실 수 있다는 거 아시죠?)

When you're at the airport, you should make sure you have your luggage with you at **all times** (continuously).

(공항에 있을 때 당신은 늘 당신의 짐을 확실하게 가지고 있어야 합니다.)

시간을 묻는 말로 "Do you have the time?"은 현대 영어에서는 잘 사용하지 않는 고풍스러운 표현이다. 거의 모든 영어원어민 화자들은 "What time is it?"으로 시간을 묻는다. 이런 점을 한국인 영어학습자들은 학교 영어시간에 거의 배우지 않고, 몇 시인지를 물을 때는 'the time', 시간 유무를 물을 때는 정관사 없이 'time'을 사용해야 한다고 단순히 배우고 있다. 그 결과 영어 교과서에서조차 이런 기계적인 단순 암기사항에 충실하여 앞서 언급한 영어 교과서 예문과 같은 유도된 오류(induced error)를 교과서 저자들이 범하고 있다. 이런 점을 고려하면 유도된 오류는 거의 화석화(fossilization)될 확률이 매우 높은 악성 오류라고 할 수 있다.

한편, 한국어의 '시간'에 해당하는 영어 표현으로 'time'과 'hour'가 있다. 'hour'는 'time'의 길이를 나타내는 단위 명칭이다. 그런데 이 두 가지 표현은 다음과 같은 경우 거의 같은 의미로 사용된다.

He returned home from work at **rather a late hour** in the evening.

(직장에서 그는 매우 늦은 저녁시간에 집으로 돌아왔다.)

The staff who are sleepy at **this late hour** of night, perk up at a new arrival.

(이렇게 밤늦은 시간에 졸린 직원들이 새로운 손님의 도착에 정신을 차렸다.)

Now **at this late hour** of night, it's pouring again making the weather cooler and conducive for a good sleep.

(이 밤늦은 시간에 비가 쏟아져서 날씨가 시원해지고 잠이 더 잘 올 수 있게 되었다.)

Who is calling **at this late time** of night?

(이 밤늦은 시간에 누가 전화를 할까?)

Don't know why you're taking food **at this late time of** night.

(이 밤늦은 시간에 왜 먹는지 모르겠다.)

Thanks very much for your help **at this late time** of night.

(이 밤늦은 시간에 도와주셔서 대단히 감사합니다.)

위 예문의 'at this late hour of night'와 'at this late time of night' 중에서 'at this late hour of night'라는 표현이 영어원어민 화자들에게 더 일반적으로 사용된다. 이 일반성 이외에도 'at this late hour of night'는 친근감과 시적 감흥이 느껴지는 표현이다. 'hour'는 불어에서 파생된 단어이고, 'time'은 독일어 계통의 영어 고유 어휘여서 조금 투박한 느낌을 준다. 이런 점 때문에 위 세 문장의 예에서 알 수 있듯이 'time'은 'hour'보다 약간은 부정적인 맥락에서 주로 사용된다.

여기서 한국인 영어학습자에게 문제가 되는 것은 이런 영어원어민들만이 느낄 수 있는 언어 감각적인 차이와, 'hour'도 'time'과 같이 시점과 시간대를 나타낼 수 있다는 점이다. 이처럼 'hour'가 특정 시간대를 나타내면 특정 시점과 연결되어 있어야 한다. 위 예문에 'at this late hour'인 자정과 연관되어 그 뒤로 한두 시간에 걸쳐 있는 시간대를 가리킨다. 따라서 새벽 두 시 정도의 늦은 시간을 의미한다.

그리고 'opening, business, office, working hours'는 (영업)시작, 영업, 집무, 근무시간(대)를 나타내며, 보통 시간 단위로 나타낼 수 있다. 그런데 일반적으로 영업 또는 업무 마감시간은 'closing hours'라고 하지 않고 'closing time'이나 'time for closing'이라 한다. 이유는 상점의 업무 마감시간은 몇 시간에 걸쳐 있지 않고 정확한 시점으로 정해져 있기 때문이다.

그밖에 'breakfast, lunch, dinner hour' 같은 표현의 'hour'도 아침, 점심, 저녁시간을 나타낸다. 하지만 이 표현들도 일반적으로 한 시간(60분) 정도의 시간대에 걸쳐서 행해지는 일상의 특정활동을 나타내므로 'hour'를 이용하여 표현한다.

그렇다면 'lunch hour'와 'lunch time'은 어떤 의미 차이가 있을까? 글자 그대로의 의미처럼 '점심을 먹는 데 걸린 시간'과 '정해진 점심시간, 11:30~13:30 사이의 시간대'를 의미한다. 그래서 'lunch hour'는 개인에 따라 달라질 수 있지만 'lunch time'은 일반적으로 정해진 시간이다. 아래 예문을 참고하자.

Can we meet tomorrow in the plaza around lunchtime?

(우리 내일 상가에서 점심시간쯤에 만날 수 있을까요?)

I was so busy yesterday that I took my lunch hour at 3 pm.

(나는 어제 매우 바빠서 오후 3시에 점심시간을 가졌다.)

2

한국어 스타일로 생각하지 말아요!

Stop Thinking in Korean!

우리 집이 엄청 커졌다고!

Our house is very large. vs.

Our house feels very large, indeed.

아래 예문은 2018년 도입된 중학교 영어 교과서에서 발췌한 문장이다. 대화문의 밑줄친 부분을 어떻게 수정해야 앞뒤 맥락에 부합될지 생각해보자.

H: Our house is so full.

W: We can't sleep.

D: We can't sit.

N: Good! Now, take all the animals out of the house.

(the next morning)

H: Nasreddin, you're really a wise man!

S: Now our house **is very large**.

대화문의 맥락은 집안에 애완동물이 너무 많아서 잠을 자거나 앉아서 쉴 공간이 없다고 불평하는 상황이다. N(Nasreddin)의 조언에 따라 동물들을 집 밖으로 내보내고 나니 집이 많이 넓어진 것 같다는 것이 마지막 문장인 S의 발화이다.

여기서 'is very large'라고 하면 물리적으로 집이 넓어졌다는 의미가 된다. 실제로 집이 넓어진 것이 아니라 넓게 느껴진다고 해야 위 맥락에 들어맞으므로 이 표현을 'feels very large, indeed'로 바꾸어야 할 것이다. 이 경우 무생물인 'our house'가 주어가 된다. 무생물이 감각을 느낄 수는 없지만, 영어에서 동사 'feel'은 무생물 주어를 취할 수 있다.

아래 예문에서 확인할 수 있듯이 무생물 주어는 주로 그것이 나타내는 개체와 접촉했을 때 받을 수 있는 촉감을 표현한다. 한국어에는 이러한 용법이 없다.

The sand beneath my **feet felt so good, soft and** cool while the ocean water came up to my ankles.

(바닷물이 내 발목까지 차오르는 동안 내 발밑의 모래는 그 촉감이 너무 좋았고 부드럽고 시원했다.)

Add powdered milk until **dough feels soft, smooth, and not sticky**.

(반죽이 부드럽고, 알갱이 하나 없이 매끈하고, 달라붙지 않을 때까지 가루우유를 첨가하세요.)

She gave me **her hand, which felt cold, like the skin of a serpent**.

(그녀는 차고 뱀의 피부와 같은 느낌이 나는 손을 나에게 내밀었다.)

한국 사람은 등산을 너무 좋아해!
go mountain climbing vs. go hiking

국내 대학에서 영어회화를 강의하는 원어민 강사 한 분이, 자신은 한국에 와서 한국인들에게서 특이하고 강인한 인상을 받아 한동안 쉽게 다가갈 수 없었다고 말했다. 그 이유는 바로 유치원에 다니는 어린아이부터 이웃집 할머니까지 한국 사람들은 매주 한두 번씩 가까운 산으로 등산한다는 것! 등산 장비를 갖추고 하는 고난도 등산을 어린아이뿐만 아니라 할머니도 어쩜 저렇게 가벼운 마음으로 해낼 수 있을까 부러웠단다.

한국 사람들은 등산을 너무 좋아함에 틀림이 없군.

(Koreans must be crazy about going mountain climbing.)

하지만 우리나라 사람들이 흔히 '등산 간다(go hiking)'고 했을 때, 그 말의 의미는 전문 등산장비를 갖추고 높고 험한 산을 오르거나 암벽타기를 하는 것(go mountain climbing)을 의미하지는 않는다. 대부분 등산복 차림에 등산화를 신고 가벼운 등산용 배낭을 메고 산길 걷기를 즐기는 것이다.

go mountain climbing

go hiking

'go mountain climbing'은 한국어로 '등산하러 가다'라고 표현될 것이다. 그러나 'mountain climbing'은 아래 사진이 보여주듯이 전문 등산장비를 갖추고 손과 발로 높은 산을 오르는 스포츠 활동을 말한다.

→ go mountain climbing

그럼 'trekking'과 'hiking'은 어떤 차이가 있을까? 'hiking'은 정해진 길(charted paths)을 걷고 그 거리도 비교적 가까운 편인 반면, 'trekking'은 정해진 길(trails)을 가지 않고 'hiking'하는 것보다 훨씬 더 먼 길을 걷는다. 따라서 우리나라의 올레길을 걷는 경우는 'hiking'이다.

하지만 일반적으로 사람들이 지리산 종주를 했다고 할 때는 'trekking'이다. 외국의 경우 네팔의 'the Himalayan foothills'나 남미의 'The Andes' 산길이 'trekking'으로 인기 있는 곳이다.

우리나라 사람들이 흔히 말하는 '등산하러 가다'라는 것을 영어로 표현하면 'going hiking'이 되어야 한다. 앞서 언급한 외국인 강사가 오해한 상황과 중학교 영어 교과서에 나온 아래 대화문을 비교해보면 이해가 훨씬 더 쉬울 것이다.

T: What are you going to do this weekend?
S: I'm **going mountain climbing** with my grandmother.

이런 경우 위에서 설명한 바와 같이 영어권 화자들은 하이킹을 즐긴다(enjoy hiking)고 한다. 교과서의 학생의 대답 'going mountain climbing'은 'going hiking'으로 수정해야 한다.

Summary

• go mountain climbing → 전문 등산장비를 갖추고 하는 고난도 등산
• go trekking → 비교적 먼 산악길을 며칠 동안 지속해서 걷는 경우
• go hiking → 자연경관이 좋은 올레길처럼 정해진 길을 따라 가볍게 걷는 경우

어르신과 꼰대
elderly people vs. old people

우리나라의 추석처럼 대부분의 농경 문화권에는 추수감사제(harvest festival)가 있다. 가장 대표적인 것이 북미의 'Thanksgiving'이다. 추수가 끝난 후에 그 해의 수확에 대하여 감사드리는 것은 우리나라 명절 추석과 유사하다.

추석 음식에서 햅쌀(newly harvested rice)과 햇곡식으로 만든 송편, 햇과일 들을 빼놓을 수 없다. 우리나라 중학교 영어 교과서는 '햇과일을 차례상에 올린다'를 다음과 같이 표현한다. 무엇이 잘못된 표현일까?

In the morning, I could see Sora's family.
They put nice food and new fruit on the table.

위의 예문은 어떤 외국인이 추석날 Sora의 집에 초대되어 추석 상차림을 본 후 그것을 영어로 표현하고 있다. 여기서 문제는 'new fruit'인데, 이 말은 우리말 '햇과일'을 나타내는 영어 표현이 아니다. 'new fruit'는 새로운 종의 과일, 즉 유전자 조작(genetically modified)을 통해 새롭게 소개되는 과일을 뜻한다. '햅쌀'을 'newly harvested rice'라고 표현했듯이 '햇과일'은 'newly harvested fruit'라고 표현해야 한다.

'new'의 반대말이 과연 'old'일까? 새롭게 구매한 차는 'a new car', 새로 산 책은 'a new book'이라 표현한다. 그렇다면 그 반대의 경우인 '헌 차'와 '헌 책'은 각각 'an old car'와 'an old book'이라고 표현하면 될까? 아니다! 제대로 표현하려면 'a used car', 'a used book'이라고 해야 한다.

| an old car | 1915~1930년경 생산된 오래된 a vintage/classic car (오래된 낡은 차: an old used car) |
| an old book | 출판된 지 매우 오래된 고서적 |

일반적으로 cars, books, clothes 등과 같은 명사를 수식하는 'new'에 대한 반대 개념은 'old'가 아니라 'used'이다. 따라서 '헌 차', '헌 책', '헌 옷'의 의미를 나타내는 한국어를 영어로 표현하려면 'a used car', 'a used book', 'used clothes'라고 해야 한다.

그렇다면 'old'가 사람을 나타내는 말을 수식하면 어떤 의미로 표현될까? 'old man'과 'old lady'라는 표현은 각각 '나이 많은 남자'와 '나이 많은 여자'를 의미하는 것일까? 엉뚱하게도 이 표현은 남자, 여자, 노인이라기보다 상대방의 남편과 부인, 남자 친구 혹은 여자 친구, 아버지/어머니를 지칭하는 표현이다.

나이 드신 분, 즉 노인을 나타내는 표현으로 'old people'이라는 표현은 많은 영어원어민 화자들에게 무례하고 불쾌하게 들릴 수 있어 적절하지 않다. 그 이유는 사람을 나타내는 말을 수식하는 'old'는 '노쇠한, 노망든'이란 의미인 'senile'과 거의 같은 뜻이라고 생각하기 때문이다. 우리말 '꼰대'처럼 비하한다고나 할까? 대신 'elderly people'이나 'senior citizens'라는 표현을 사용하는데, 한국어의 '어르신' 정도의 뜻이다.

중학교 영어 교과서에서 발췌한 아래의 두 문장에 등장하는 'old people' 역시 'the elderly' 또는 'the elderly people'로 바꾸어야 한다.

You should be kind to **old people**.

We should respect **old people**.

헤밍웨이의 소설 〈The Old Man and the Sea〉는 〈노인과 바다〉로 번역한다. 그렇다면 왜 헤밍웨이는 그의 소설 제목에 이런 무례하고 불쾌하게 들릴 수도 있는 'old'를 사용하였을까?

아래의 영화 포스터처럼 원작소설에서 The Old Man은 주인공 Santiago이다. 그는 나이가 많이 들어 정신적, 육체적 기능이 현저히 저하된, 다시 말해 더는 어부로서 역할을 할 수 없는 늙은이다. 소설에서 Santiago는 84일간 한 마리의 물고기도 잡지 못할 정도로 노쇠한 어부이다. 이런 점을 부각하기 위해 헤밍웨이는 의도적으로 'old'라는 표현을 사용했을 것으로 추측해볼 수 있다.

요약하면, 'old'와 'new'는 반의어 관계이다. 하지만 표현 형식은 상황에 따라 'old'는 'used', 'elderly'로, 'new'는 'fresh', 'newly harvested'로 대치되어 결정된다고 할 수 있다.

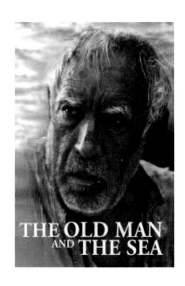

　헤밍웨이의 소설 〈노인과 바다〉의 주제는 패배를 모르는 불굴의 의지를 가진 노인을 통해 삶의 지혜로운 해답을 보여주고자 하는 것이다. 한때 능력을 인정받던 어부였지만, 불운을 만나 84일 동안 바다에서 물고기를 한 마리도 잡지 못한 채 표류만 하던 노인 산티아고는 함께 승선했던 마놀린이라는 소년을 40일 만에 어쩔 수 없이 다른 배에 태워 집으로 돌려보낸다. 마놀린은 계속되는 불운에도 의지를 잃지 않았던 산티아고에게 엄청난 존경심과 믿음을 가지고 있었다.

　홀로 망망대해로 나간 노인은 바다 위를 나는 새들을 보고, 때로는 구름이 피어오르는 육지를 보기도 하며 물고기를 기다린다. 어느 순간, 깊게 드리운 미끼에 물고기가 입질했고, 노인은 그 물고기(청새치)가 엄청나게 큰 것임을 직감하고 평생을 경험해온 낚시 실력으로 물고기가 미끼를 물도록 유인했다. 이윽고 미끼를 문 물고기는 강한 힘으로 바다를 헤엄치기 시작했고, 노인의 배는 하염없이 끌려가기 시작한다. 노인은 물고기가 지칠 때까지 기다리면서 밤이 찾아온 바다 위에서 낚싯줄을 잡은 채 하루를 보낸다. 손이 저리고 고통스러웠지만, 기쁜 마음으로 물고기와의 장기전을 대비한다.

이른 아침, 모습을 드러낸 물고기가 자신의 배보다 훨씬 크다는 것을 산티아고는 확인한다. 저녁이 되면서 물고기의 속도가 느려지자, 물고기와의 최후를 대비해 낚싯줄을 온몸으로 누른 채 잠을 청하려는 순간, 속도가 빨라진 물고기의 움직임으로 물고기와의 승부가 시작되었음을 노인은 직감한다. 물고기가 자신의 배를 빙빙 돌기 시작하자, 노인은 낚싯줄을 당겨 작살로 물고기의 숨통을 끊어버린다.

노인은 거대한 물고기를 배에 묶어 돌아가는 길에 피 냄새를 맡고 온 상어의 공격을 여러 번 받게 된다. 노인은 물고기를 지키기 위해 온갖 사투를 벌이지만, 그때마다 물고기의 살덩이가 한 점씩 떨어져 나갔고, 날이 저물어 부두에 도착했을 때는 상어 떼의 공격으로 물고기의 뼈대만 남았다.

지친 노인은 자기 집에서 기절하듯 잠들고, 다음 날 마을 사람들은 노인의 배에 매달린 거대한 물고기의 뼈를 보고 놀라며 안타까워한다. 사자가 나오는 평화로운 꿈을 꾸며 잠에서 깨어난 노인 산티아고에게 마놀린은 얼른 회복하여 자신에게 낚시를 더욱 자세히 가르쳐 달라고 존경심을 보이고, 평온한 느낌으로 소설은 끝을 맺는다.

드디어, 마침내, 결국
finally vs. at last vs. eventually

After trying several times, I **finally** managed to pass the exam. And I **finally** got a job.

(여러 차례 시도한 후 나는 **마침내** 시험에 합격할 수 있었다. 그리고 **드디어** 일자리를 구했다.)

이 얼마나 감동의 순간인가! 한국의 취업준비생들이 이 문장처럼 외치는 날이 모두에게 올 수 있기를 간절히 바란다. 아울러 어려움과 역경의 시간이 지나가고, **마침내** 취업하게 된 여러분들께는 진심 어린 축하 인사를 전한다.

한국어 '드디어, 마침내, 결국'의 영어 표현들을 아래에 정리해 놓았다. 장래 멋진 직장에서 해외 출장을 나가게 될 기회를 대비해 적절한 표현을 익혀보자.

❶ **Finally** 기본적으로 어떤 정해진 무리 내에서 마지막 순서, 최종적 언행, 궁극성(finality)를 강조하는 말이다(문장 첫머리에 올 경우). 본동사 바로 앞에 위치하면 마지막 순서가 되기까지 오랜 기간 어려움, 연기, 기다림이 있었다는 의미가 된다.

The matter was not **finally** settled until later.

(그 문제는 그 뒤까지 최종적인 정리가 되지 않았다.)

After months of working, he **finally** finished the garden.

(몇 달 동안 일한 끝에, 그는 마침내 정원을 완성했다.)

❷ **At last** 어떤 일이 장기간에 걸쳐 지연되거나 기다려서 그 일과 관련된 자들이 불편(inconvenient)하고 안달(impatient)이 났다는 것을 강하게 시사한다. 이런 의미는 한국어 표현 '마침내', '결국'과 같은 뜻이다(문두, 본동사 앞, 문미의 세 곳 모두에 올 수 있다. 참고: 'Lastly'는 일련의 순서 내에서 마지막을 의미한다).

At last I've discovered how to print envelopes on my printer!

(마침내 나는 프린터에서 봉투를 인쇄하는 방법을 알아냈다.)

John has paid me that money **at last**.

(John은 마침내 나에게 그 돈을 지불했다.)

❸ **In the end** 많은 변화와 불확실한 상황을 거친 후, 모든 것을 다 고려한 후, '결국'이라는 의미를 나타낸다. 주로 문장 앞에 위치한다.

In the end, what really matters in a friendship is trust.

(결국 우정에 있어 정말 중요한 것은 신뢰감이다.)

We worked hard, and **in the end**, we achieved our goal.

(우리는 일을 열심히 했다. 그리고 결국 우리는 목표를 달성했다.)

❹ **Eventually** 오랜 기간이 지난 후 수많은 노력 끝에 무엇이 발생한다는 '마침내'라는 의미이다(문두, 문미, 동사 바로 앞 또는 뒤에 위치).

Eventually, I did get better and returned to work.

(결국 나는 건강을 회복했고, 직장으로 복귀했다.)

Her constant campaigning **eventually** got her the nomination.

(그녀의 지속적인 선거운동으로 결국 그녀는 공천되었다.)

행복과 기쁨 사이
happy vs. glad

찰스 먼로 슐츠의 간결한 인생 명언이 담긴 만화 시리즈를 원작으로 읽으면 영어 공부할 때 많은 도움이 된다. 월트 디즈니사의 제작 거부로 비록 작은 신문에 연재되었어도 50년이라는 긴 세월 동안 수많은 독자들로부터 사랑받은 만화이다.

한국에서는 대부분 'Snoopy'를 제목으로 알고 있지만, 원제는 〈Peanuts〉

(속뜻: 시시하고 하찮은 것들, 특별할 것 없는 신세)이다. 1950년에 시작하여 2000년 작가의 사망 직전까지 50년 동안 세상 살아가는 이야기들을 풍자하는 내용으로, 우유부단하고 열등감 많은 주인공 찰리 브라운과 그 친구들을 통해 찰스 슐츠는 일기를 쓰듯 묵묵히 자신의 인생을 표현했다. 시간이 허락한다면 1년치 정도는 정독해보길 추천한다.

위 Cartoon Strip의 'glad'와 'happy'를 읽었을 때, 한국인들이 딜레마에 빠질 수 있는 단어임을 느끼고 찰스 슐츠의 작품 속 이야기들로 글을 쓸 생각에 만화 속 Snoopy처럼 **기분이 좋아졌다.** 다음 페이지에 중학교 영어 교과서 예문과 함께 단어의 개념정리를 설명해두었으니 모두 **기쁘고, 행복하게** 공부하시길….

'기쁘다'라는 우리말에 해당하는 영어 표현 중 가장 기본적인 단어는 'happy'와 'glad'이다. 우리는 이들 두 단어가 단순히 한국어의 '기쁘다'를 의미한다고만 배웠지만, 영어에서는 매우 다른 '기쁜 심리상태'를 나타낸다.

찰스 슐츠의 〈Peanuts〉를 통해서 그것을 한 번 살펴보자. 위 Cartoon 에서 마지막 Snoopy의 말풍선에 "I am glad that he's happy."라고 되어 있다. Snoopy와 Charlie가 서로 어떻게 다른 기쁜 심리상태에 있을까? Charlie가 뒤뜰에 텐트를 치고 자도 된다는 엄마의 허락을 받았다고 이야기하자, Snoopy가 "앗싸!"(That's great…)라고 하면서 Charlie의 침대에서 혼자 편하게 밤을 보낼 수 있는 절호의 기회를 얻었다고 생각하고, 침대에 누워 혼잣말을 한다.

> "바보같이 뒷마당 불편한 텐트에서 자면서 기뻐하다니, 다행이야. 나는
> 이렇게 편하고 안락하게 혼자서 침대를 사용할 수 있으니."
> ("I'm glad the poor fool (Charlie) is happy being uncomfortable. What
> an idiot!")

여기서 Charlie는 엄마의 허락으로 인해 매우 기쁜 상태이며, 이 **기쁜 심리상태가 일시적인 것이 아니라 안정적이고 지속될 수 있는 심리상태**에 있다. 따라서 이런 기쁜 심리상태는 'happy'로 나타내어야 한다.

반면, Snoopy의 심리상태는 Charlie가 불편한 바깥 텐트에 자는 것을 바보처럼 기뻐해서 (자신이 혼자서 침대를 사용할 수 있는 것에 대하여) 그 상황이 다행(glad)이라고 일시적으로 느끼고 있다. 이 일시적 기분은 그런 상황이 존재하는 시점에만 적용된다. 이처럼 **특정상황에 의해서 야기되는 일시적으로 기분이 좋은 상태**를 'glad'로 표현한다.

아래 예문의 빈칸에는 'happy'보다 **'glad'**가 더 적합하다.

"I am _____ that you had a great time at the party."

"I am so _____ that the weather's getting better for your outdoor

party."

"I am _____ you like it." "I am _____ to meet you."

"I am _____ it's almost over."

다음의 예문에는 모두 **'happy'**를 사용하여야 한다.

"I aced in the exam. I am so _____ !".

"He is so _____ that he won a lottery."

"She was really _____ that her son has recovered from his

illness." "They were all _____ to get autographs from the

celebrities."

'glad'는 특정사건 발생에 대하여 일시적으로 느끼는 좋은 기분을 표현하지만, 'happy'는 특정상황에 의해서 기쁜 느낌이 발생하여 그 상황 이후 시점에도 상당 기간 그 느낌이 지속되는 심리상태를 기술한다고 할 수 있다.

Hana: Are you in this class?

Ted: Yes, we are in the same class.

Hana: Great! I'm really **happy**.

Ted: Me, too.

중학교 영어 교과서에 나온 위의 예문이 새학기에 반이 배정되고 처음 만난 반 친구 사이에 나누는 대화라고 가정한다면 'happy' 대신 'glad'를 사용해야 할 것이다. 반면, Hana와 Ted가 평소에 서로 잘 알고 지냈고, 중학교에 진학할 때 같은 학교 같은 반이 되었으면 하는 마음이 매우 간절했다는 가정을 한다면 'happy'를 사용하는 것이 자연스럽다. 하지만 교과서의 배경은 Hana와 Ted가 중학교에서 처음 만난 반 친구로 설정되어 있으므로 'happy'를 'glad'로 바꾸는 것이 더 자연스러운 영어 대화로 구성될 수 있다.

'glad'는 반드시 기분 좋은 상태를 유발하는 상황이 명시적으로 언급되어야 한다. 이런 명시적인 언급은 주로 "I am glad to meet you."에서처럼 'to-부정사 구문'이나, "He was so glad that you liked his class a lot."과 같이 'that-절'에 의해서 표현된다. 이렇게 명시적으로 표현되지 않으면 맥락에 의해서 그 유발 요인이라도 명확해야 한다.

하지만 'happy'는 그렇지 않아도 무방하다. **'happy'는 'glad'에 비해 즐거운 기분이 더 강하고 감정이입이 더 많이 된 상태를 나타낸다.**

A: How are you?
B: I am happy./ *I am glad.

위의 대화에서 "I am glad."라고 대답할 수는 없다. "오늘 나는 기쁘다, 혹은 기분이 좋다"라는 것을 영어로 표현하면 "I am happy today."이고 "I am glad today."라고는 하지 않는다. **'glad'는 반드시 즐거움을 주는 원인제공 상황이 언급되어야 하므로** 단순히 기분이 어떠냐고 묻는 말의 대답으로 적합하지 않다.

영어의 'happy'와 'glad'를 그냥 우리말 '기쁘다'에 해당한다고 이해하기 쉽지만, 사실은 서로 매우 다른 기쁨의 심리상태를 나타낸다. 기쁨에도 여러 종류가 있다는 것을 알아두어야 한다.

내일 영어시험은 어쩌고?

What about~? vs. How about~?

흔히 격식을 갖추지 않고 어떤 것을 제안할 때 'what about~'과 'how about~'이라는 표현을 사용할 수 있다. 아래 두 개의 대화문에서 이들 두 표현은 어떤 것을 제안하는 의미를 품고 있다.

A: It's too early to call her now.

(지금 그녀에게 전화하기에는 너무 이른 시간이야.)

B: **What about** twittering her a message?

(트위터로 그녀에게 메시지 보내는 것은 어떨까?)

A: That's a good idea. (그거 좋은 생각이네.)

A: Can I help you? (도와드릴까요?)

B: Yes, I am looking for a cap for my brother.

(네, 동생을 위한 모자를 찾고 있어요.)

A: **How about** this one? (이거 어떠세요?)

아래 대화와 같이 어떤 문제를 언급하는 맥락에서 'what about~'과 'how about~'이 모두 가능할까? 답은 No. 'what about~'만 쓸 수 있다.

A: Let's go to the movies this afternoon. (오후에 영화 보러 가자.)

B: What about the English test tomorrow? I haven't studied yet.

(내일 영어시험은 어떡하고? 나 아직 공부하지 않았거든.)

위의 대화문에서 'what about'을 'how about'으로 대치할 수는 없다. 이런 맥락에서 'what about'은 'what shall we do about~?'으로 풀어 쓸 수 있는 표현이다. 어떤 제안을 실행하는 데 있어 잠재적인 문제를 언급할 때는 'what about~'이 적합하다.

중학교 영어 교과서에서 가져온 아래의 대화문은 두 사람이 지난 토요일에 있었던 일에 관하여 이야기를 나누고 있는 맥락이다. 빈칸에 'what about', 'how about' 중 어느 것이 더 적합할까? 제안을 나타내는 맥락처럼 둘 다 가능할까?

A: What did you do last Saturday?

B: I played the piano. _____ you?

A: I read a book.

위의 대화문과 같은 맥락, 즉 **앞서 받은 질문을 상대에게 되묻는 맥락**에서 어떤 것을 제안하면 'what about~', 'how about~'을 모두 사용할 수 있다고 일반적으로 알려져 있다. 그렇다면 위 빈칸에는 두 표현 중 어떤 것을 사용해도 무방할 것이다. 하지만 영어원어민 화자들에게 'what about'과 'how about' 중 하나를 택하라고 요구했을 때 대부분은 'how about'을 택하였다.

'how about'의 주된 용법은 여러 가지 가능성을 염두에 두고 제안하거나 물어볼 때 사용된다. 반면, 'what about'은 특정 제안이나 생각에 대한 대체 안이나 잠재적인 문제를 상대방에게 상기시킬 때 사용된다. 위의 대화문처럼 같은 질문을 되묻는 맥락에서 영어원어민 화자들은 잠재적 문제 또는 대체 안을 나타내는 'what about' 대신 다양한 잠재적 가능성을 나타내는 'how about'을 선호하였다.

다음과 같이 **상대에게 자신을 위하여 무엇을 해줄 수 있는지를 묻는 맥락**에서는 'how about'만이 가능하다.

A: **How about** a couple of dollars until payday?

B: Sorry I'm stone broke, too.

A: **How about** offering me something to drink?

B: No problem!

위의 대화문 역시 잠재적 문제 또는 대체 안을 표현하는 'what about'은 불가능하다. 하지만 잠재적 가능성을 표현하는 것을 기본으로 하는 'how about'이 위의 대화문과 같은 맥락에서 적합한 것은 당연하다. 화자는 상대방에게 자신이 언급한 제안이 하나의 가능한 선택이 될 수 있기를 바라기 때문이다.

이 사람이 우리 와이프입니다
our wife vs. my wife

한국인의 뼛속 깊이 새겨진 '우리나라, 우리 학교, 우리 엄마, 우리 신랑, 우리 집사람, 우리 언니, 우리 오빠…'는 대대로 공동체 의식을 중요시했던 우리 민족에게는 너무도 친숙하다. 특히 '우리 신랑'과 '우리 집사람'은 "쿨내음마저 진동한다"며 국내의 국제대학교에서 언어학을 강의하는 미국인 W교수가 서툰 한국어 발음으로 재미있게 말하는 것을 들은 적이 있던 만큼 필자 역시 '쿨하게' 소개할까 한다.

한국인들의 과도한 '우리 신드롬'에 대해 외국인인 W교수는 의아해할 수도 있을 것이다. 한국어로 말할 때 '우리 남편', '우리 집사람'이라는 표현은 전혀 어색하지 않았지만, 영어 대화를 이런 식으로 들었을 때 "처음에는 놀랍기도 했고, 심지어 고맙기도 했다"며 유머 감각을 보여주었다. 그동안 학생들을 가르치며 한국어 말하기와 쓰기 능력도 상

당한 수준에 이르렀기에 이제 자신은 'my husband', 'my wife'로 자동 수정 가능하다고 말한다.

한국에서 공부하며 미국 학위를 받을 수 있는 국제대학교에 재학 중인 한국인 학생들은 자신의 학교를 타인에게 소개할 때 'Our University'라고 할까, 'My University'라고 할까? 때에 따라 다른 답이 나올 수 있다는 사실을 다음 페이지에 상세하게 설명해 놓았다. 영어원어민과 대화를 하거나 자기소개를 할 때 유의하시길.

한국 사람이 구사하는 영어를 듣고, 영어 화자들이 가장 많이 놀라는 한국식 영어 표현 중의 하나는 'our wife'이다. 많은 한국인 영어학습자들은 영어로 자신의 아내를 소개하면서 "This is our wife, Sujin."이라고 한다. 이 표현을 접한 영어 화자들은 '한국이 일부일처제 나라가 아니라, 손님에게 자신의 아내를 내어주는 이상한 풍습을 가진 나라인가?'라며 의아해할 것이다. 물론 위의 표현은 "This is my wife, Sujin."이라고 해야 한다.

이와 비슷한 표현이 중학교 1학년 영어 교과서에도 발견된다. 아래 영어 표현을 살펴보자.

Hi, everyone! I will introduce my family.
There are five in **our family**.

위 예문의 맥락은 중학교에 진학한 신입생들이 반 친구들에게 자신을 소개하는 장면이다. 세 번째 문장에서 자신의 가족을 'our family'

라고 표현하였는데, 이것은 한국어 방식의 인칭 표현이다. 처음에 사신의 가족을 'my family'라고 표현했다가 그 다음은 'our family'로 바꾸었다. **'our'는 화자와 청자를 다 함께 묶어 지칭할 때 사용하는 소유격의 인칭이다.** 결과적으로, 화자는 'our'를 사용하여 반 친구들을 모두 자신의 가족 일원으로 만들어 버렸다.

대화문의 화자 머릿속 생각을 잠시 추적해보면, 처음에는 자신의 가족을 반 친구들에게 소개할 예정이었으므로 당연히 자신과 가족을 반 친구들과 분리해놓고 있다. 이런 관점에서는 자연스럽게 'my family'라 했다. 그런데 자신의 가족은 다섯 명으로 구성되어 있다고 소개하는 단계에 이르러, 이 다섯 명의 가족에 자신도 포함되어 있다는 것을 인식하고 자신과 나머지 네 명의 가족을 묶어 'our'라고 표현한 것으로 볼 수 있다.

하지만 이런 방식의 인칭 표현은 한국어 방식에 불과하다. 영어는 반드시 화자와 청자를 포함할 경우만 'our'라는 소유격 인칭 표현을 허용한다. 또한 대화 상대자는 실제로 포함되지 않은 학교, 단체, 회사, 국가 등을 'our'로 수식하는 경우도 있다(our university, our community, our company, our country). 이러한 경우의 1인칭 복수 소유격 'our'는 'we-feeling'을 유발하는 기능을 갖는다.

The Coca-Cola Company Recommends Health & Safety: We Are Focused on the Safety of **Our Employees, Our Visitors** and the Public

우리말 '친구'와 영어의 'friend'
friends vs. classmates

영어 단어 'friend'는 일상생활에서 사용 빈도수가 높고, 어린 시절부터 습득되는 단어이다. 한국어의 '친구'와 의미가 같다고 배웠고, 그렇게 이해하고 있다. 하지만 영어와 우리말의 '친구'는 아래 설명과 같이 의미에 있어 차이가 있음에도 의식하지 못하고 'friend'라는 단어를 잘못 사용하는 경우가 종종 있다.

아래 예문은 중학교 1학년 영어 교과서에서 가져온 문장이다. 무엇이 문제일까?

In middle school I wear a uniform.

In elementary school I had **many old friends**.

In middle school I have **many new friends**.

I like middle school.

두 번째 문장의 'many old friends'라는 문구는 'old'를 빼고 'many

friends'라고 해야 한다. 친구란 이미 오래된 사이임을 뜻하니까! 그리고 세 번째 문장의 'many new friends'는 'friends' 대신 'classmates'를 써서 'many new classmates'라고 바꾸자. 중학교에 입학한 후 처음 만난 친구들과 초등학교 내내 어울려 다니던 친구는 서로 다른 의미이지만, 한국어는 언제나 같은 단어를 쓰고 있다.

"친구, 아이가?" 이런 대사가 들어간 유명한 한국 영화에서의 그 친구가 바로 'friend'이다. 또한 '쉐도잉 영어 회화'라고 검색하면 몇 년째 랭킹 1위를 고수하는 미국 시트콤 〈Friends〉에 등장하는 드라마 속 친구 6명 또한 바로 그 'friend'라고 할 수 있다. 영어는 이러한 구분을 너무도 명확히 하므로, 중학교에 입학한 지 얼마 되지 않아 만난 같은 반 친구들은 'classmate'라고 당연히 수정해야 한다. 문맥에 맞게 다시 정리해볼까?

In middle school I wear a uniform.
In elementary school I had **many friends**.
In middle school I have **many new classmates**.
I like middle school.

중학교 영어 교과서... 대박 실망!
다음 교육과정에서 꼭 Flex해버리세요~!

'친구'란 나이가 비슷하고, 평소에 자주 만나는 사이를 의미한다. 하지만 영어의 'friends'는 나이 차이가 스무 살이 넘어도 'friends'가 될 수 있다. 또한 자주 만나더라도 사생활을 공유하는 사이가 아니면 'friends'가 될 수 없다. 교과서 문장의 화자 'T'는 중학교에 이제 막 입학한 신입생이다. 이렇게 어린 학생이 과연 'many old friends'가 있을 수 있을까? 'old friends'를 가질 수 있는 나이는 적어도 40~50대가 되어야 가능하지 않을까? 그래서 중학교에 진학해 바로 만나 알게 된 급우들은 영어의 'friends'가 될 수 없고 'classmates'라고 고쳐야 바른 영어 표현이다. 사생활을 공유할 정도로 친해지려면 어느 정도 시간이 흘러야 하기 때문이다.

T: Sora, you look serious. What's the problem?

S: I want to have more friends.

My friends don't want to talk with me.

T: Do you know why?

S: No, I don't.

T: How often do you listen to their problems?

S: Only sometimes. I just don't have time.

T: How about making more time for your friends?

S: Thank you, I will.

위 예문은 선생님과 중학교 1학년 신입생과의 대화이다. 우선 'friends'의 쓰임과 관련된 표현을 살펴보면, 앞에서 설명한 것처럼 학생 Sora의 첫 번째 대화는 다음과 같이 수정해야 한다.

"I want to make some **friends**, but my **classmates** don't talk with me."

'친구를 사귄다'는 보통 'make friends'라 표현된다. 그리고 대화의 맥락상 학생이 새로운 친구를 사귀지 못해서 선생님과 상담하는 상황이므로 'more friends'라는 표현도 어색하다. 'more'가 어떤 표현을 수식하면 그 표현이 나타내는 것이 '이미 좀 있다'라는 것을 가정할 수 있는 상황이어야 한다. 따라서 'more friends'는 친구를 사귀지 못하고 있다는 위의 대화 맥락과는 어울리지 않아서 'some friends'로 고쳐야 자연스럽다.

그리고 Sora의 첫 번째 대화에 'My friends'는 'My classmates'로 수정해야 한다. 친구들인데 어떻게 자신과 이야기를 하지도 않을까? 대화하지 않는다면 아직은 'friends'가 아닌 같은 반의 단순한 'classmates'일 뿐이다. 같은 이유로, 선생님의 마지막 대화의 'your friends'도 'your classmates'로 수정해야 한다.

이제 제법 어른처럼 말하는구나!

a man vs. a grownup

다음 에피소드는 10년 전쯤에 있었던 필자의 경험이다. 그 무렵 홈쇼핑은 물론 TV 건강 프로그램에서 검은콩 서리태가 건강에 좋다고 한참 홍보했었다. 지금은 대학생이 된 초등학교 5학년 아들의 식사준비를 하며 어수선한 저녁시간을 보내고 있었다. 예정된 시간보다 1시간 늦게 귀가한 아들에게 "너 콩밥 좀 먹을래?"라는 말을 무심코 던졌는데, 아들 녀석 얼굴이 거의 울상이 되었다. 늦게까지 강의가 있던 날이어서 피곤했던 탓인지 그날 나의 말투가 조금 퉁명스러웠던 것 같다. 그렇지만 검은콩을 잘 불려서 햇밤과 은행열매를 함께 넣어 돌솥에다 지은 맛있는 콩밥을 차려주려던 엄마의 정성은 온데간데 없이 사라지고, 아들 녀석이 울먹이며 말을 이어갔다.

"엄마! 친구 따라 PC방 한 번 갔다고 감옥까지 보낼 필요는 없잖아? 다른 친구들은 일주일에 한 번씩 PC방

가도 콩밥 안 먹는데."

지금도 그날의 일을 생각하면 웃음이 난다. 열두 살 아들 녀석에게 엄마는 이 세상 모든 것을 다 아는 초능력자였나 보다. 이제 대학생이 된 아들은 **그때 제법 어른처럼 말했던** 일을 기억하는지 가끔은 저녁상에 엄마가 콩밥을 올리면 농담처럼 자신의 일상을 엄마에게 이야기한다. 어쩌다 서로 갈등이 생겨 어색한 분위기가 느껴지더라도 콩밥 하나면 만사형통이다.

학교생활에 잘 적응하는 아들에게 "우리 아들, 이제 다 컸네!"라는 의미로 아버지가 칭찬하는 맥락의 다음 표현을 살펴보자.

You're talking like a man.

중학교 영어 교과서에 나온 이 표현은 안타깝게도 아버지가 아들에게 '성인 남성과 같은 목소리로 이야기한다'라는 의미를 전하고 있다. 성인 남성의 목소리와 비슷하게 갈라진 목소리로 말하는 여성을 두고 "She talks like a man."이라고 한다. 성전환 여성들은 30대 초반까지는 여성스러운 소리를 내다가 나이가 들면서 남성의 목소리에 가까워진다. 이런 경우 자신의 성별에 맞는 목소리를 갖기 위해 목소리 교정전문가를 찾아 치료를 받는다는 기사가 종종 언론에 보도된다. 이처럼 'talk like a man/woman'이라는 것은 목소리를 거의 여성스럽게 혹은 남성스럽게 만드는 것(to feminize or masculinize voices)과 연관되어 해석된다.

위의 교과서 표현은 "우리 아들이 남자 목소리로 말하네!" 혹은 "우리 아들 남자처럼 말하네!"라는 의미가 되기 때문에 해당 맥락과 맞지 않는 엉뚱한 표현이다. "우리 아들, 이제 다 컸네!"를 원래 의도한 대로 영어로 표현하면 다음과 같다.

You sound all grownup.

You speak like a grownup.

- 어른처럼 말한다: sound all grownup, speak like an adult/a grownup
- 어른처럼 행동한다: act like an adult/a grownup
- 어른처럼 옷을 입는다: dress like an adult/a grownup
- 잔소리(nitpicking or lecturing)가 심한 부모님처럼 이렇게 저렇게 하라고 간섭하는 친구에게 하는 말: You sound like my parents.

그 잡지는 재미있어요
interesting vs. fun

초등학생 자녀를 둔 필자의 지인이 자녀의 수학 과제에 대한 고민을 상담해 왔다. 그때 지인과 생각을 나누며 떠올렸던 단어가 바로 '재미있는'이라는 말이었는데, 영어로 말할 때 딜레마에 빠질 수도 있겠다는 생각이 들었다. 문제의 과제는 생활 속에서 찾을 수 있는 네모, 세모, 동그라미 모양의 사진을 가져오는 것이었고, 지인은 과제를 다른 아이들보다 특별한 것으로 준비해 보내고 싶은데 지금 생각나는 게 책, 삼각자, 접시 등이라며 더 좋은 생각이 없는지를 내게 물어왔다. 고민 끝에 재미있는 사진이 많이 들어간 잡지를 골라 그 안에서 세 가지 도형을 찾아보는 게 어떻겠냐고 의견을 나누었다. 다음 날 지인을 만났을 때, 잡지 속에서 여러 가지 도형들을 찾아 사진을 오려내며 자녀가 수학 과제를 하는 동안 무척이나 **재미있는** 경험을 했다고 하며, 이런 과제는 학부모가 생각해도 매우 **재미있다**며 고맙다는 인사를 전해왔다.

한국어는 '재미있는'이라는 단어에 큰 구분을 하지 않지만, 지인이 전한 말을 영어로 표현할 때는 'interesting'과 'fun'이라는 두 가지가 있다. 두 단어의 차이를 쉽게 설명할 수 있는 에피소드를 접하게 되어 오히려 내가 더 고마웠던 기억이 떠오른다. 학생이 수학 과제를 위해 필요한 사진을 직접 찾고 오려내는 체험을 재미있게 경험했다면 'fun', 학부모가 보기에 흥미롭고 관심이 가는 **재미있는** 과제라면 'interesting'이다.

interesting   fun

좀 더 세부적으로 정리하자면 'a party, a game, a pillow fight, a visit to a new place' 등과 같은 활동은 'fun'의 대상이 될 수 있고, 'a book, a movie, a music, a story' 등과 같은 추상적인 개념은 'interesting'한 것으로 생각하면 쉽게 이해될 것이다.

우리가 어떤 것을 경험하고 즐거움을 느낄 때 '재미있다'라고 한다. 이에 상응하는 영어 표현으로 'interesting'과 'fun'이 있다. 이 표현은 각각 다음과 같은 의미 차이를 보인다. 'interesting'은 관심과 흥미를 느껴 재미있다는 의미를 나타내고, 사람들의 호기심을 자극하여 그 대상이 무엇인지 알고 싶어지게 하는 반면, 'fun'은 어떤 것을 직접 체험하며 즐거움을 느낄 수 있는 것을 의미한다. 하지만 한국어 '재미있는'은 영어의 'interesting'이나 'fun'의 의미를 모두 가진다. 아래 대화문에서 'fun'의 적절성 여부를 생각해보자.

A: What do you think of this magazine?
B: I think it's fun.

위 예문의 'fun'은 어떤 대상을 직접 체험하여 즐거움을 느낄 때 사용하므로 적절하지 않고, 'interesting'으로 바꾸어야 한다. 만약 글자나 조각그림 맞추기와 같은 여러 가지 '재미있게' 직접 체험할 수 있는 것들이 포함되어 있고, 그것들이 재미있을 때는 대화문 B처럼 'It's fun.'이라고 할 수 있다. 일반적으로 잡지에 흥미로운 이야기들이 실려 있어 재미있을 때는 당연히 "The magazine is interesting."이라고 해야 올바른 영어 표현이 된다.

그렇다면 "영화가 재미있었다"라고 하는 경우의 '재미있다'는 영어로 어떻게 표현해야 할까? 'interesting'과 'fun' 중에서 역시 'interesting'을 선택해야 하고, 'exciting'과 'entertaining'을 사용해서 표현할 수도 있다. "The movie was fun."이라고 말하면 어색한 표현이다.

Next, we cleaned up elephant dung. My friends didn't like this job, but it was OK for me. The smell wasn't that bad. I also learned a **fun fact** about elephant dung. People make paper from it. Elephant dung paper! How interesting!

위의 글은 'Small Thing, Big Difference'라는 제목을 가진 중학교 영어 교과서 단원의 일부이다. 배경은 남아프리카공화국의 어느 코끼리 사육장에서 코끼리똥으로 종이를 만들 수 있다는 이야기를 하는 장면이다. 이 경우 '재미있는 사실'은 'an interesting fact'로 번역해야 한다. 교과서처럼 'a fun fact'라고 하면 코끼리똥으로 종이를 만들 수 있다는 사실을 오락거리로 만들어 버리는 결과가 된다.

난 네가 자랑스러워!

I am proud of you. vs. I feel proud of you.

중학교 영어 교과서에서 상대가 어떤 일을 매우 잘했을 때 "I feel proud of you."라고 표현하고 있다. 해외에 유학간 아들이 그 학교에 잘 적응하고 학업에 충실하다는 말에 아버지가 아들에게 자랑스럽다고 칭찬하는 맥락에서 사용되었다. 같은 의미를 나타내는 표현으로 "I'm so proud of you!"라는 말도 흔히 쓰인다. 이들 두 표현 'feel proud of someone or something'과 'be proud of someone or something'은 어떤 차이를 가질까?

두 표현 모두 주어가 즐거움과 만족감의 심리적 상태에 있음을 나타내는 측면에서 거의 같은 의미이다. 하지만 전자(feel)의 경우는 주어가 어떤 결과나 상대에 대하여 특정 시점에서 일시적인 기분 좋음과 만족감을 가지는 주체라는 것이 드러나 있고, 후자(be)는 단순히 주어가 일반적으로 자랑스러운 심리적 상태에 있다는 것을 나타낸다. 즉, 전자는 내가 너에게 자랑스러운 감정을 느끼는 주체이지만, 네가 훌륭해서 늘 자랑스러운 것이 아니라 일시적으로 그런 심리상태라는 뉘앙스를 갖게 된다. 따라서 칭찬하는 경우 후자의 표현인 "I am so proud of you!"라고 하는 것이 "I feel so proud of you!"라고 하는 것보다 더 자연스러운 표현이다. 그러므로 교과서의 표현은 "I am so proud of you!"로 교체하는 것이 적절하다.

동사 'feel'은 동사 'be'와 같이 형용사를 보어로 취할 수 있는 동사이다. 'I feel bad, funny, healthy, etc.'라는 표현 역시 가능하다. 이런 표현에 대응하는 'I am in a bad mood/condition, funny, healthy, etc.'와 같은 표현들은 'feel'을 동사로 취했을 때와 의미가 다르다.

일례로, 'I feel healthy.'와 'I am healthy.'는 서로 큰 의미 차이를 보인다. 건강검진의 지표와 관계없이 주어인 내가 건강하게 느낀다는 의미를 나타낼 때 'I feel healthy.'로 표현하고, 실제로 주어가 건강하다는 의미를 나타낼 때는 'I am healthy.'로 표현한다. 다시 말해 'feel'로 표현하는 것보다는 단순한 느낌이 아닌 사실을 나타낸다고 할 수 있다.

앞서 언급한 "I feel proud of you."는 상대에 대하여 자랑스러움을 느낀다는 주체적 인지작용을 나타내고, 상대에게 자랑스러움을 가

질 수 있는 객관적인 근거가 있어 자랑스럽다는 주어의 심리상태를 나타낸다. 따라서 상대에게 확고한 칭찬을 말할 때는 "I am proud of you."로 표현해야 한다.

한편, 'feel' 다음에 감정을 나타내는 명사가 오는 경우는 형용사와 달리 그 감정이 주어 내부의 것이 아닌 외부의 것임을 알 수 있다.

She was able to feel happiness all around.

(그녀는 주위에 온통 다들 행복해하는 것을 느낄 수 있었다.)

Your baby can feel your sadness.

(당신의 아기는 당신의 슬픔을 느낄 수 있다.)

생각은 의견의 주춧돌
idea vs. opinion

일상생활 속 대화중에서 사용 빈도수 Top 5에 충분히 드는 단어가 바로 '생각' 아닐까? "남자 친구에 대해 어떻게 생각하니?", "이 원피스 색깔 어떻게 생각하니?", "지난 번 여행이 좋았다고 생각하니?", "어느 선생님이 가장 잘 가르친다고 생각하니?"… 이처럼 특정 대상이나 사안에 대하여 '견해'가 뭐냐고 묻거나, '생각'이 뭐냐고 물어볼 수 있다.

한국어 역시 이 두 개념을 정확히 구분하기 쉽지 않은데, 이 표현에 해당하는 영어 명사는 '**opinion**'과 '**idea**'이다.

What is your idea about my jacket?

What is your opinion about my jacket?

위의 첫 번째 예문은 자신의 재킷을 어떻게 했으면 좋을지에 대한 생각을 상대에게 묻고 있다. 내가 현재 이 재킷을 사용하는 방식(난파선에서 구조 신호를 보내기 위해 흔들 때 사용, 식초에 넣어 재킷의 얼룩을 제거하는데 사용, 불을 끄기 위해 사용 등)에 대한 상대의 생각이 무엇인지를 묻고 있다. 반면, 두 번째 문장은 화자가 현재 자신의 재킷 색상이나 크기 혹은 가격 등에 대한 상대의 생각을 묻고 있는 경우를 표현하고 있다.

모든 언어가 그렇듯이 뜻은 같아도 상황에 따라 그 의미가 달라지는 단어는 수없이 많다. 앞뒤 맥락에 따라 잘 선택한 단어들로 만들어진 문장은 한 사람을 더 세련되고 똑똑하게 보이도록 하는 '향수' 같은 역할을 한다.

중학교 영어 교과서에 나온 아래 문장의 'ideas'는 올바로 사용된 것일까?

Welcome to Chat Box.

Here you can tell all your **ideas** about different topics.

This week we're talking about school uniforms.

What do you think of them?

Let's see some other students' **ideas**.

위 예문의 맥락은 'Chat Box(건의함)'에 적힌 학생들의 의견을 확인하는 내용으로, 주제는 학교 교복에 대한 학생들의 의견이 어떤지 확인하는 것이다. 두 번째 문장은 학교의 여러 문제(different topics)에 대한 학생들의 생각(ideas about)을 말할 수 있다는 내용이다. 위의 'ideas about'이라는 표현은 단순한 의견을 말하는 것이 아니라, 여러 가지 문제에 대하여 앞으로 어떻게 할지에 대한 제안이나 창의적 생각을 말하고 있다.

그러나 마지막 문장의 'ideas'는 교복에 대하여 좋고 싫음에 대한 학생 자신들의 의견을 확인하는 것이므로 'ideas'를 'opinions'로 바꾸는 것이 대화의 맥락에 어울리는 표현이다. **'opinion'은 이미 존재하는 것에 대한 호불호 등을 나타내는 자기 생각이지만, 'idea'는 해당 대상의 존재 방식에 대한 창의적 생각, 즉 제안이나 계획을 나타낸다** (예: '교복을 없애자, 특정한 날만 교복을 착용하자' 등의 미래 존재 방식에 대한 창의적 생각).

Summary

- idea → 어떤 대상의 미래 존재 방식에 대한 **창의적 생각**이나 계획 표현
- opinion → 해당 대상에 대한 **호불호를 표현**하는 가치 판단적 생각(견해)

나는 지금 어디?

the sea vs. the beach vs. the coast vs. the shore

자신의 한 달 수입 절반 이상을 해외여행을 위해 저축하는 친구가 있다. 그는 휴가철이 되면 영어권 나라를 여행하며 외국인들과 대화하고 자유롭게 인생을 즐기는 게 가장 큰 행복이라고 했다. 하지만 부족한 영어 실력은 늘 고민거리였으니, 나름 해법이랍시고 여행 시작 전에 방문할 나라에 대해 이런저런 조사를 하고, 궁금한 것이 있으면 질문할 내용을 나에게 영작해 달라고 해서 그걸 반복 암기해 나비처럼 훨훨 여행을 떠나곤 했다.

매번 그래왔듯이, 그렇게 암기한 문장들을 야외 카페테라스에 앉아 옆 테이블의 그 지역 사람에게 또박또박 완벽하게 물었다던 친구는 정작 자신이 질문한 답은 이해할 수가 없어서 'Yes, OK, I think so, Really….' 정도의 단어만 나열하고 'Thank you for your answer. Bye.'라는 말을 남기고 황급히 자리를 뜨곤 했다 한다.

"내가 지난 20년 동안 세계 30개 나라를 여행했는데 말이야…. 바닷가에만 가면 헷갈려. sea, beach, seaside, coast, shore, etc."

노력한 만큼 영어 실력이 늘지 않아 서글프다던 그 친구가 유럽 여행을 다녀와서는 내게 물어왔다. 친구의 질문 속에는 싱가포르 East Coast, 베트남 다낭 Mike Beach, 미국 Los Angeles Santa Monica Beach, 미국 텍사스 Stewart Beach와 East Beach, 미국 앨라배마 Orange Beach, 영국 런던 Suffolk Coast, 프랑스 Saint-Tropez Beach, 호주 Gold Coast 등 세계 각지의 아름다운 해변 이름이 연이어 등장했다. 내가 직접 여행한 적 없는 해변의 이름이지만, 친구의 질문에 대한 적절한 설명은 아래에 반가운 등대처럼 기다리고 있다.

the sea   the beach   the coast   the shore

In summer, sometimes **I go to the sea** and put on my beautiful swimsuit there!

중학교 영어 교과서에서 가져온 위의 문장은 "여름에는 때때로 바다에 가서 예쁜 수영복을 입는다(수영한다)."라는 의미이다. 그런데 'go to the sea'가 과연 적절한 표현일까? 한국어 '바다'는 해변을 포함한 바닷물이 있는 곳 전체를 의미한다. 그래서 해변을 의미할 때도 일반적으로 '바다'라고 한다. 지난 휴가를 어디로 다녀왔냐는 질문에 동해 쪽으로 다녀왔다고 답할 수 있다. 해변으로 간 경우라도 대부분

이렇게 대답한다.

하지만 영어의 경우 해변 'the beach'와 바다 'the sea'는 정확하게 구별되어 사용된다. 따라서 위의 영어 표현은 'go to the sea'를 'go to the seaside'(영국식), 'go to the beach'(미국식)로 수정하는 것이 맥락에 부합한다고 할 수 있다. 만약 'go to the sea'라는 말이 휴가라는 개념에 사용되려면 "We go to the sea for our summer holidays, and to the mountains for our winter holidays."와 같이 여름에는 바다로, 겨울에는 산속으로 휴가를 떠난다고 하면 가능하다.

우리말 '해변'에 해당하는 영어 표현은 'seaside', 'beach', 'coast', 'shore' 정도가 있다. **'beach'는 대체로 평평한 모래 혹은 자갈로 덮인 수영이나 일광욕(sunbath)을 하기에 적합한 물가를 지칭하고, 'shore' 는 주로 바위로 이루어져 있으며 가파른 물가를 의미한다.** 따라서 'shore'는 물가이기는 하지만 해수욕이나 일광욕을 하기에는 부적합한 곳이다. "I like lying on the beach, sunbathing and relaxing.", "After the storm there was a lot of driftwood washed up on the shore."라는 문장을 보면 이해하기 쉬울 것이다.

마지막으로, **'coast'는 바다('sea')와 육지('land')를 구분하는 말로서,** 멀리서 그것 전체를 볼 수 있다. 예를 들면, "나는 그녀가 해변에 앉아 있는 것을 보았다."를 영어로 표현할 때 "I saw her sitting on the coast."라고는 할 수 없다. 'coast'를 쓰는 경우는 다음 두 문장이 적절한 예가 될 수 있다. "Looking down from the airplane, we can see the coast.", "I live 20 miles from the coast."

우리말 '바다'는 영어의 'the sea'와 'the beach'를 모두 포함한다.

그런 의미에서 한국어는 상황 의존성이 높은 언어라고 할 수 있다. 상황에 따라 '바다'는 'the sea', 'the beach', 혹은 'the seaside'를 의미할 수 있다. 늘 사용하는 말이지만, 이런 상황 의존성의 문제를 고려해서 적절한 영어 표현을 골라 사용해야 한다.

'Vacation'이 방학이라고?

vacation vs. holiday vs. break

한국어에서 방학, 휴가, 휴식 등의 의미가 달리 표현되는 것처럼 영어 또한 그 구분을 두고 말한다. 그중에서도 'vacation'은 학교가 쉬는 '방학'으로만 알고 있어서 실제 영어로 대화할 때 자연스럽지 않을 때가 종종 있다.

학생들의 방학, 직장인의 휴가, 군인들의 휴가, 법정 휴회 등 세부적으로 그 차이를 익혀서 잘 다듬어진 표현으로 말해보자. 방학, 휴가를 나타내는 'vacation', 'holiday', 'break', 'leave' 'recess' 등이 서로 어떤 개념적 차이가 있는지는 아래에 정리해 두었다.

대부분의 한국인 영어학습자들은 'vacation'이라 하면 '방학'을 떠올린다. 그런데 'vacation'이 '방학'만을 의미할까? 오히려 'vacation'은 학교의 방학보다 우리말의 '휴가', '휴일'이라는 개념에 더 가깝다.

그러나 영국식 영어에서는 'vacation'이 '방학'의 의미로 많이 사용된다는 사실! 미국식 영어는 'vacation'이 '휴가(holiday)'의 의미로 사용되는 사례가 더 많다.

"그는 휴가 중이다.", '휴가에서 돌아오다.'
→ 영국식 영어: "He is on holiday.", 'get back from holiday'
→ 미국식 영어: "He is on vacation.", 'get back from vacation'

대체로 '방학'을 나타낼 때 학교를 쉬는 기간이 길 때는 'vacation', 짧으면 'break'라고 표현한다. 그리고 'recess'는 수업과 수업 중간에 주어지는 쉬는 시간이나 법정재판 중의 짧은 휴정이나 학교 수업이 없는 기간을 의미한다. 군 복무 중 휴가는 'on leave'라고 표현한다.

'break' 또한 '방학'의 개념을 나타낼 수 있는데, 영미권 학교들은 여름 방학을 비교적 길게 가지므로 여름 방학은 'summer vacation', 겨울 방학은 'winter vacation' 또는 'winter break'라고 부른다. 한편 9월에 2학기가 시작되는 한국, 일본과 달리 영미권 학교의 1학기 방학은 12월 중순부터 약 3주이다.

아래 문장의 빈칸에 맞는 표현은 무엇일까?

What would you like to do during Christmas _____ ?

→ 영국식 영어: holidays

→ 미국식 영어: break

크리스마스는 여행을 가거나 특별한 여가활동을 할 정도로 기간이 길지 않기 때문에 'break'를 사용하는 것이 미국식 영어 표현으로는 더 적절하다.

Summary

- vacation → 일상을 떠나 재충전할 수 있는 여행, 휴양
- holiday, break → 특별한 여가활동의 전제조건 없이 업무를 보지 않고 단순히 쉬는 기간
- recess → 수업과 수업 중간에 주어지는 쉬는 시간, 법정의 짧은 휴회
- leave → 군인들의 휴가

맛과 풍미
taste vs. flavor

한국어의 '맛'에 해당하는 영어 표현으로 'taste'와 'flavor'가 있다. 이들 두 표현은 어떻게 구별해서 사용하면 좋을까?

먼저, 중학교 영어 교과서에 나온 아래 대화문의 'taste'가 문맥에 적절한지 한 번 살펴보자.

A: I put bulgogi on spaghetti and add some vegetables.

B: It's fantastic. It has both a Korean and an Italian **taste**.

A가 스파게티에 불고기와 약간의 야채를 곁들였다고 하자, B는 그 요리가 한국과 이탈리아의 맛을 동시에 가지고 있다고 한다. 그런데 B의 대화에 나온 'a Korean and an Italian taste'라는 표현에서 'taste'를 복수형인 'tastes'로 고쳐야 어법에 맞

다. 다른 수식어를 가진 같은 명사가 'and'에 의해서 연결되면 앞의 명사를 생략하고 뒤의 명사를 복수형으로 사용해야 한다. 즉, '**both Korean and Italian tastes**'로 해야 한다.

그렇다면 수정한 B의 대화에서 과연 'tastes'가 맥락에 부합되는 표현일까? 'an Italian taste'라는 표현은 무슨 의미를 나타낼까? 이것은 '이탈리아 음식 맛'을 나타낼 수도 있지만, 보통은 '이탈리아 사람들의 취향'이라는 의미로 해석된다. '이탈리아 음식 맛'은 'a taste of Italian food/cuisine'이라고 명시적으로 나타내야 한다. 따라서 교과서의 대화문 맥락은 'taste'대신 'flavor'라는 표현을 사용하는 것이 훨씬 더 적절하다. 이에 대한 설명은 아래를 참고!

'taste'는 '미각'만을 의미하지만 'flavor'는 'taste'를 포함하여 식감, 향기, 시각적 요소까지 포함하는 총체적인 개념이다. 스파게티에 불고기를 올려놓고 채소와 곁들여 먹으면 불고기와 스파게티의 맛과 냄새가 어우러져 멋진 음식이 될 것이다. 이렇게 미각과 함께 음식의 고유한 냄새를 한꺼번에 나타내는 'flavor'가 교과서 대화문의 맥락에 더 자연스러울 것이다. 그것에 맞춰 'taste'를 'flavor'로 고쳐보면 다음과 같다.

A: I put bulgogi on spaghetti and add some vegetables.
B: It is fantastic. It has both **Korean and Italian flavors**.

특히 'flavor'라는 표현은 아이스크림의 맛을 나타낼 때 자주 사용된다. 아래 대화문은 아이스크림 맛에 대한 취향을 묻고 답하는 상황이다.

A: Which flavor of ice cream do you like the most?

B: My favorite is Choco Mint Chip. How about you?

A: I love strawberry the most.

또한 동사로 쓰인 'taste'는 아래와 같이 음식 맛이 어떤지 물어볼 수 있다.

What does it **taste** like?

How does it **taste**?

첫 번째 질문은 어떤 음식을 처음 접했을 때 물어보는 경우이다. 이 질문에는 "닭고기/소고기 맛입니다." (It tastes like chicken/beef.)와 같이 답한다. 반면, 두 번째 질문은 어떤 음식인지 알고 있는 상태에서 그 음식 맛의 질을 묻고 있다. 따라서 흔히 "그렇게 나쁘지 않아" (It's not bad), "약간 싱거워." (It's a little bland), "너무 고소해." (It's too nutty) 등으로 대답할 수 있다.

Summary

- **Taste** 음식을 먹을 때 입으로 느끼는 맛: sweet, hot, sour, salty
- **Flavor** 입 안과 목에서 느껴지는 촉각과 후각을 합친 음식의 맛. 질감과 함께 음식이 가진 고유한 풍미와 시각적 요소를 합친 느낌을 나타내는 총체적인 표현

몰래한 사랑
a lover vs. a girlfriend & a boyfriend

한국에 있는 국제대학교에서 언어학을 강의하는 미국인 W교수가 첫 강의를 시작하던 날, 학생들에게 영어로 자기소개를 시켰다. 서먹서먹하고 어색한 분위기를 바꿔 유쾌하고 흥미롭게 보내려고 시도했건만 민망한 이야기를 듣고 당황했던 적이 있었다고 한다.

사연인즉, 멀리 제주도에서 온 단정하고 모범생처럼 보였던 여학생이 자기소개를 하면서 가족과 떨어져 외로움을 느낀다는 내용이 있어, 혹시 사귀는 남자 친구가 있냐고 물었더니 "Yes, I have a lover. His name is Yunho."라고 답하더라는 것이다.

O my! 남자 친구라도 있으면 의지가 될 것 같아서 위로해 주려다가 봉변당한 W교수! 여학생의 대답에서 무엇이 잘못된 표현일까?

한국인들은 남자 친구나 여자 친구를 누군가에게 소개할 때 'a lover'라고 당당하게 말할 때가 있다. 이 표현은 영어원어민 화자들에게는 아주 재미있는 실수 같지만, 서로가 그다지 친근한 사이가 아니라면 매우 당황스럽고 민망한 분위기로 직진하는 지름길이 될 것이다.

Lover has an innocent meaning in poems or songs, but in everyday conversation it has sexual overtones. 한국어로 직역하면 'Lover'는 시나 노랫말에서는 '천진난만한'의 뜻이 있지만, 일상대화에서는 성적 관념을 가지는 사이를 뜻한다. 쉽게 설명하면, 결혼한 남녀가 각자의 배우자(spouses) 몰래 밀회를 나누는 사이를 'a lover'라고 한다. 위의 에피소드에서 결혼도 하지 않은 대학생이 강의 첫날, 비록 본인이 말하고자 하는 의도는 그것이 아니었겠지만 자기소개를 하면서 상대방을 당황케 만든 일이다. 그래서 영어 공부를 더 열심히 해야 한다.

성인 남녀의 '연인' 사이를 지칭하는 단어로는 'sweetheart, partner, beloved' 등이 있다. 미국 흑인 가수 Stevie Wonder가 1985년 발표한 곡 〈Part-Time Lover〉에 나오는 가사를 해석해보면 'a lover'의 뜻을 잘 이해할 수 있을 것이다 'Knowing it's wrong, but feeling so right.'

참고로 'a boyfriend', 'a girlfriend' 그리고 'spouses'의 이별을 나타내는 단어들을 구분해보았다. 'To separate(헤어지는 것)'는 결혼한 부부들이 막 이혼하려는 상황에 부닥친 상태를 묘사할 때 쓰는 말(별거)이며, 그런 부부들은 법률적인 소언을 얻은 후 자신들의 결혼생활에 대해서 생각하기 위해 헤어진다(separate). 시간이 지나 부부는 다시 합치거나 법적인 이혼(divorce) 절차를 거친다. 남자 친구 또는 여자 친구와 헤어짐을 표현하는 말은 'break up'이다.

My boyfriend and I broke up.
(남자 친구와 나는 헤어졌어.)

한국어는 부부가 헤어지는 것도, 남자 친구 또는 여자 친구와 헤어지는 것도 같은 동사를 쓰고 있으니, 이별의 영어 표현 역시 한국어 표현과 동일시하는 빈도수가 높다.

너의 남자 친구, 정말 이상해!

perfume vs. cologne

고등학교 때 영어 내신 성적이 줄곧 1등급이었고, 수능 외국어 영역 시험도 만점을 받았던 예쁜 내 조카! 그녀가 한국에 지점을 둔 외국인 회사에 취업한 직장 새내기였던 시절, 미국인 동료 Sophia와 함께 백화점에 쇼핑하러 간 적이 있었다.

남자 친구의 생일 선물을 골라야 했던 조카가 Sophia에게 조언을 구하기 위해 남자들은 어떤 스타일의 panty(속옷)와 무슨 향이 나는 perfume(향수)을 좋아하는지 묻자, 대답 대신 Sophia는 조카의 손을 다정하게 잡은 채 동정의 눈빛을 보내며 다음과 같이 말했다고 한다. "Oh, my God…. Panties and perfume? Your boyfriend sounds like a pervert(변태 성욕자). You'd better not see him anymore." 그때 자신의 영어 표현에 무엇이 잘못된 것인지 알수 없었던 조카의 어리둥절한 표정이 지금도 생생하다.

어느 정도 영어 표현이 가능한 사람이라면 여성과 남성 전용 속옷과 향수를 말할 때, 그 단어의 선택이 다르다는 것쯤은 당연히 알고 있을 거라고 판단했던 Sophia는 조카의 꽤 괜찮은 직장동료였던 것 같다.

오직 여성만이 'panties'를 입는다. 정상적인 남성의 속옷을 표현할 때는 'boxer shorts' 또는 'jockey shorts'라고 표현한다. 권투선수들의 경기복처럼 생긴 속옷은 'boxer shorts', 앞부분의 모양이 Y-shaped이고 'box shorts'보다 짧은 속옷은 'jockey shorts'라는 것을 기억해두자. 이것저것 헷갈리면 그냥 'underwear'라고 하면 된다.

또한 여성 향수는 보통 'perfume'이라고 하고, 남성 향수는 'cologne' 또는 'after-shave'라고 한다. 참고로 'fragrance'는 사람이 만들어낸 인공적인 좋은 향기를 뜻하고, 'aroma'는 음식, 식물, 향신료 등과 관련된 재료로 만들어낸 좋은 향기를 나타낸다.

Are these your boxer shorts/jockey shorts, Steven?

I like the cologne/after-shave you are wearing, Jeff.

Anne, your outfit and perfume look so good on you today.

남녀 구분이 필요한 단어를 살피는 내용을 공부하려면 언급되는 이름이 남자 이름인지 여자 이름인지 혼란스러울 수도 있다. 아래에 세대별로 선호하는 이름들을 따로 정리해보았다. 이 구분은 전적으로 필자의 개인적인 판단임을 밝힌다.

성별 세대별	Male	Female
70~80대	Donald, Arthur, Bobby, Robbie, Leonard, Richard, Raymond, Frank, Charlie, Dennis	Sally, Nancy, Susie, Betty, Carol, Diana, Helen, Sandy, Joan, Clara
중년층	Jackson, Paul, Joshua, Joseph, Charles, James, David, Thomas, Matthew, William, Christopher	Victoria, Laura, Lucy, Mary, Rebecca, Flora, Alice, Grace, Catherine, Kimberly, Michelle
20~40대	**Patrick, Timothy, Derek, Tyler, Todd, Scott, Gary, Kyle, Kevin, Brian, Shane, Andrew, Daniel**	**Tiffany, Amber, Lisa, Linda, Nicole, Norah, Sharon, Angela, Aimee, Jessica, Christina**
최근 출생하는 아기 이름	Ayden, Grayson, Bonnie, Jace, Ayton, Aubrey, Autumn, Owen, Alex, Lukas, Gabriel	Abigail, Samantha, Kaitlyn, Megan, Ella, Sophia, Avery, Cordelia, Lily, Zoe, Florence

'a good bike'와 'a nice bike'
good vs. nice

우리나라 학생들에게 '좋다', '멋지다', '훌륭하다'라는 영어 표현이 무엇인지 물어보면 대부분 'good'이나 'nice'라고 답한다. 사실 학생들은 이 영어 표현을 매우 일찍 배우고 자주 접한다. 우리가 잘 알고 있다고 생각하는 이 표현이 중학교 1학년 영어 교과서에서는 제대로 쓰였을지 확인해보았다. 슬프다! 또 틀렸다!

A: What a good bike you have!
B: Thanks. Do you want to ride it?

위의 예문에서 대화자 A는 B의 자전거를 처음 보는 순간, 훌륭한 자전거를 가졌다고 칭찬하고 있다. 그런데 대부분의 영어원어민 화자들은 이 대화에서 'a good bike' 대신 'a nice bike'라고 말한다.

우리나라 속담에 "보기 좋은 떡이 먹기에도 좋다"라는 말이 있다. 'good'과 'nice'의 차이를 설명하기 위해 교과서 예문과 함께 이 속담을 소개할까 한다.

'보기 좋은' 떡은 'nice', '먹기 좋은' 떡은 'good'이다. 아직 이해가 잘되지 않으면 하나 더 추가! **잘 차린 한정식 밥상은 보기에는 'nice'한 음식이지만, 맛은 그다지 'good'하지 않다.** 다양한 음식이 골고루 차려진 영양 만점의 한정식은 언제나 맛있지만 'good'과 'nice'를 설명하기 위함이니 오해가 없기를!

중학교 영어 교과서에 나온 아래 문장에서도 'a good hat'보다 'a nice hat'이 맥락에 더 잘 어울린다는 것이 대다수 영어원어민의 의견이다.

I'm looking for a hat.

I found **a good hat**.

It's eight dollars and forty cents.

'nice'와 'good'의 미묘한 차이를 알아보기에 앞서 이들 두 형용사의 한국어 표현 '좋은', '멋진', '훌륭한'을 생각해보자. '멋지다'와 '훌륭하다'를 국어사전에서는 '매우 보기 좋다', '매우 좋아 나무랄 데가 없다'로 각각 풀이되어 있다. 다시 말해 '좋다'는 '(마음에) 흐뭇하여 즐겁다', '(보기에) 아름답다', '훌륭하다' 등으로 설명된다. '멋지다', '훌륭하다'는 '좋다'에 기초하여 서로 그 의미를 풀이하므로 '멋진 자전거'='훌륭한 자전거'='좋은 자전거', '멋진 모자'='훌륭한 모자'='좋은 모자'와 같은 언어적 등식이 성립된다. 결국 우리말 '멋지다'와 '훌륭하다'는 '좋다'의 의미로 대치될 수 있다.

그렇다면 영어 표현 'nice', 'good'은 개념적으로 어떤 차이를 보일까? 'nice'는 수식하는 명사가 나타내는 **대상의 외관이나 구성된 모양이 보기 좋다는 의미**를 나타내고, 'good'은 수식하는 명사가 나타내는 것의 **구성 재료나 기능을 훌륭히 발휘할 수 있나는 의미**를 나타낸다. 한국어에서 이 두 형용사를 구분해서 사용하지 않기 때문에 한국어가 모국어인 영어학습자들은 영어 표현에서도 이 개념을 동일시하는 경향이 많다.

'nice', 'good'의 의미 차이를 살펴보면 'nice'는 'well done or made', 'good'은 'having the right qualities'라고 영영사전에 풀이되어 있다. 'a good bike'는 영어원어민 화자에게 그 자전거의 기능적 측면에서 '타기 좋은 자전거'라는 의미로 자질을 평가하는 해석이 된다. 'a nice bike'의 'nice'는 자전거의 외양이나 모양을 수식한다. 따라서 'a nice bike'는 '자전거가 외관상 멋있다'라는 의미이다.

처음 보는 자전거를 보고 '좋은 자전거 가지고 있네요.'라고 평가한다면 직접 타보지 않았으므로 자전거의 모양, 색상, 외관상의 보기 좋은 점들을 이야기하는 것이다. 이러한 이유로 위의 대화에서 'a good bike' 대신 'a nice bike'를 사용하면 더 자연스럽다. 'a good hat'와 'a nice hat'의 설명도 마찬가지이다.

골프를 치면서 멋진 스윙을 칭찬할 때 "그~ㅅ 썃!"이라고 할까? "나~이스 썃!"이라고 할까? 자연스러운 영어 표현은 'good/nice golf shot', 'good/nice swing/hit'이다. 필드에 나가서 골프를 칠 때, 상황에 맞게 상대의 스윙 자세 혹은 스윙 결과로 판단하면 보다 자연스러운 표현을 하게 될 것이다.

Big과 Large로 말할 것 같으면
big vs. large

'a big number'는 'a large number'에 비해 좀 더 추상적이고 천문학적으로 큰 숫자를 의미한다. 영(zero)이 12개 달린 1조(trillion), 15개 달린 1천조 (quadrillion) 같은 단위의 숫자들이 big numbers에 속한다. 4광년은 빛이 4 년을 여행해야 도달할 수 있는 거리를 의미하며, 이를 계산해보면 25조 마일 (25trillion miles)이다. 이처럼 추상적으로 큰 숫자를 나타내거나 강조의 의미를 부여할 때 'big'의 비교급을 사용하여 'bigger numbers'라고 표현하기도 한다.

구체적인 개체들의 크기, 양 등을 나타내는 경우는 일반적으로 'large'를 사용하여 아래와 같이 표현한다.

a large amount (of)	on a large scale
a large number (of)	to a large extent
a large quantity (of)	a large part
a large volume (of)	a large area

추상적이고 훨씬 더 큰 숫자(양, 정도)를 나타낼 때 'big'을 사용한다고 언급한 점 외에도 'big'은 'large'와 달리 중요한 사건이나 행위를 나타낸다.

You're making a big decision/mistake/promise.
(당신은 크고 중요한 결정/실수/약속을 하고 있습니다.)

위의 예문에서와 같은 행위나 사건에 'a large decision/mistake/promise'라고 할 수는 없다. 이와 유사하게 a big idea/change/improvement(크고 중요한 생각/변화/개선) 등의 표현에도 'large'를 사용할 수 없다. 이런 사용에 대한 조건을 고려해 보면 'big'은 더 추상적이고 주관적인 중요성을 담고 있다 할 수 있겠다.

Boston is not so **large** as New York, but it's still **a big city**.
(보스턴은 뉴욕만큼 크지 않지만, 여전히 크고 중요한 도시다.)

위 문장은 'large'와 'big'의 의미적 차이를 잘 보여주는 적절한 문장이다. 'large'는 단지 도시의 물리적 크기(size)를 나타내고, 'big'은 크기뿐만 아니라 그 도시의 가치와 중요성을 한꺼번에 전달한다.

아래의 두 문장에서 두 단어의 의미 차이는 거의 없으며 'large'는 'big'보다 격식을 차린 말투로 쓰인다.

Sir Henry was feeling decidedly sleepy after **a large lunch**.
(Henry 경은 점심을 많이 먹은 후 꼭 졸음이 몰려오는 것을 느끼고 있었다.)

Mummy, can I have **a big lunch today**?

(엄마, 오늘 점심 많이 먹을 수 있어요?)

'large'와 'big'의 쓰임에 있어 주의할 점은 모두 가산명사, 즉 구분된 개체를 나타내는 명사만을 수식할 수 있다는 것이다.

The house has **a big/large garden**.

(그 집은 큰 정원을 가지고 있다.)

*There's **big/large traffic** on the road next to the house.

(그 집 옆 도로에는 교통량이 많이 있(었)다.)

위의 두 번째 문장에서 'traffic'은 구분된 개체로 볼 수 없는 추상적인 개념 혹은 집합 개념인 '교통량'을 나타내기 때문에 'big'이나 'large'의 수식을 받을 수 없다(바른 표현: There's **a lot of traffic** on the road next to the house.).

Summary

big	비격식체, 사건이나 행동의 횟수나 양을 표현, 'big numbers'는 천문학적으로 아주 큰 수들을 의미, 어떤 사건의 횟수가 많았음을 표현하는데 사용하면 해당 사건의 횟수가 매우 많았음을 강조하거나 과장하는 의미, 추가적인 중요성 표현, 가산명사만 수식
large	격식체, 양이나 수가 보통보다 많은 것 표현, 가산명사만 수식

준비됐나요?
prepared vs. ready

무슨 일이든 계획해서 실행하기 전에 준비단계가 있다. 한국어는 이 '준비'라는 개념을 특별히 구분하지 않는다. 그래서일까? 한국인들의 'prepared'와 'ready'가 들어간 대화를 듣고 영어권 화자들은 지나치게 준비가 철저한 사람이라고 생각하기도 하고, 대충대충 시간 보내는 사람으로 여기기도 한다.

영어권 화자들은 '준비'의 개념을 크게 두 가지로 보는데, 이들 표현을 잘 선택하면 책임감과 신뢰도를 높일 수 있을 것이다. 이제 '준비된'이라는 표현에 대해 알아볼 준비가 되었다면 먼저 아래 문장들은 'prepared', 'ready' 중에서 어떤 것을 써야 할지 스스로 선택해보자.

❶ 과학자가 되기 위해 국제 중등 과학 올림피아드 출제문제를 풀어보고 물리, 화학, 생물 공부도 틈틈이 준비하기 ➜

❷ 짜장면집 배달원이 주문받기 전 단무지와 양파 미리 준비하기 ➜

❸ 겨울 김장 때 쓸 고춧가루를 만들기 위해 봄에 고추 모종 준비하기 ➜

❹ 여행 가기 전날 캐리어 정리하고 비품 준비하기 ➜

❺ 외국대학에 입학하기 위해 고등학교에 다니면서 TOFEL 준비하기 ➡

❻ 영화 촬영 때 감독의 '준비, 액션!' ➡

❼ 직장 새내기가 미래의 결혼생활을 꿈꾸며 주택청약저축 준비하기 ➡

❽ 100m 달리기의 '준비, 땅!' ➡

* 홀수 번호 답: prepared   * 짝수번호 답: ready

prepared

ready

우리말의 '준비된'에 해당하는 영어 표현으로 'prepared'와 'ready' 가 있다. 'prepared'는 발생할 어떤 상황에 대비하여 **미리 준비된 것** 을 의미하고, 'ready'는 곧 발생할 상황에 대하여 **심리적으로 완전히 준비된 것**을 나타낸다. 그러므로 곧바로 발생할 상황에 대하여 "준비 됐나요?"라고 물을 때 영어로 'Are you ready?'라고 표현한다. 'Are you prepared?'라고 하면 어색한 표현이다.

그렇다면 'prepared'와 'ready'는 의미상 서로 어떤 차이가 있으며, 다음 페이지의 2018년 대학수학능력시험 영어 듣기 문항은 맥락에 적합하게 사용되었는지 살펴보자.

W: Charlie, our department workshop in Jeju is only two weeks away.

M: That's right. Let's check if everything is **prepared**.

W: Okay, I've already booked the flight for everyone. Did you take care of the accommodation?

위의 예문은 당연히 'prepared'보다 'ready'가 더 적합하다. 그 이유는 두 형용사의 의미적 차이에서 기인한다. 우선 'prepared'는 앞으로 발생할 상황에 대비하여 미리 준비된 것을 의미하고, 그 상황이 시간상으로 꽤 많이 떨어진 경우이다. 반면, 'ready'는 앞으로 곧 발생할 상황에 준비된 것을 의미한다. 이런 시간적 근접성 외에도 'ready'는 발생할 상황에 대하여 **심리적으로 준비된 것**을 의미한다. 'prepared'는 이런 면에서 **중립적**이다.

이런 의미적 차이를 참고하면, 위의 대화에서 자신들의 부서 워크숍이 2주 앞으로 다가왔다고 말한 상황이므로 시간상으로 근접한 일정에 대해 준비된 것을 표현하려면 'prepared' 대신 'ready'를 사용해야 한다. 다른 표현들도 아래 문장과 같이 수정해야 더 자연스러워진다.

W: **Well**, Charlie, our **department's** workshop **on Jejudo Island** is only two weeks away.

M: That's right. Let's check **to see** if everything is **ready**.

W: Okay, I've already booked **flights** for everyone. Did you take care of the accommodation?

갑자기 멈추면 어떡해요!

suddenly vs. quickly vs. rapidly

도로에서 달리던 앞차가 갑자기 멈추면 뒤따르는 차는 접촉사고를 일으키기
쉽다. 아래 문장은 이런 상황을 묘사하고 있다.

I was riding my motorcycle when something happened.

A car in front of me **stopped quickly**.

My motorcycle hit the back of the car, and I flew into the air.

(나는 내 오토바이를 타고 가다가 사고가 났다.

앞차가 갑자기 멈추었다.

나는 그 차 뒤를 받았고, 공중으로 날았다.)

위 문장의 'stopped quickly'가 해당 맥
락에 적절한 표현일까? '갑자기 멈추다'를
영어로 표현하면 'stop suddenly'라고 해
야 한다. 혹은 'make a sudden stop'이라

고 할 수도 있다. 여하튼 한국어 '갑자기'의 영어 표현은 'suddenly'이다. 그와 달리, 위 예문의 'stop quickly'는 '빨리 멈추다'라는 의미를 나타낸다. 아래에 'quickly, suddenly, rapidly'의 개념적 차이를 쉽게 설명해 두었다.

❶ **Suddenly** 뒤이어 오는 문장이 나타내는 상황에 대한 화자의 판단이 나 느낌(unexpectedly and quickly)을 묘사할 때 사용

Suddenly the dog launched into a frenzy of barking.

(**갑자기** 그 개는 미친 듯이 짖기 시작했다.)

❷ **Quickly** 대체로 어떤 행동이 예상된 시간보다 일찍 발생하고 진행되어 완료된 것, 과정이 아닌 결과에 초점을 둔 수식어

He **quickly realized** that she wasn't telling the truth.

(그녀가 진실을 말하지 않고 있다는 것을 **재빨리** 알아차렸다.)

Some tips to **master it quickly**.

(그것을 **빨리** 통달하는 몇 가지 조언)

❸ **Rapidly** 상황의 변화가 일정기간 내에 보통보다 많이 자주 발생함을 나타낼 뿐 주어의 의지적 행위와는 무관하다. 따라서 형용사 'rapid'는 동작의 수행자인 'runner, talker, walker' 수식 불가능

• 'rapid'의 수식이 'fast'나 'quick'보다 더 자연스러운 명사

rapid action, change, growth, improvement, increase, movement, development, mobilization, reaction, compensation, discontinuation, decline, introduction, production, adoption, etc.

• 변화가 일정기간 내에 더 많이 자주 발생함을 나타낼 때

The business is **expanding rapidly**. (사업이 빨리 확장되고 있다.)

The problem is **rapidly worsening**. (그 문제가 빨리 악화되고 있다.)

❹ **a quick worker** 예상된 시간보다 빨리 일을 끝마치는 사람

a fast worker 일을 처리하는 속도가 빠른 능숙한 사람

오늘날 거의 모든 가정에 TV가 있습니다
nearly vs. almost

우리말 '거의'를 뜻하는 두 가지 영어 표현 'nearly'와 'almost'는 어떻게 다른지 궁금해 한 적이 있을 것이다. 한국어에서 이 두 가지 표현은 '거의'라는 하나의 표현으로 합쳐져 있지만, 영어 표현은 그 쓰임이 각기 다르다. 'nearly'의 수식을 받는 표현은 어떤 진전(progress)의 끝이나 목표를 나타내고, 그 목표는 **예상 밖의 놀라운 것**이 되어야 한다. 반면, 'almost'는 수식을 받는 표현이 나타내는 것에 **근접한 양을 단순히** 나타낸다. 따라서 'nearly'보다 'almost'가 그 사용 범위가 더 넓다.

Today, there is a TV set in **nearly** every home.
(요즘은 거의 모든 가정에 TV가 있다.)

오늘날 TV가 모든 가정에 다 있다는 것이 놀라운 것은 아닐 것이다. 따라서 위에 나온 중학교 영어 교과서 예문의 표현은 단순히 근접성만을 나타내는 'in **almost** every home'으로 바꾸어야 적절한 표현이 될 수 있다.

It's nearly 12:00 p.m.

It's almost 12:00 p.m.

그렇다면 'nearly every home'과 'almost every home'의 차이는 무엇일까? 'nearly'가 수식할 때보다 'almost'가 수식할 때에 TV를 보유한 가정이 더 많음을 나타낸다. 'It is almost/nearly lunchtime.'이라는 표현에서 'almost'로 수식할 때가 'nearly'를 사용할 때보다 점심시간에 더 가까움을 나타낸다. 점심시간이 정오부터라고 가정하면 'nearly lunchtime'은 11:45분 정도를, 'almost lunchtime'은 11:55분 정도를 나타낸다. 아래에 예문과 함께 이들 두 가지 표현의 쓰임을 설명해 놓았다.

❶ **Nearly** 위에 설명한 근접성의 차이 외에도 '**기대와 달리 놀랍게도**'라는 의미를 전달한다. 이러한 의미적 특성을 바탕으로 'nearly lunchtime'이라는 표현은 점심시간까지 무엇을 하기로 가정하고 진행 중인데 예상한 시간보다 더 근접해서 놀라움을 나타낸다고 할 수 있다. 또한 시간, 공간, 양의 측정이 가능한 사물의 **진전, 향상**(progress)이 있음

을 전제하고, 숫자와도 자주 사용되며, 부정적인 단어(never, nobody, nothing) 앞에서는 사용하지 않는다.

I had an operation, but now I've **nearly** recovered.

(수술을 받았는데 지금은 거의 회복됐어.)

The two students are on **nearly** the same academic level.

(두 학생의 학력 수준은 거의 비슷하다.)

Bieber's @justinbieber account has **nearly** 9.7 million followers.

(비버의 @justinbieber에는 약 970만 명에 가까운 팔로어가 있다.)

❷ Almost 'almost lunchtime'은 단지 점심시간이 거의 다 되었음을 나타낸다. 감정이 포함되지 않은 객관적인 사실만을 말할 때, '~ly'로 끝나는 부사 어구를 수식할 때 주로 쓰인다(almost certainly, almost entirely).

My dog understands everything. He is **almost** human.

(나의 개는 모든 것을 이해해요. 거의 사람입니다.) ➡ 'human'이라는 자질은 이분법적이므로 진전(progress)을 논할 수 없음

I had **almost** no money in my pocket.

(주머니에 돈이 거의 없었어요.)

❸ Nearly & Almost 측정, 계산의 의미가 있을 때 모두 사용할 수 있다.

She is **nearly/almost** 6 feet tall.

(그녀는 거의 6피트에 가깝다.)

I **nearly/almost** fell off my bike.

(거의 자전거에서 떨어질 뻔했다.)

3

우리말 간섭의 흔적

Traces of Mother
Tongue Interference

인형같이 예쁘네요!
a doll vs. a stuffed animal

아래 그림은 장난감 가게에 들른 딸과 아버지의 대화 장면이다. 딸이 곰 인형을 가리키며 "Dad, please buy me a new doll."이라고 말하고 있다. 한국에서 중등교육을 받은 사람 대부분은 이 문장에 오류가 있음을 인식하지 못할 것이다. 이 문장에서 문제가 되는 단어는 바로 'doll'이다.

Dad, please buy me a new doll.

위 내용과 유사한 대화가 들어있는 다른 출판사의 중학교 영어 교과서에서도 같은 실수를 찾을 수 있다. 아래 그림에도 역시 'doll'이라는 단어가 나오는데, 무엇이 잘못인지를 다음 페이지에 쉽게 설명해 놓았다.

영어라는 언어의 학문적인 기초를 다지기 시작하는 우리나라 중학생들의 영어 교과서에서 찾은 실수는 한국어가 모국어인 교과서 집필자들에게서 흔히 나타난다. 이것을 '모국어 간섭현상'이라고 학문적인 정의를 내릴 수 있다. 영어 교과서를 편찬하는 데 있어서 이런 실수들이 수정되지 않고 반복되는 것은 참으로 안타까운 일이다. 이 책은 한국의 영어 교육이 보다 올바른 방향으로 나아가길 바라는 관점에서 진심을 다해 연구 분석한 결과물로, 특정한 출판사 혹은 교육기관을 비판하기 위함이 아니라는 것을 밝히고 싶다.

영어의 'doll'과 한국어 '인형'은 같은 뜻을 나타낸다고 생각하는 사람이 많다. 하지만 영어에서 'doll'은 Barbie 인형처럼 사람 형상의 인형을 가리키지만, 우리말 '인형'은 사람뿐만 아니라 동물 형상을 한 것까지 모두를 가리킨다.

앞에서 본 교과서 그림에 나타난 인형은 동물 형상의 장난감이지만, 영어 대화문은 이들을 가리키며 'doll'을 사용하였다. 동물 형상의 장난감을 가리키는 영어 단어는 'stuffed animal'이다. **우리말의 '인형'은 사람, 동물 형상을 구분하지 않**

지만, 영어에서는 'stuffed animal'과 'doll'로 구분되어 있다. 영어 학습이 거의 완벽하다는 교과서 집필자들조차 한국인의 언어 습관에 따른 모국어의 영향을 피해갈 수 없는 것이다.

중학교 영어 교과서에서 가져온 아래 예문에서는 당나귀처럼 생긴 피냐타를 화자 B가 'a kind of doll'이라고 다시 설명하고 있다.

A: What's a pinata?
B: It's a kind of **paper doll**.

피냐타는 아래 그림처럼 동물 모양으로만 만들어지는 것이 아니라 큰 별처럼 만들 수도 있다. 하지만 이 대화문에서 당나귀 모양의 피냐타를 제시하고 일종의 인형이라고 설명하는 것은 영어의 'doll' 개념을 정확하게 이해하지 못한 결과라 할 수 있다. 문제는 대부분의 학생들이 여전히 이러한 오류를 인식하지 못하고 'doll'이라는 단어를 사용하고 있다는 점이다.

나는 스파게티 요리에 능숙해요
be good at vs. like ~ing

영어원어민과 결혼한 필자의 친구가 결혼 초기에 자신의 잘못된 영어 표현으로 인해 남편으로부터 성격에 관한 오해를 받은 적이 있다고 한다. 한국에서 고등학교를 졸업하고 영어권 대학을 다닌 그 친구는 자신의 언어능력이 꽤 우수하다고 생각했었다. 하지만 남편과 오가는 대화 속에서 의미가 잘못 전달된 자신의 말 때문에 거만한 성격의 소유자가 되었고, 그 오해를 푸는데 몇 년이 걸렸다 한다.

그 친구가 들려준 대표적인 에피소드는, 자신이 '무엇을 잘한다 혹은 무엇에 능숙하다'는 표현을 할 때 보통 'be good at something'이라고 학교에서 배운 대로 자주 말했던 터라 친구 남편은 그녀가 모든 분야에서 탁월한 능력자인 줄 알았다고 한다. "I am good at cooking spaghetti."라는 친구의 말에 남편이 주위 지인들을 집으로 초대해 이탈리안 셰프 수준의 스파게티 요리를 아내가 선보일 것이라고 말해 당황한 적도 있었다고 한다.

이는 비단 필자의 친구뿐만 아니라 모국어가 영어가 아닌 사람들이 일상에서 경험하는 일로, 그들의 어색한 영어 표현으로 인해 빚어지는 해프닝은 매우 다양하다. 이들이 쉬운 문장부터 한 단계, 한 단계 바로 잡아간다면 언젠가는 'I am good at speaking English.'라고 큰소리칠 수 있게 되지 않을까?

중학교 영어 교과서에 나온 아래의 대화문은 특별한 문제가 없어 보이지만, 영어원어민 화자에게는 다소 어색하게 들린다 한다.

B: What are you doing, Nancy?

G: I'm making a smartphone case out of my old jeans.

B: Wow! **You're good at recycling old clothes.**

위의 대화문에서 문제가 되는 부분은 'You're good at recycling old clothes.'이다. 무엇에 능숙하다고 말하려면 해당 대상을 평상시에 아주 잘해왔을 경우에 하는 표현이며, Nancy가 평소에 헌옷을 어떻게 재활용했다는 내용의 대화가 선행되어야 한다. 이런 표현이 제대로 사용되려면 단순히 헌 청바지로 휴대폰 케이스를 만드는 것만으로는 헌옷을 재활용하는 것에 능숙하다고는 할 수 없다.

학교에서는 'be good at ~ing/something'을 '나는 무엇을 잘한다'라는 의미로 표현할 때 사용한다고 가르친다. 그래서일까? 대부분의 한국인 영어학습자들은 "나는 피아노/수영/영어/수학 등등을 잘한다."라는 표현을 할 때 "I am good at playing the piano/swimming/English/math, etc."라고 한다.

하지만 이런 표현을 영어원어민 화자들은 잘 사용하지 않는다. 대신 'I like playing the piano.'라고 하거나 'I guess I am good at math.'라고 한다. 자신이 무엇에 능숙하게 잘한다고 직설적으로 이야기하는 것은 좀 허풍스럽거나 거만하게 비쳐질 수 있다. 그런 표현을 약간 완화하고 겸손하게 나타내기 위하여 'I guess~'라는 표현과 함께 사용하기도 한다.

'be good at ~ing/something'과 비슷한 의미를 갖는 표현으로 'be skillful at~', 'be amazing at ~', 'be great at~' 등이 있다. 모두 무엇에 능숙하거나 잘한다는 의미지만 'amazing', 'great'는 각각 '놀라울 정도로 (능숙하다)', '매우 (능숙하다)'라는 느낌을 더하여 'be good at'보다 능숙한 정도가 좀 더 강한 느낌이 있는 표현이다.

'be good at ~ing/something'과 반대의 의미를 갖는 표현으로는 'be bad at~', 'be poor at ~', 'be terrible at ~' 등이 있는데 '무엇을 형편없이 못하다'라는 의미가 있다. 물론 이 표현들도 형용사 각각의 의미만큼 차이가 있다고 할 수 있다.

냄새에도 있는 맛
very delicious vs. delicious

요즘 'Language Exchange'를 목적으로 온라인 등록을 한 후에 지정된 카페에서 서로 다른 언어를 모국어로 가진 사람들이 만나 소그룹으로 대화하는 Meet** 모임이 유행이다. 음료수나 커피 값 정도만 들이면 한국인은 영어, 스페인어, 독일어, 중국어, 일본어 등 배우기를 원하는 언어로 외국인과 대화하고, 해당 외국인은 한국어 대화는 물론 발음 교정과 이론적으로 쉽게 접할 수 없는 관용표현까지 익힐 수 있기에 서로에게 좋은 영향을 준다. 특별한 주제는 없고 날씨, 사건, 정보에서부터 개인의 취향에 맞는 음식, 음악, 영화, 문학 이야기까지 토픽은 자유롭다.

필자가 그 카페를 방문했던 날, 옆 테이블의 대화를 우연히 듣게 되었다. 미

국인 대학생(남)과 한국인 직장인(여)의 대화중에 내 마음에 쏙 드는 유익한 정보가 있었다. 따뜻한 커피와 달콤한 조각 케이크를 주문한 한국인 여성이 "Sweet cake always tastes very delicious."라고 말하자, "Sweet cake is delicious."라고 수정해 주는 친절한 미국인 남학생! 어찌나 똑부러지게 설명하던지 맛과 냄새에 관한 공부를 제대로 한 느낌이었다.

'delicious'는 동사 'taste'와 함께 사용되는 것이 어색하다. 'taste' 뒤에는 'sweet, bitter, sour, salty' 등과 같은 맛을 나타내는 형용사가 와야 하고, 'delicious'는 'beautiful'처럼 그 자체로 최상급의 의미가 있으니까 'very'의 수식을 받을 수 없다는 그의 설명에 한국인 여성은 연신 'A~ha, A~ha, I see.'라고 말하며, 케이크를 **아주 맛있게** 먹었다. 냄새를 표현하는 동사 'smell'의 깊은 뜻을 아래에서 살펴보자.

"금방 끓여낸 커피는 좋은 냄새가 난다. 달콤한 케이크는 매우 맛있다." Freshly made coffee always smells good. Sweet cake is delicious.

위 두 번째 문장 'Sweet cake is delicious.'를 첫 문장처럼 '맛이 나다'라는 동사 'taste'를 사용하여 "Sweet cake always tastes delicious."라고 할 수 있을까?

실제로 중학교 영어 교과서에 "Your cake tastes very delicious."라는 표현이 있다. 동사 'taste'와 'delicious'는 의미 영역이 다른 표현이다. 맛의 종류는 단, 짠, 신, 쓴 맛 등이 있으므로 'tastes sweet/salty/sour/hot, etc'와 같이 표현해야 의미상으로 유형이 맞게 된다.

그러나 형용사 'delicious'가 '맛이 좋은'이라는 의미의 비유적인 사용이 아닌 이상 'delicious'는 음식만을 수식할 수 있다. 만약 교과서 표현처럼 'tastes very delicious'라고 하면 이 표현은 '맛이 매우 좋은 맛이 난다'라는 의미가 되어 우리말로 옮겨도 어색하다. 'Your cake is delicious.'로 바꾸어야 한다. 'delicious'는 'beautiful'처럼 그 자체로 최상급의 의미가 있다고 영어원어민들은 생각한다. 그러므로 강조 부사 'very'의 수식을 받는 것은 매우 어색한 표현이다.

인간의 감각 중 후각을 나타내는 'smell'은 아래 예문처럼 냄새의 '좋고, 나쁜' 의미뿐만 아니라, 구체적인 맛의 종류를 표현할 수도 있다.

The freshly baked bread **smells good/delicious**.
(갓 구워낸 빵은 냄새가 좋습니다./맛있는 냄새가 납니다.)
The cake **smells very sweet**. (그 케이크는 달콤한 냄새가 납니다.)
Capers **smell a little spicy**. (케이퍼는 약간 매콤한 냄새가 납니다.)

어떤 후각 느낌의 표현이 독립된 단어로 존재하지 않으면 다음과 같이 'smell+like ~'로 표현하면 된다.

The main reason why sweat **smells like vinegar** should not be ignored.
(땀이 식초와 같은 냄새가 나는 주된 이유를 결코 간과해서는 안 된다.)

영어에서 후각을 표현하는 방식은 미각을 표현하는 것보다 훨씬 더 폭이 넓다. 한국어 표현에도 **'맛있는 냄새**가 부엌에서 진동한다'라고 표현할 수 있는 것을 보면 후각을 나타내는 표현이 더 자유롭다는 것을 알 수 있다.

운이 없다면 슬픈 것일까요?
unfortunately vs. sadly

'unfortunately'는 한국어로 '운이 없게도', '아쉽게도', '안타깝게도' 등과 같은 의미로 사용되고, 'sadly'는 '슬프게도', '슬프게', '애처롭게도', '애처롭게', '비참하게도', '비참하게' 등의 의미로 사용된다.

그런데 한국인 영어학습자들은 이들 두 부사를 잘 구분하지 못하는 경향이 있다. 두 가지 부사 모두 문장 맨 앞에 오면 뒤에 이어지는 문장이 나타내는 상황에 대한 화자의 평가나 태도를 서술하는 기능을 갖게 된다. 해당 상황에 대하여 'unfortunate' 또는 'sad' 한 것으로 평가한다면 이 두 평가에 대한 화자의 심리적 상태는 거의 비슷할 것이다. 하지만 '운이 좋지 않은' 상황과 '슬픈' 상황은 분명히 구분된다.

중학교 영어 교과서에 나온 아래 예문에서 'sadly'가 올바로 쓰였는지 판단해보자.

Today, I had a school trip to Green Park. **Sadly**, I left my lunch box on the bus. At lunch time, Reena came to me. She shared her lunch with me. We are in the same class….

예문의 내용은 공원으로 체험학습 갔던 날, 화자가 도시락을 버스에 두고 내려서 다른 친구의 도시락을 함께 먹었다는 상황이다. 사실 도시락을 버스에 두고 내린 것은 슬픈 것이라기보다 운이 없는 것에 더 가깝다. 따라서 'sadly'를 'unfortunately'로 바꾸는 것이 맥락에 더 부합된다. 그리고 같은 반 친구의 도시락을 나누어 먹을 수 있었던 상황은 운이 좋거나 기분이 좋은 상황일 것이다. 따라서 위 예문은 다음과 같이 수정해야 한다.

Today, we **took** a school trip to Green Park. **Unfortunately**, I left my lunch box on the bus. At lunch time, **however, luckily**, Reena came to me. She shared her lunch with me. We are in the same class….

아래의 예문 역시 중학교 영어 교과서에서 발췌한 것이다. 밑줄친 'sadly'가 올바로 사용되었는지 생각해보자

I went to Udo with my family last summer. We tried peanut ice cream there. It was super delicious! The white sand on the beach was so beautiful. <u>Sadly</u>, I couldn't take the white sand from the beach with me.

예문의 상황은 보기에 따라 유감스러운 상황이 될 수 있다. 즉, 우도에 가

서 해변에 있는 흰 모래를 가져오고 싶었는데 못 가져온 상황을 묘사하고 있다. 이런 상황이면 아마도 운이 나쁘거나 운이 없는 상황이라기보다 유감스러운 상황 쪽에 더 가까울 것이다. 따라서 예문의 'sadly'는 그대로 두어도 무방할 것 같다.

'sadly'와 'unfortunately'는 위에서 설명한 것처럼 의미적인 면 외에도, 아래 설명과 같은 측면에서 차이가 있다.

❶ **unfortunately** 주로 문장 맨 앞에 와서 뒤이어지는 문장 표현이 기술하는 상황에 대한 화자의 평가나 태도를 나타낸다. 이런 종류의 문장부사를 화자 지향 부사(speaker oriented adverbs)라고 하며, 동사구 뒤나 동사 바로 앞에 와서 해당 동사가 기술하는 사건이 발생하거나 진행되어가는 과정의 양태를 나타내기도 한다. 다음 예문은 그러한 용법을 보여주고 있다.

"Have you an agreeable neighbourhood here? Are the Middletons pleasant people?", "No, not all," answered Marianne; "we could not be more **unfortunately** situated."

("여기 함께 어울릴 만한 이웃이 있습니까? Middleton씨 가족은 괜찮은 사람들입니까?", "아닙니다. 전혀 그렇지 않습니다. 우리가 이보다 더 운이 나쁜 상황에 부닥칠 수는 없을 것 같군요."라고 Marianne이 대답했다.)

위 예문은 'unfortunately'가 양태부사로 사용된 예이다. 'unfortunately'는 동사 'situated' 앞에서 '현재 상황에 부닥치게 되는 과정을 보면 매번 운 나쁘게 일이 진행되었다'라는 의미를 나타낸다. 'unfortunately'가 이렇게 동사 바로 앞이나 뒤에서 양태부사로 사용되는 경우는 매우 드물다. 해당 동사가 나타내는 상황이 운이 나쁘게 진행되면 결국 전체 상황은 운이 나쁘다고 판단할 수밖에 없으므로 대체로 화자 지향 부사로 사용된다.

❷ **sadly** 아래 예문이 보여주듯이 화자 지향적으로 사용되기도 하지만, 주로 주어와 동사 사이에 와서 해당 문장의 동사구가 기술하는 사건이나 상태에 대하여 화자가 아닌 주어의 심적 상태를 나타낸다. 이렇게 사용되는 부사를 주어 지향 부사(subject oriented adverbs)라 하고 'unfortunately'처럼 양태부사로도 사용된다.

Sadly, this fine old theatre was destroyed by fire in 1993.

(슬프게도, 이 훌륭한 오래된 극장은 1993년에 화재로 소실되었다.)

It is sad that this fine old theatre was destroyed by fire in 1993.

(이 훌륭한 오래된 극장이 1993년에 화재로 소실되었다는 것은 슬픈 일이다.)

The couple **sadly** split up.

(그 부부는 슬프게 헤어졌다.)

The couple were **sad** when they split up.

(그 부부는 헤어질 때 슬펐다.)

He walked away **sadly**.

(그는 슬프게 가버렸다.)

He walked away **in a sad way**.

(그는 슬픈 듯이 가버렸다.)

❸ 다음 예문에 있는 'sadly'의 반의어 'gladly'(기꺼이) 또한 'sadly'와 마찬가지로 문장 내에 나타나는 위치에 따라 그 쓰임이 결정된다.

Gladly, James prepared dinner for his mother.

James **gladly** prepared dinner for his mother.

James **gladly** has prepared dinner for his mother.

James has **gladly** prepared dinner for his mother.

(제임스는 어머니를 위해 기꺼이 저녁을 준비했다.)

'gladly'는 'sadly'와 달리 화자 지향 부사로 쓰일 수 없다. 그 이유는 'glad'가 항상 주어로 사람을 취하기 때문이다. 'It is glad to/that〜'과 같은 표현은 없다. 따라서 'gladly'는 화자 지향 부사로 사용되지 않는다. 다른 문장의 'gladly'는 'in a pleased way'로 풀어 쓸 수 있는 양태부사 혹은 주어 지향 부사로 해석될 수 있다. 다만 'gladly'가 주어 뒤, 조동사 'has' 앞에 오는 위의 세 번째 문장은 반드시 주어 지향 부사로만 해석된다.

❹ 'unfortunately'와 같은 부사는 화자 지향 부사로 주로 사용되고, 양태 부사로는 잘 사용되지 않는다. 'sadly'와 같은 부사는 화자 지향 부사,

주어 지향 부사, 양태부사로 다 사용될 수 있다. 반면, 'gladly'와 같은 부사들은 화자 지향 부사로는 사용되지 않고, 주로 주어 지향 부사나 양태부사로 사용된다.

Unfortunately, since writing this story I have **sadly** discovered that I am not alone.

(불행하게도, 이 이야기를 쓴 이후로 내가 혼자가 아니라는 것을 나는 슬프게도 알아차렸다.)

'unfortunately'와 'sadly'가 같은 문장에 오게 되면 위 예문에서처럼 일반적으로 'unfortunately'는 화자 지향 부사로 사용되고, 'sadly'는 주어 지향 부사 혹은 양태부사로 사용된다. 따라서 'unfortunately'는 문장 맨 앞에 오고, 'sadly'는 주어 뒤에 나타난다. 'sadly'가 화자 지향 부사로, 'unfortunately'가 양태부사로 사용되지 않는 한 어순에 있어 'sadly'가 'unfortunately'를 앞서 올 수는 없다.

'감사'와 '감사합니다'
Thanks vs. Thank you

우리가 영어 표현 가운데 가장 흔하게 듣고 사용하는 표현 중 하나는 한국어 '감사합니다'에 해당하는 'thanks'와 'thank you'일 것이다. 이러한 보편적이고 쉬운 표현이 친근함의 함정에 빠져 한국인 영어학습자에게 의미가 같다는 이유로 어느 것을 사용하든 무방하다고 알려진 듯하다. 이를 증명하듯이 중학교 영어 교과서의 대화문 곳곳에 두 표현이 구분되지 않고 사용되고 있다. 아래의 대화문을 살펴보자.

A: Excuse me. How can I get the park?

B: Go straight two blocks, and then turn left. It'll be on your right.

A: **Thank you.**

B: Your welcome.

A: Hi, John. Do you have any plans for this weekend?

B: Yes. My family is going to go to Jeju-do. We're going to ride horses.

A: That sounds fun. Enjoy your trip!

B: **Thanks**, I will.

첫 번째 대화는 타지에서 낯선 사람에게 길을 묻는 상황으로 대화자가 서로 모르는 관계이다. 두 번째 대화는 두 대화자가 친구 사이이며 주말여행에 대한 일상을 이야기하고 있다. 이런 맥락에서 첫 번째 대화의 'Thank you'를 'Thanks'로 바꿀 수 없고, 두 번째 대화의 'Thanks'를 'Thank you'로 바꿀 수 없다. 그렇게 바꾸면 첫 번째 대화는 마치 낯선 사람이 아주 친한 친구에게 고마워하는 듯한 표현이 되고, 두 번째 대화는 친구를 낯선 사람에게 대하듯 예의를 차려서 감사하는 듯한 표현이 된다.

'Thanks'와 'Thank you'는 마치 한국어에 친한 사이에 가볍게 '감사!'라고 짧게 표현하는 것과 격식을 차리고 '감사합니다'라고 하는 정도의 차이와 같다. 요즘 문자메시지로 'ㄱㅅ'이라고 아주 친근한 사이에 감사 표현을 주고받듯이 'Thanks'는 격식을 차리지 않고 친근하게 감사한 마음을 나타내는 표현이며, 'Thank you'는 'Thanks'에 비해 훨씬 격식을 차려 감사의 마음을 나타내는 표현이다.

다음은 중학교 영어 교과서의 대화문이다. 'Thank you'의 표현이 앞서 설명한 것처럼 바르게 사용되었을까?

A: What are you doing this weekend, Eric?

B: Nothing special. I'll just stay home and watch TV.

B: Great! I'm having a birthday party this weekend. Can you

come?

A: Sure. **Thank you** for inviting me.

A: Can you do me a favor?

B: Sure. What is it?

A: Can you clean the classroom?

B: Sure

A: **Thank you** for your help.

B: Mom, how's the weather today? Do I need an umbrella?

W: It's quite cloudy outside. I'll check the weather forecast.

B: **Thank you**, Mom.

W: Well, it's not going to rain today.

B: Good! Then, I don't need an umbrella today.

위의 대화문을 살펴보면 대화자들이 모두 잘 아는 사이이다. 그리고 처음과 두 번째 문장의 'Thank you'는 각각 친구가 주말에 생일파티에 자신을 초대한 것과, 방을 청소하고 일기예보를 체크하는 것에 대해 상대가 약간의 도움을 준 것을 감사의 마음으로 표현한 것이다. 하지만 가까운 친구와의 대화에서는 'Thanks'라고 하는 것이 훨씬 더 적절하다. 마지막 대화는 엄마와 자식 간의 대화이고, 친근하다는 측면에서 'Thanks'가 'Thank you'보다 더 자연스러운 표현이라고 할 수 있다.

이렇듯 조건에 맞지 않게 두 표현을 서로 바꾸어 사용하게 되면 감사한 마음의 표현이 정상적으로 들리지 않고 부자연스러울 수 있다. 위의 대화문 모두 중학교 영어 교과서의 표현들이다. 기본적이고 당연한 이 두 표현 간의 말투 차이를 무시하고 특별한 생각 없이 마구 사용하는 것을 보면 '유감스럽다'라는 말이 먼저 떠오른다.

You're so beautiful
so vs. very vs. really

팝송 가사에 많이 나오는 'so'는 '너무, 매우, 아주, 그렇게…' 등으로 번역하면 자연스럽다. 여기서 드는 의문! 중고등학교에서 배워 흔히 알고 있는 'very, really, quite'와 'so'는 과연 어떤 차이가 있을까?

허스키 보이스의 대명사 Joe Cocker가 부르는 〈You Are So Beautiful〉의 가사에 반복적으로 나오는 "You are **so** beautiful to me."를 가볍게 듣고 난 뒤에, 네덜란드 출신 그룹인 George Baker Selection의 〈I've Been Away Too Long〉에 나오는 'so'를 공부해보자.

"How can I say to you? I love somebody new. You were **so** good to me always……. I, I've been away too long. No, I can't be **so** strong." 연인과 너무 오래 떨어져 있던 중에 새로운 사람을 사랑하게 되어 미안한 마음을 전하는 내용의 이 노래는 누구나 한 번쯤 따라 불렀을 것이다. 그런데 이 부분의 가사는 왜 'really', 'very'와 같은 강조표현을 사용하지 않고 'so'를 사용했을까?

아마 두 가지 이유가 있는 것 같다. 우선 노래의 박자와 리듬에 'really',

'very'는 잘 맞지 않아 짧은 1음절 단어를 찾았고, 'so'는 'that', 'such'와 같은 다른 대용어처럼 선행하는 것이 구체적으로 있거나 추론할 수 있을 때 사용될 수 있는 강조표현이지만, 가사에 사용된 'so'는 잘 대해준 정도(so good)나 강한 정도(so strong)를 맥락에서 충분히 유추할 수 있으므로 그것을 강조하는 표현으로 사용되었다.

좀 더 구체적으로 설명해보면, "You were **so** good to me always."는 상대가 어느 정도로 자신에게 잘 대해주었는지를 누구보다 잘 알고 그것을 회상하는 분위기이므로 'quite', 'pretty', 'very'와 같은 강조표현을 사용하면 옛날 연인과 행복했던 순간들을 묘사하는 애절함은 완전히 사라질 것이다. "No, I can't be **so** strong."에서 맥락상 'so'가 나타내는 것은 "I can't go on with lie." 또는 "I can't hide it."과 같이 다른 사람을 새로 사랑하게 되었고, 그것을 숨기고 지내는 것을 나타낸다. 노래 가사의 주인공은 그 정도로 강할 수 없다고 고백하고 있다. 이처럼 맥락에서 'so'가 어떤 정도를 나타내는지를 쉽게 알 수 있을 때는 강조표현으로 사용될 수 있지만, 'really', 'very', 'quite'와 같은 강조표현은 단순히 정도를 높이는 기능만을 할 뿐이다.

이제 중학교 영어 교과서에 나온 아래 예문의 'so'가 적절하게 사용되었는지 판단해보자.

I love ice cream very much.

She loves chocolate **so** much.

We both love sweet things.

이 문장의 'so'는 어색하다. 이유는 그녀가 초콜릿을 어느 정도로 많이 좋아하는지 문맥 안에서 파악할 수 없기 때문이다. 'so much'는 '그만큼 많이'라는 의미를 나타낸다. 이 표현을 사용하려면 이전 문장에서 구체적으로 그 상황을 언급했거나 맥락에서 쉽게 유추할 수 있어야 한다. 'She loves chocolate so much.'라고 뜬금없이 말하면서 그녀는 초콜릿을 **그만큼** 많이 좋아한다고 표현한다. '그만큼'이라니? 그녀가 초콜릿을 좋아하는 정도를 쉽게 찾거나 유추할 수 없는 이 문장을 영어원어민 화자들은 틀림없이 어색하다고 판단할 것이다. 따라서 두 번째 문장의 'so'는 'very'와 같은 일반 강조표현으로 대치해야 한다.

중학교 교과서에서 가져온 아래 예문 역시 'so'가 들어간 대화문이다.

A: Hi, Cindy. Is something wrong?

B: I have to give a speech in front of the whole school. I am **so** nervous.

A: Don't worry. You're a very good speaker.

'so'가 어떤 상태를 강조하는 기능으로 사용되려면 강조하는 정도를 맥락에서 찾을 수 있어야 하지만, 이 대화문에서는 어느 정도인지 구체적으로 알 수 없다. 이런 경우 'so' 대신 'quite', 'pretty', 'very'와 같은 다른 강조표현을 사용하여 불안한 상태(nervous)를 단순히 강조해서 불안한 정도가 높음을 표현해야 한다. 'so'는 그 정도가 불명확한 맥락에서 마구 사용되어 어린아이들이 특별한 근거 없이 습관적으로 강조하는 말투(girlish)처럼 들릴 수 있다. '참 좋아(so good)', '정말 예쁘네(so beautiful)', '엄청 이상해(so funny)'처럼 어린아이의 말투가 되는 느낌을 줄 수 있으므로 앞뒤 맥락을 살펴서 주의 깊게 사용해야 한다.

대략 여섯 시쯤 저녁 먹어요
about vs. around

시간관념이 철저한 사람과 약속시간에 늦어 때로는 서로의 감정을 상하게 되는 경우가 가끔 있다. 음악을 듣고, 음식을 먹고, 옷을 입는 취향이 저마다 다르듯이 시간에 관한 관

점도 모두 다를 것이다. 누군가는 약속시간보다 늦게 나온 상대방에게 관대할 수 있으나, 단 1분이 늦어도 화를 이기지 못하는 사람도 있다. 그러한 '다름' 속에서 상대를 이해하고 배려하는 마음이 사람과의 관계를 따뜻하게 한다.

양이나 수를 어림잡아 표현할 때 자주 사용하는 표현 중에 '~쯤', '~경'이라는 명사 접미사가 있다. 중학교 영어 교과서에 나온 아래 예문에서 'about six'는 올바로 사용되었을까?

I come home at four and I have dinner **about** six.

보통 몇 시쯤이라고 할 때 전치사 'around'를 사용한다. 위의 'about six'는 'around six'로 바꾸어 6시쯤 저녁식사를 한다고 표현해야 한다. 시간을 나타낼 때 쓰는 '대략, ~쯤, ~정도' 등과 같은 표현을 아래에 정리해 놓았다.

❶ **around 6**: 6시 부근, 6시에 인접한 변두리에 있는 시간의 위치, 5시 55분 또는 6시 5분(전치사 around: 원을 그리듯 둘러싼 주변부를 뜻함)

❷ **about 6**: 임박해가는 6시, 시간이 조금씩 지나며 6시가 임박해가는 과정의 시간 흐름, 5시 55분, 56분, 57분, 58분, 59분(6시가 지난 6시 5분을 의미하지는 않음)

❸ **approximately:** 대략의 시간과 속도(해당 시간을 기준으로 앞뒤 10분 정도(오후 5:50~6:10)의 시간대, 'around'보다 훨씬 더 격식적인 표현)

At approximately 7:00 p.m, bells at the train station rang and red lights flashed, signaling an express train's approach **at approximately 55 mph.**

(오후 7시경 기차역의 종이 울리고 적색등이 번쩍이며 약 55마일의 속도로 급행열차의 접근을 알려주고 있었다.)

❹ **by:** 7시 바로 옆에 있는 시간의 위치, 6시 59분까지를 뜻함(해당 시간 전이라는 의미가 있는 대략의 시간: 7시경, 7시 무렵, 7시쯤)

By the time we turned on the TV, the movie had (already) started.

(우리가 TV를 틀기 전에 영화는 (벌써) 시작되었다.)

I'm going to be at the office **by** 7 tomorrow morning.

(나는 내일 아침 7시 전까지는 사무실에 와 있을 거야.)

❺ **before**: 해당 시간 전이면 어떤 시각이든 상관없음

I'll be back at home **before** 7 this afternoon. (단순히 오후 7시 전

시간이면 어떤 시각이든 집에 돌아와 있을 거라는 주장)

I'll be back at home **by** 7 this afternoon. (7시보다 늦지 않게, 6시

50분 정도를 의미함)

만나서 반가워!
meet vs. see

Hi! Let me introduce myself.

My name is Betty White.

I like sports.

I'm glad **to see you**.

중학교 영어 교과서에 나온 대화문에서 마지막 문장의 'see'는 잘못된 표현이다. 처음 만나 자신을 소개할 때 쓰는 말로 '만나게 되어 기쁘다'라는 표현은 'I'm glad to meet you.'이다.

참고로 "Nice to meet you."라는 표현은 처음 만나서 통성명을 한 후에 말해야 자연스럽다. 한국어 '만나다'는 처음 대면하는 것만으로도 만나는 사건이 될 수 있지만, 영어의 'meet'는 적어도 서로 통성명이라도 하는 단계를 포함했을 때 비로소 'meet'이라는 사건이 발생했다고 할 수 있다.

반면, **'see'는 이미 만나서 아는 사람들 사이의 만남을 의미**한다. 그리고 아는 사람 사이의 만남일 경우 'see'는 만나서 무엇을 하면서 시간을 보낸다는 점에 초점을 맞추지만, 'meet'는 만나는 '장소' 혹은 '시점'을 부각하는 표현이다. 그 좋은 예로, 피천득의 〈인연〉이라는 수필에 나오는 '만남'은 아사코를 만난 장소와 시대적 배경을 중심으로 묘사되므로 'meet'으로 번역하면 더 자연스러울 것이다.

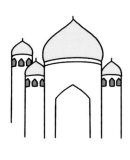

중학교 영어 교과서에 나온 아래 대화문의 'meet'는 바른 표현일까?

Mr. Jang is my neighbor. I **meet** him every morning.
He says "Good morning". He cleans the street every day.
Is he a street cleaner? No, he isn't. He works at a bookstore!

'meet'는 대체로 사람을 나타내는 표현을 목적어로 취하여 처음으로 만나는 것을 나타낸다. 예문의 문맥으로 보면 만나는 사람이 이웃집 아저씨이고, 매일 아침 만난다. 이 경우에는 동사 'meet' 대신 'see'를 사용하여 '매일 보다'라는 의미로 쓰여야 자연스러운 표현이다.

아래에서 '만나다'라는 의미의 여러 가지 동사를 한 번 살펴보자.

I **met with** some difficulties when I entered the jungle.

(나는 정글에 들어갔을 때 어려움에 봉착했다.)

→ meet with: '어떤 것' 특히 어려움 또는 난관 따위를 '우연히 만나다.'

He **encountered** a lot of financial problems.

(그는 많은 재정적인 어려움에 부닥쳐 있다.)

→ 무언가 좋지 않은 것(problem, trouble, difficulty, opposition)과 '마주치다'라는 의미

Let's **meet** tomorrow at 10:00 at the coffee shop.

(내일 커피숍에서 10시에 만납시다.)

You need to **see** your doctor right away.

(너는 의사를 지금 당장 만나볼 필요가 있어.)

It's nice to **see** you again!

(다시 만나서 반가워!)

I **ran across** my old college roommate in town today.

(나는 오늘 시내에서 예전 대학교 기숙사 룸메이트와 **우연히 만났다.**)

He will **get together with** some friends to plan a party for her.

(그는 그녀를 위한 파티를 친구들과 함께 계획할 것이다.)

→ 특정 목적을 위해 사전에 모이기로 한 모임에서 서로 만나는 경우

취미가 뭐예요?

hobby vs. interests

취미생활이 매우 다양한 친구가 있는데 '그녀로 말할 것 같으면…' 화초 키우기, 일본어 공부, 영화와 음악에 관심이 많고, 시간이 나면 가까운 도시나 섬으로 여행을 한다. 아침에는 틈틈이 조깅으로 몸매관리를 하며, 일과가 끝난 저녁시간에는 좌뇌의 건강한 활동을 위해 SUDOKU[2] 게임을 하며 시간을 보낸다. 주말이 되면 독창적인 유화를 그린다. 목공예 공방에서 심플한 가구도 만들고, 드론 자격증을 따기 위해 학원에도 다닌다.

그녀의 취미생활은 이렇게 다양하지만 그 '취미'의 구분을 한국인들은 그다지 따지지 않고 'hobbies'라고 통일시킨다. 좀 더 세부적으로 '취미'를 분석하기 전에 그녀의 일상을 한 번 상상해보자. 각 카테고리로 나누면 그녀의 일상을 이해하는데 도움이 될 것이다. 그녀를 알아야 할 이유는 딱히 없지만, 단어

---

2. 18세기 스위스의 수학자 레온하르트 오일러가 만든 '마술 사각형(Magic Square)'을 1980년대 일본의 한 퍼즐 회사가 본격적으로 게임화한 것으로, 숫자를 이용해 논리력을 테스트하기 위해 고안된 게임. 숫자를 뜻하는 스(數, su)와 혼자(single)를 뜻하는 도쿠(獨, doku)가 조합된 단어로 쉽게 풀이하면 '한 자릿수'. 정사각형 네모 상자의 가로와 세로 각 줄에 겹치지 않도록 수를 넣어 맞추는 게임.

의 의미는 살펴야 하니 퀴즈를 풀어보자.

화초 키우기 → ❶ hobby   여행하기 → ❶ hobby   목공예 → ❶ hobby
            ❷ interest   ❷ interest   ❷ interest
            ❸ pastime   ❸ pastime   ❸ pastime

드론 자격증 → ❶ hobby   영화감상 → ❶ hobby   일본어 → ❶ hobby
            ❷ interest   ❷ interest   공부   ❷ interest
            ❸ pastime   ❸ pastime   ❸ pastime

유화 그리기 → ❶ hobby   SUDOKU → ❶ hobby   조깅 → ❶ hobby
            ❷ interest   게임하기   ❷ interest   ❷ interest
            ❸ pastime   ❸ pastime   ❸ pastime

  일반적으로 취미라고 하면 영어 'hobby'를 떠올리는 것이 한국인 영어학습자들의 습관이다. 우리말의 '취미'는 영어의 'pastimes' 개념까지 포함하고 있다. 음악감상, 무용, 독서 등과 같은 활동을 'interests(관심사)'라고 한다. 다음은 웹상에서 우리말 '취미'에 해당하는 'hobby', 'interests', 'pastimes'의 개념을 정리한 것이다.

A hobby is an activity that requires your own hard work, creativity and innovation like cooking, playing musical instruments, writing poems, songs, articles etc.

(취미는 매우 열심히 해야 하고 창의성과 혁신성이 요구되는 다음과 같은 활동, 즉 요리, 악기연주, 시 쓰기, 기사 쓰기 등등)

Interests are those activities that you have an avid interest in doing them but they do not require your or innovation like reading books or novels, watching movies, listening to music, etc.

(관심사는 상당한 흥미를 갖고 하는 활동을 의미한다. 이 활동들은 혁신성이 필요 없는 독서, 영화감상, 음악 듣기 등이다.)

Pastimes are mostly about having fun while you are killing time. Card games, video games, **yoyo throw**, beachcombing, bird watching and many others fall into this very large category of activities.

('여가 보내기'는 시간을 보내며 부담 없이 즐거움을 추구하는 활동이다. 예: 카드 게임, 비디오 게임, 요요 던지기, 바닷가 표류물 줍기, 조류관찰)

위의 설명을 참고하면 중학교 1학년 영어 교과서에 등장하는 단원 제목인 "What are your hobbies?"는 'interests'에 관한 질문이라고 할 수 있다. 'hobbies'를 'interests'로 수정해야 올바른 영어 표현이다.

Summary

- hobby: 매우 열심히 할 뿐만 아니라 창의적이고 혁신적인 노력이 있어야 성취할 수 있는 것을 추구하는 여가 활동(악기연주, 서예, 시 쓰기, 스킨스쿠버)
- interest: 큰 흥미를 느끼고 있으나, 창의성이나 혁신성은 요구되지 않고 가볍게 즐길 수 있는 여가 활동(등산, 독서, 영화감상, 음악 듣기)
- pastime: 한가한 시간을 보내며 즐거움을 추구하려는 비교적 즉흥적인 여가 활동(TV 시청, 화투놀이, 자동차 운전, 비디오 게임하기)

그 시험에 합격할 수 있었어요

I could pass the exam. vs.
I was able to pass the exam.

'매우 ~해서 …하다'라는 의미
를 나타내는 'so~ that…' 구문은
한국인 영어학습자들에게 가장 많
이 알려진 영어 구문 중 하나이다.
영어학습자 대부분은 'I studied
so hard that I could pass the
exam.'이라는 영어 표현을 '내가 공부를 매우 열심히 해서 그 시험에 합격할
수 있었다.'라는 의미로 이해하고 있다.

여기서 중요한 점은 위의 우리말 표현과는 달리 화자가 그 시험에 합격하지
않았다는 것이다. 왜 이런 차이가 발생할까? 문제는 조동사 'could' 때문이다.
'could'는 'can'의 과거형이다. 하지만 'could'는 단순히 과거 상황만 나타내는
것이 아니라 현실 세계와 다른 가상의 상황을 가정하고 그 상황을 기술하는
표현이다. 따라서 영어 표현 'I could pass the exam'은 그 시험에 응시하고
쳤었더라면 합격할 수 있었다는 의미를 나타낸다. 즉 시험에 응시하지 않았던

것이 현실 상황이어도 만약 지원하여 시험에 응시했다는 가상의 상황을 상정하면 그 상황에서 화자는 시험에 합격할 수 있었다는 것을 기술하고 있다. 위의 경우 합격한 과거의 현실 상황을 기술하려면 'could' 대신 **was able to**'를 사용해야 한다. 실제로 'can'의 과거형 표현은 'was able to'라고 봐야 한다. 영어 교과서에 나온 다음 문장의 표현 중에서 'could'가 제대로 쓰였는지 생각해보자.

Gunnar got the medicine. Even in heavy snow, Balto **could** stay on the trail. He stopped just in time before the river ice cracked and….

(Gunnar는 약을 받았다. 폭설 속에서도 Balto는 산길에서 버틸 수 있었다. 강의 얼음이 깨지기 직전에 멈추었고….)

위 예문은 Alaska의 아이디타로드 개썰매 경주인 'The Iditarod Trail Sled Dog Race'를 소개하는 내용 일부이다. 이 개썰매 경주의 기원은 1925년 Alaska의 Nome이라는 작은 마을에 디프테리아 급성전염병이 퍼져 1,800km나 떨어진 앵커리지로 약을 구하려고 개가 끄는 눈썰매를 타고 갔던 이야기로 거슬러 올라간다. 당시 눈썰매를 끌었던 개의 이름이 Balto였고, 약을 구해서 돌아오는 길에 폭설을 만났음에도 Balto는 멈추지 않고 눈썰매를 끌 수 있었다는 상황을 묘사하고 있다. 이러한 과거 상황을 정확히 전달하려면 'could'대신 'was able to'를 사용하여야 한다. 아니면 '어렵게 ~해냈다'라는 의미를 나타내는 'managed to~'를 사용해도 될 것이다.

하지만 'could'로 표현했을 때의 과거 상황이 모든 경우 실현되지 않는 것은 아니다. 다음의 예문에서 'could'가 사용되었음에도 해당 과거 상황이 실현되었다고 할 수 있다.

I **could feel** (=felt) something hard under my foot.
(나는 내 발 아래 뭔가 단단한 것을 느낄 수 있었다.)

He **could hear** (=heard) a knocking at the door.
(그는 문에서 누가 노크하는 소리를 들을 수 있었다.)

They **could see** (=saw) someone through the window.
(그들은 창문을 누군가를 볼 수 있었다.)

She **could smell** (=smelt) onions cooking.
(그녀는 양파 요리하는 냄새를 맡을 수 있었다.)

I **could taste** (=tasted) sugar in tea.
(차에 설탕맛을 느낄 수 있었다.)

She **could sing** (=sang) like an angel when she was a kid.
(그녀는 아이였을 때 천사처럼 노래할 수 있었다.)

My father **could speak** (=spoke) five languages.
(아버지는 다섯 가지 언어를 말할 수 있었다.)

위 예문의 동사들의 공통적인 특징은 특별한 노력 없이 우리가 언제든지 할 수 있는 능력을 나타낸다는 점이다. 다시 말해 '시험에 합격하다', '썰매를 계속해서 끌다'와 같이 그 실현을 위하여 특별한 노력이나 능력이 요구되는 경우 'could'는 그 실현과는 반대되는 상황을 기술한다고 할 수 있다.

아래의 두 가지 표현에서 첫 번째 문장은 실현된 과거 상황을, 두 번째 문장은 실현되지 않은 과거의 가상적 상황을 기술하고 있다.

I ran fast and **was able to** catch the bus.

(빨리 달려서 그 버스를 탔다.)

Whenever I ran fast I **could** catch the bus.

(빨리 달릴 때는 언제든지 그 버스를 탈 수 있었는데, 그러지 못했다.)

I **managed to** get 10% off the price.

(나는 그 가격에 10% 할인을 가까스로 받았다.)

I **could** get 10% off the price.

(나는 그 가격에 10% 할인을 받을 수 있었지만, 그러지 않았다.)

어떤 물건 가격에 10% 할인을 언제든지 받을 수 있는 상황인데도 할인을 거부하고 물건을 구매하는 경우는 없을 것이다. 위의 마지막 예문 'I could get 10% off the price.'는 이러한 이유로 어색한 표현이다. 'could'를 'managed to'로 바꾸어야 현실 세계에서 흔히 있는 상황을 표현할 수 있다.

Summary

- 'could'는 할 수 있는 능력을 나타내는 'can'의 과거형이라는 것에 현혹되어 과거에 실현된 상황을 기술하는데 사용하기 쉽다. 하지만 'could'는 'can'과는 완전히 다른 표현 방식, 즉 현실 세계와 반대되는 가상적 상황을 기술하는데 사용된다는 점을 염두에 두어야 한다. 과거에 무엇인가 성취할 수 있었고, 성취했던 상황을 기술하려면 'was able to~' 또는 'managed to~'를 사용하여 표현할 수 있다.

장래 무엇이 되고 싶니?

want to vs. would like to

    미래의 꿈을 물어보는 질문에 대한 표현으로 우리나라 영어 교과서에서는 'want to be ~'라는 표현으로 소개하고 있고, 초급영어 회화수업에서도 그렇게 가르친다. 중학교 영어 교과서에서 가져온 아래의 예문은 친구 사이의 대화인데, 혹시 문장에 어색한 부분은 없는가?

B: What do you **want to be** in the future?

G: I like movies, so I **want to be** a movie director.

우리나라 사람들은 해외여행을 할 때 '무엇을 먹고 싶다', '어디로 가고 싶다' 등의 기본적인 표현을 대부분 'want to be~'로만 시작하려는 홀릭에 빠져 있다. 하지만 이제는 달라져야 할 때! 그렇다면 이 표현을 어떻게 써야 제대로 된 표현일까?

TV의 예능 프로그램에서 어느 개그맨이 영어 회화를 열심히 한다고 배운 내용을 되새기며 반복적으로 "Would you like something to drink?"라는 문장을 익살스럽게 말하던 모습을 본 적이 있다. 그의 표현 'would you like to be~'는 바르게 사용되었다. 그렇다면 'want to be~'라는 표현을 쓸 때는 언제일까?

'want something'이라는 표현은 '무엇인가 필요하지만 그것이 없어서 갖기를 원한다'라는 현실적인 문제를 나타낸다. 'want to be~' 역시 '~이 될 필요가 있고, 되기를 원한다'라는 현실적으로 매우 강력한 필요성을 나타낸다.

앞의 영어 교과서에 나온 예문에서 언급한 영어 표현을 한국어로 옮기면 '~이 되기를 원한다'가 되어 특별한 문제가 없어 보이지만, 문맥상 첫 번째 대화는 매우 진지하고 심각하게 미래에 무엇이 될 필요가 있고, 원하는가를 묻는 분위기가 된다. 그리고 두 번째 화자는 매우 강력하게 자신이 무엇이 될 필요를 느끼고, 그렇게 되기를 원한다는 현실적인 필요성을 표현해 버렸다. 이렇게 강한 현실적 욕구를 나타내면 장래 희망을 물어보는 질문으로는 매우 단도직입적인 분위기가 되어 상당히 어색해진다.

친구에게 영화감독이 되고 싶은 현실적인 욕구를 강하게 피력했는데, 중학교 1학년 학생들이 과연 몇 명이나 영화감독이 될 수 있을까? 영화감독이 될 확률보다 안 될 확률이 훨씬 더 높을 것이다. 다만 영화감독이 되기 위하여 여러 준비과정을 거쳤고, 곧 영화감독으로 나아갈 수 있는 상태에서 "I want to be a movie director."라고 자신의 희망을 표현했다면 그것은 자연스러운 표현이다. 따라서 위의 영어 교과서 예문은 아래와 같이 고치는 것이 더 자연스러운 표현이다.

B: What **would you like to be** in the future?

G: I like movies, so I'd **like to be** a movie director.

Summary

- want to be~ ➡ 현실적으로 당장 '~이 되고 싶고, 꼭 필요하다'라는 욕구 표현
- would like to be~ ➡ 부드러운 대화의 분위기를 이끄는 예의 바른 표현

어떻게 생각하세요?
think of vs. think about

영어원어민 화자와 대화할 때 유념할 표현 중 하나가 우리말 "~에 대해 어떻게 생각하세요?"라는 표현의 "What do you think of/ about~?"이다. 대부분 "어떻게 생각하세요?"를 영어로 해보라고 하면 "How do you think?"라고 한다. 이것은 한국어의 "어떻게 생각하세요?"를 글자 그대로만 영어로 옮겼다고 할 수 있다.

이렇게 되면 이 의문문은 "당신은 어떤 수단을 통해서 생각합니까?"라고 묻는 생뚱맞은 질문이 되어버리고, 이런 질문에 유머 감각이 넘치는 영어원어민 화자들은 흔히 '내 머리로(with my brain) 생각하지.'라고 농담조로 답하며 귀엽게 윙크할지도 모른다.

그럼, 지금부터는 'What do you think~?' 뒤에 오는 'of'와 'about'을 각각 어떤 경우에 써야 하는지를 살펴보자.

중학교 영어 교과서에 나온 아래 대화문을 통해 적절한 전치사 사용을 분석해보자.

A: What do you **think about** this hotdog?

B: I think it's very delicious.

A: What do you **think about** the movie, Jina?

B: I think it was exciting. How about you, Seho?

A: I thought it was boring.

위의 예문에서 'think about'이 취하는 목적어는 각각 'a hotdog'와 'a movie'이다. 핫도그 관련 업계에 종사하는 사람의 대화라면 'think about'이라는 표현으로 다각도의 견해를 묻는 것의 대상이 되지만, 이 대화는 핫도그의 맛을 단순히 묻는 상황이므로 **'think of**'로 바꾸어야 한다. 두 번째 예문의 대화 역시 '그 영화에 대하여 생각해봤니?'라고 단순히 해당 영화에 대하여 어떤 생각이 드는지를 묻고 있다. 이런 오용은 한국어의 '~에 대하여'라는 표현이 영어의 'about'이라고 굳게 믿고 있기 때문이다.

- **think about**[3] 해당 대상에 여러 측면으로 어떤 생각이 있는지를 묻는 경우. 다면적이고 구체적인 생각거리. 어떤 대상에 대해 서로 이야기가 오고 갔으며 그것에 대하여 생각해봤는지를 물어볼 때 사용
- **think of** 어떤 것에 대하여 단순히 다시 기억해보는 것(recalling to mind), 즉석에서 어떤 생각이 드는지(a snap judgment)를 물어볼 때 사용

I can't **think of** it right now, but maybe I will, if I **think about** it long enough.

(나는 지금 그것을 생각해낼 수 없지만, 아마도 내가 그것을 충분히 생각해보면 생각해낼 수 있을 것이다.)

---

3. think about/think of와 비슷한 성격을 갖는 동사로 'hear', 'learn', 'know'가 있다. 이 동사 뒤에 'of'가 오면 그 목적어가 나타내는 개체의 존재를 '듣고', '배우고', '알고' 있음을 나타내고, 'about'이 오면 그 목적어가 나타내는 개체에 대하여 다각적으로 이것저것 '듣고', '배우고', '알고' 있음을 나타낸다. 한국어에는 이렇게 구분하는 언어형식이 없어서 무시하고 사용하는 경향이 많다.

로스트비프를 먹을 게요

have the roast beef vs. eat the roast beef

우리말 "점심으로 뭘 드시겠어요?"라는 영어 표현은 다음 두 가지로 생각해 볼 수 있다.

What would you like **to have** for lunch?

What do you want **to eat** for lunch?

예의를 갖추어 말할 때는 'have' 동사를 사용해야 한다. 이때 'to eat something for a meal'이라고 하면 너무 투박하고 예의 바르지 못한 말투가 되고, 먹는 동작에만 직접적으로 초점을 두어 어색하게 들릴 수 있다. 따라서 예의 바른 제안이나 요구를 나타내는 경우는 'eat'을 사용하는 표현 대신 아래 예문처럼 표현하는 것이 좋다.

Can I **have** another piece of that delicious cake?

Let me buy you a drink. What'll you **have**?

Why don't you stay and **have** lunch with us?

I'll **have** the roast beef, please.

식사 주문하면서 "I'll eat the roast beef, please."라고 하지 않는다. 일반적인 표현으로 "I'd like the roast beef." 또는 "I'll have the roast beef.", "I'll take the roast beef."가 자연스럽다.

'무엇을 먹는다'라는 것을 나타내기 위해 'eat' 동사를 사용하면 먹는 동작과 과정에 초점을 둔 표현이 된다. 그래서 'I'll eat the roast beef.'라고 말하면 "I'll chew and swallow the roast beef."와 같은 느낌(구운 쇠고기를 씹어서 삼킬 것이다)을 함께 전달한다.

아래 내용은 먹는 동작과 양태를 포함한 동사를 소개한 것이다.

❶ **devour**: to eat up greedily

He **devoured** the turkey and mashed potatoes.

(그는 칠면조와 으깬 감자를 **게걸스럽게 먹었다.**)

❷ **gorge:** to eat until you are unable to eat any more

If you **gorge** yourself on snacks like that, you won't eat your

dinner. (그렇게 간식을 **잔뜩 먹으면** 저녁은 못 먹을 거야.)

❸ **munch:** to eat something, especially noisily

He **was munching** on an apple.

(그는 사과를 **우적우적 씹어 먹고 있었다.**)

❹ **crunch:** to crush hard food loudly between the teeth

She **was crunching** on potato chips while watching TV.

(그녀는 TV를 보면서 감자 칩을 **바삭바삭 먹고 있었다.**)

❺ **take:** '약을 먹다'를 표현하려면 'take' 동사를 사용하여 'take a

medicine'과 같이 표현하는 것도 유념할 필요가 있다.

I **take** a medicine twice a day. (나는 하루에 두 번 약을 먹는다.)

'a cooker'는 요리사가 아닙니다!
a cooker vs. a cook

우리말 '요리사'를 영어로 'a cooker(조리도구)'라고 생각하기 쉽다. 접미사 '-er' 때문이다. 하지만 요리사는 영어로 단순히 'a cook'이고, 주방장일 경우 'a chef', 'the head cook'으로 표현할 수 있다. '그는 요리를 잘한다.'라는 영어 표현은 'He is a good cook.', 'He cooks well.'이라고 말하면 될 것이다. 우리나라 중학교 1학년 영어시험에서 단어의 뜻이 바르게 연결되지 않은 것을 찾는 문항 중 빠지지 않고 등장하는 'a cooker' 덕분에 익숙한 단어일 것이다.

a cooker   a cook

하지만 요즘은 독해 능력 테스트 위주인 영어 수능시험의 영향으로 중학교 영어 시험에 단어의 뜻 찾기 같은 단순한 문제는 점차 사라지고 있다. 그럼에도 우리나라 영어 교육이 in-put(읽기, 듣기)만을 강조하다보니 out-put(쓰기, 말하기)에 해당하는 언어능력은 고등학교 내신 등급 수와 절대 비례하지 않는다.

조리도구를 나타내는 'a cooker'를 요리사로 잘못 사용하기 쉬운 이유는 우리가 알고 있는 '어떤 행위자 역할(an agentive role)을 나타낼 때 접미사 '-er'을 붙인다'라는 영어 단어 형성의 규칙 때문일 것이다. 그러나 design+er, drive+er, play+er, save+er, sing+er, teach+er 등 동사에 '-er'을 붙여 그 동사가 나타내는 행위를 하는 사람이라는 명사를 만드는 영어 단어 형성의 규칙은 그렇게 간단하지는 않다. 외국어로서 영어를 배우는 사람들에게 이런 변덕스러움은 거의 절망에 가깝다. '-er'을 동사에 붙여 행위자를 나타내는 규칙 이외의 5가지 대표적인 규칙을 정리한 내용은 다음과 같다.

❶ '-or'을 붙인 행위자
- act+or, govern+or, vend+or, confess+or
➡ 라틴어가 어원인 동사(동사 자체만으로 라틴어에서 온 단어인지 판단할 수 없으므로 외국어로서 영어를 배우는 사람들에게는 거의 도움이 되지 않음)
- abdicator, dictator, captivator, educator, annihilator, navigator
➡ 어간의 동사들이 전부 'ate'로 끝나며, 라틴어 계열의 동사들이다. 만약 동사의 어원이 라틴어라는 것을 안다면 행위자를 나타내는 명

사를 만들 때 '–er' 대신 '–or'을 붙여도 잘못될 가능성은 거의 없음

❷ '–er', '–or' 둘 중 하나를 자유롭게 취하는 행위자

→ advise+er/or, compute+er/or, convert+er/or, save+er/ **propell+er/or**

❸ '–ar'을 붙인 행위자

→ 'beg', 'lie': 'beggar', 'liar'와 같이 '–er'도 '–or'도 아닌 '–ar'

❹ 어떤 접미사도 취하지 않고 동사 그 자체로 행위자

→ 'cook', 'judge', 'bore' (재미없게 하는 사람: "I had to sit next to Michael at dinner. He's such a bore.")

❺ '–ist', '–ian', '–ant'를 붙인 행위자

→ 'pianist', 'musician', 'participant'

가야 할지 와야 할지, 갈팡질팡 한국식 영어!
go vs. come

"오늘 저녁, 우리 pot-luck 파티에 오시겠어요?"라는 말을 영어로 하면 어떤 표현을 사용해야 할까?

'우리 pot-luck 파티에 오다'라는 의미만 영어로 나타내보면 'join our pot-luck dinner party' 혹은 더 평이하게 'come to our pot-luck dinner party'가 될 것이다. 여기에 '오라는 제안'을 하려면 'Would you like to~', 'How about~' 등의 표현을 추가로 덧붙여 사용하면 될 것이다. 그래서 'Would you like to come to our pot-luck dinner party?' 혹은 'How about coming to our pot-luck party?'라고 해도 일상적으로 편하게 이야기하는 식(informal)으로 표현할 수 있다.

그런데 중학교 영어 교과서 한 곳에 "How about **going** to our pot-luck party?"라는 표현을 사용하고 있다. 더 설명할 필요도 없이 'going'을 'coming'으로 고쳐야 한다.

비단 영어 교과서만 문제가 있는 것이 아니라, 대학수학능력 영어 듣기 문제에서도 'come'과 'go'를 제대로 구분해서 사용하지 못하고 있다. 수능 영어 듣기 문제의 어느 대화문에서, A와 B는 친구이며 A가 B에게 "내가 어제, 이번 주일요일 다른 친구와 hiking 갈 수 있는지 물어보려고 전화했었어"라고 말하면서 B에게 "너도 갈 수 있니?"라고 면대면으로 묻는 맥락이다. 이 면대면 질문으로 "Can you **come**?"이라고 표현했는데, 이런 맥락이면 "Can you **go**?"라고 해야 한다. 왜 그럴까?

❶ **Go** 화자와 청자가 다른 방향이나 장소로 이동하거나, 예정되지 않은 **제3의 장소로 이동**할 때 사용된다. 이런 움직임에 무엇을 가지고 이동하면 'take(가져가다, 데려가다)'를 사용한다.

❷ **Come** 화자와 청자가 **같은 장소로 이동**할 경우나 **미리 계획된 활동을 할 장소로 함께 이동**하면(청자가 화자의 장소로 이동하면) 사용한다. 이런 움직임에 무엇을 가지고 이동하면 'bring(가져오다, 데려오다)'을 사용한다.

앞서 설명한 중학교 영어 교과서 대화문의 맥락 'our pot-luck dinner party'를 통해 화자가 그 파티에 참석한다는 가정을 충분히 알 수 있다. 또한 그 장소로 청자가 이동하는 상황이어서 동사 'come'을 사용해서 표현해야 한다.

이와 유사하게 한 수능 영어 듣기 문제에서 친구들이 다가오는 일요일 hiking을 간다는 이야기를 듣고 한 대화자가 다른 대화자에게 함께 가면 어떤지 의견을 묻고 있는 맥락이다. 즉 화자가 청자에게 제3의 장소로 이동하는 것을 묻고 있으므로 동사 'go'를 써야 하지만 'come'을 사용하고 있다. 어떤 제3의 장소로 이동할 것을 권유할 때 'Let's go to ~'라고 하지 'Let's come to ~'라고 하지 않는다.

❸ 동사 'go', 'come'과 같은 문제를 가진 동사 세트로 'take'와 'bring'이 있다. 이들 두 동사의 의미는 'go', 'come'의 의미에 각각 대응되며 어떤 것(대상)을 가지고(데리고) 움직이는 것을 나타낸다.

Let's have one more drink, and then I'll **take** you back home. 한 잔 더 하자. 내가 너의 집에 데려다 줄게(움직임은 같은 방향, 같은 장소이더라도 결국 청자는 화자를 집에 데려다주고 헤어져 다른 장소로 가는 것을 암시함).

I'm **bringing** my wife back home from hospital this evening. (오늘 저녁에 병원에서 집으로 아내를 데려올 거야. ➡ 같은 집에 거주하는 가족)

4

같아 보이지만
다른 동사

They Look the Same but
They're Not!

주말에 보는 영화
watch a movie vs. see a movie

학교에서 동사 'watch'는 '주의 깊게 보다(한동안 지켜보다)', 'see'는 '그냥 보다(특별한 노력 없이 단순히 보이니까 본다)'의 의미로 가르친다. 그리고 'watch'의 대상은 움직임이 있는 것이고, 'see'의 대상은 움직임이 없는 것이다. 아래 예문에서 'see'가 'watch'를 대신할 수 없는 것도 이들 두 동사의 이 같은 의미 차이를 보여주는 좋은 사례이다.

If you want me to **watch the kids** for a couple of hours while you go out, just let me know.

(당신이 외출하는 동안 한두 시간 내가 아이들을 돌봐주기를 원한다면 내게 알려주세요.)

Could you **watch my bags** for me, while I go to the toilet?

(화장실 가는 동안 내 가방 좀 봐주실래요?)

영화를 관람한다고 할 때는 어떤 동사를 사용해야 할까? TV로 영화를 시청할 경우 아래 예문처럼 동사 'watch'를 사용한다. 하지만

TV가 아닌 영화관에 가서 관람하는 경우는 동사 'see'를 사용한다.

A: What are you doing this weekend, Eric?

B: Nothing special. I'll just stay home and **watch TV**.

A: How about going to **see a movie** at the IMAX cinema with me?

중학교 영어 교과서에 나온 아래 예문에서 동사 'watch'가 올바로 사용되었는지 판단해보자.

G: Do you have any plans, Mike?

B: I'm going to **watch a movie** with my friend.

만약 화자 B가 집에서 영화를 DVD로 본다는 가정을 하면 'watch'는 바르게 사용되었다. 하지만 이 교과서 대화문의 맥락은 주말의 계획을 묻고 답하면서 B가 친구와 영화 보러 극장에 가는 것이다. 이런 맥락일 때는 'watch'를 'see'로 고쳐야 한다. 아래 예문을 통해

'watch'와 'see'의 차이를 다시 한 번 확인해보자.

I **watched** Phantom of the Opera last night on DVD **at home**.

(나는 어젯밤에 집에서 Phantom of the Opera를 보았다.)

I **saw** Phantom of the Opera last night **at the theater**.

(나는 어젯밤에 극장에서 Phantom of the Opera를 보았다.)

We went to **the movie theater** and **watched** Ice Age.

(우리는 극장에 가서 Ice Age를 보았다.)

첫째와 둘째 예문은 집에서 DVD로 〈Phantom of the Opera〉를 보았다고 할 때 'watch'로 표현한 반면, 극장에서 보았다고 할 때는 동사 'see'를 사용하고 있다.

그런데 극장에 갔다는 것을 명시적으로 표현한 후 영화를 보았다고 할 때는 마지막 예문처럼 'watch'를 사용해서 '보았다'를 표현해야 한다. 부연하면, "그 영화 봤니?"라고 물어보려면 "Have you **seen** the movie?"라고 한다. 동사 'see'를 사용하고 있지만, 집에서 본 영화에만 국한되지 않고 영화관에서 본 것을 포함하여 그 영화를 봤는지를 묻고 있다.

아래 두 예문의 동사 'watch'는 상당한 시간에 걸쳐 움직임이 있는 대상을 지켜보았다는 의미를 보여주고 있다.

We sat on the beach **watching**/*seeing a spectacular sunset.

(우리는 해변에서 멋진 일몰을 지켜보면서 앉아 있었다.)

Thousands of fans packed into the stadium **to watch/see the match.** (수천의 관중이 그 시합을 관람하기 위해 경기장으로 몰려들었다.)

위의 첫 번째 문장에 'watching' 대신 'seeing'은 사용될 수 없지만, 두 번째 문장에서 'see'는 가능하다. 두 번째 문장에서는 경기를 단순히 보았다는 것만 나타내고 첫 번째 문장처럼 상당한 시간에 걸쳐 지켜보았다는 의미는 없어도 되기 때문에 동사 'see'도 가능하다.

아래 두 문장은 'watch'와 달리 상당한 시간에 걸쳐 지켜본 동작이 아닌 순간적으로 본 것이나 걸린 시간에 대해 중립적으로 상황을 묘사하는 경우 동사 **'see'**가 온다는 것을 보여주고 있다.

Soccer fans filled the stadium to **see Didi score** the very first goal in the opening match.

(축구 팬들은 개막전에서 Didi가 바로 그 첫 골 넣는 것을 보기 위해 경기장을 가득 메웠다.)

I **saw a spectacular sunset** at the beach.

(나는 해변에서 멋진 일몰을 목격했다.)

Summary

- **see** 극장에 가서 영화를 본다고 할 때 'see a movie'로 표현
- **watch** 집에서 영화를 볼 때 'watch a movie'로 표현
- **go to the theater**와 같이 극장에 간다는 것을 명시적으로 표현한 후 이어서 영화를 보았다고 하면 'watch a movie'라고 표현
- **watch** 움직이는 것 또는 움직임이 있는 것을 상당한 시간에 걸쳐 지켜본다는 의미를 표현할 때
- **see** 정적인 대상을 특정 목적이나 의도성 없이 보다 또는 보인다고 표현할 때

공원에 산책하러 갑니다
go for a walk vs. take a walk

요즘 공원이나 강변에서 조깅을 하거나 산책을 하는 사람들을 많이 볼 수 있다. '공원에 산책하러 갔다'를 영어로 표현하면 'They **went** to the park **for a walk**.' 정도로 말할 수 있다. 그런데 안타깝게도 중학교 영어 교과서 한 곳에는 "They went to the park to **take a walk**."라고 되어 있다.

이 교과서의 문장 맥락은 흔히 가볍게 '공원에 산책하러 가다'의 표현인데 그 의미와는 조금 다르게, 아래 그림처럼 의도된 행사이거나 잘 계획된 행사의 산책이라는 표현을 사용한 것이다. 이런 의도된 산책을 집 근처 공원이나 강변에서 하는 경우는 흔하지 않다.

위의 그림과 같이 어떤 특정한 날을 정해서 여러 사람이 행사의 하나로 계획된 산책을 하는 경우 'take a walk in the park'이라고 표현할 수 있다. 또한 스트레스 쌓이는 문제가 있어 생각을 정리하기 위해 사람들이 뜸한 조용한 시각에 공원에 산책하러 가야겠다고 작정하고 산책하는 경우는 'to take a walk'라고 표현할 수 있다. 흔히 우리가 말하는 공원에 산책하러 가는 활동을 나타내는 표현으로는 'go for a walk'가 적합하다고 할 수 있다.

이러한 표현 외에도 '공원에 산책하러 가다'라는 의미를 나타낼 수 있는 표현으로 'go to the park to walk', 'go to the park to have a walk'를 쓸 수 있다. 전자는 산책하는 것이 공원에 간 유일한 목적임을 명시적으로 표시하고, 후자의 경우 공원의 경치나 날씨를 즐기며 산책을 즐겼다는 의미를 주로 전달한다.

앞의 두 번째 표현인 'go to the park to have a walk'는 'go to the park for a walk'와 그 의미가 더 가깝다고 할 수 있다. 'to have a walk'는 산책을 즐기는 것과 유사한 의미를 나타내지만, 'to take a walk'는 '의도된 산책을 한다'라는 의미를 전달한다고 할 수 있다.

다음의 사례를 통하여 'to have a+V'와 'to take a+V'의 두 가지 다른 형식의 표현이 나타내는 의미적 차이를 좀 더 꼼꼼히 살펴보자.

(a) Please, take a look at the baby.
(a') Please, have a look at the baby.

(b) *Take a see at the baby.
(b') *Have a see at the baby.

(c) #John and Mary took a kiss.
(c') John and Mary had a kiss.

(d) *Please take a sit-down on the sofa.
(d') Please have a sit-down on the sofa.

(e) #He took a laugh at his foolishness.
(e') He had a laugh at his foolishness.

(f) #Go on, take a cry/grumble/ shout!
(f') Go on, have a cry/grumble/ shout!

(g) # Go on, take a cough!
(g') Go on, have a cough!

이는 언어학적인 의미 차이로 이해해야 하는 부분으로, 주제에 비해서 상당히 구체적인 이해가 필요하다. 다소 지루할 수 있음을 미리 언급하고 의도적으로 길게 설명하였다.

(a)와 (a')의 차이는 (a)는 아기를 좀 돌봐달라는 부탁을 하는 것이고, (a')는 '아기가 귀엽게 생겼으니 좀 보세요'라는 의미이다. (a)는 의도된 행위, (a')는 즐길 수 있는 행위를 나타낸다.

(b)와 (b')의 'see'는 'know'처럼 주어의 의지가 동원될 필요 없이 달성될 수 있는 것은 'take/have a V'와 같은 형식의 표현에 사용될 수 없음을 보여준다. 그래서 'He had/took a think about the solution.'이라고 표현할 수 있어도 'He had/took a know of the solution.'이

라고는 할 수 없다. 'know'라는 동사는 우리가 이미 알고 있는 지식 상태를 나타내는 동사이며, 알고 있는 사안을 인식하기 위해서 'think about'과 같이 신중하게 생각하는 의지력을 동원할 필요가 없다.

이런 동사는 위 두 형식에 사용될 수 없다. 'He had a slide on the ice.'란 표현은 가능해도 'He had a slip on the ice.'는 불가능하다. 'slide'라는 동사는 그 행위를 수행하기 위해 주어의 의지가 필요한 동사이지만 'slip'은 그런 주어의 의지가 동원되지 않은 채 미끄러지는 것을 나타내는 동사이다. 따라서 'have/take a+V'의 형식으로 표현되는 행위는 주어의 의식적 의지력이 동원되는 행위이다.

위 예문에서 '#' 표시된 문장들은 그런 표현이 적용될 수 있는 상황을 보통 찾기 어려운 경우를 의미한다. 가령 (c)의 'John and Mary had a kiss.'가 나타내는 상황은 John과 Mary가 입맞춤을 즐기는 상황이고, (c) 'John and Mary took a kiss.'는 사전에 의도적으로 계획하고 입맞춤을 한 상황을 나타낸다. 사실 이런 경우를 억지로 상상한다면 가능은 하겠지만, 일반적으로 입맞춤에 관한 한 'have a kiss'가 더 적합한 표현일 수밖에 없을 것이다.

마찬가지로, '소파에 한 번 앉아 보시죠, 편한지 그렇지 않은지.'라고 하는 상황에서는 당연히 (d)가 아닌 (d')가 적합하다. (e)와 (e')도 같은 이유로 (e)는 사용될 수 없다.

(f)는 청자가 매우 답답한 상황일 때 '한 번 소리내어 울어보고(have a cry), 투덜거려보고(have a grumble), 고함치면(have a shout) 속이 후련해질 테니 그렇게 하세요!' 정도의 표현이다. (f)의 'take a+V' 문형에는 'V'가 나타내는 행위를 했을 때 속이 후련해지는(relieving) 의미가 내포된 것은 아니기 때문에 실제 사용되지는 않는 표현이다. (g)와 (g')의 경우도 같은 이유로, (g)는 기침을 의도적으로 해보는 경우를 실제로 상상하기 힘든 상황이 되므로 사용되지 않는 표현이고, (g')는 '그렇게 참지 말고 기침 한 번 후련하게 하세요.'라는 의미를 전달한다.

Summary

- **go for a walk**: 일반적으로 흔히 가는 산책
- **take a walk**: 의도된 산책
- **have a walk**: '산책을 즐기다'는 의미가 내포되어 주변 경관과 날씨를 즐기며 걷는 것을 표현
- 중학교 영어 교과서 문장 → They went for a walk in the park.
  (수정 표현)They went to the park for a walk.

공부해야 알 수 있죠
study vs. learn

한국어의 '공부하다', '배우다'를 영어로 표현하면 각각 'study', 'learn'이다. 조금 더 깊이 생각해보면 한국어 '배우다'와 'learn'은 차이가 있다. 영어 'learn'은 전에는 몰랐던 것에 관하여 공부를 통해서 터득한 결과의 상태에 좀 더 기울어진 의미를 나타내지만, '배우다'의 의미는 그 과정에 초점을 둔다. 다음 대화를 바탕으로 이 문제를 한 번 생각해보자.

A: 너, 피아노 칠 수 있어?

B: 배웠는데 아직 칠 줄 몰라.

위의 대화 B를 영어로 옮기면 "I've learned how to play the piano, but I do not know how to play it yet." 정도로 표현할 수 있다. 그런데 이 영어 표현은 영어원어민 화자들에게 이상하게 들린다. 왜냐하면 'have learned how to play the piano'는 어떻게 피아노를 치는지에 대하여 이미 터득했음을 나타내고, 한국어 '배우다'는 아직 해당 지식이나 기술을 터득하는 과정에 있음을 나타낸다.

중학교 영어 교과서에 나온 아래 예문에서 'learn'의 쓰임이 바르게 쓰였는지 판단해보자.

> W: I want to learn Chinese, but I don't have time to take a class. Is there another way?
>
> M: Why don't you take lessons online? You can **learn** during your free time.
>
> W: **Oh, I see**. Thanks for your tip.

대화의 맥락상 **learn**을 **study**로 고쳐야 한다. online으로 수업을 듣는 것은 중국어를 배우는 한 과정이기 때문에, 그 과정을 나타내려면 'learn'보다 그 의미가 과정에 초점이 더 가 있는 'study'를 쓰는 것이 올바른 표현이다. 즉, 무언가를 배우는 것은 공부를 통해서 그것에 대한 지식을 얻는 것이고, 공부란 무언가를 배우기 위해 행해진다. (Learning is gaining knowledge by studying, and studying is done to learn things.)

그리고 마지막 W의 대화에서 'Oh, I see.'는 전혀 새로운 사실을 알게 되었을 때 사용하는 표현이다. 온라인으로 어학 강의를 들을 수 있다는 것은 누구에게나 널리 알려진 것이다. 하지만 온라인 강의를 통해서 중국어를 공부할 수 있다는 것은 '좋은 생각'에 해당한다. 따라서 'Oh, I see.'를 'That's a good idea!'로 고치는 것이 훨씬 더 자연스럽다.

동사 'learn'은 그 의미에 따라 다음과 같은 문형으로 사용된다.

She first **learned of** the accident on Monday.

(그녀가 처음 월요일 그 사고에 대하여 들어 알고 있다.)

I only **learned about** the accident later.

(나는 나중에 그 사고에 대하여 이모저모 알게 되었다)

I soon **learned that** it was best to keep quiet.

(나는 조용히 하는 것이 최선이라는 것을 곧 알아차렸다.)

위 세 문장의 'learn'의 문형('learn of~', 'learn about~', 'learn that~')은 다음과 같은 의미 차이를 가진다. 동사 'hear'와 'think'처럼 'of'의 경우 '존재 자체에 대하여 알게 되었다', 'about'의 경우 목적어가 나타내는 것에 대하여 이모저모 알아보았다. 'that'의 경우 '알아차렸다'라는 의미가 있다.

앞서 설명했듯이 'study'는 공부하는 과정에, 'learn'은 배운 결과 상태에 초점을 둔 동사이다. 한편, 'master'는 'learn'보다 훨씬 더 결과 상태에 기울어진 동사라고 할 수 있다. 따라서 동사 'master'는 결과 상태만 나타내므로 관련 결과에 향하는 진행형이나 그것이 달성되지 않았다는 표현과는 어울리지 않는다. 하지만 'learn'은 진행형을 허용하여 어느 정도 과정을 나타낼 수 있다. 이런 과정과 결과라는 측면에서 보면 동사 'master'는 'learn'보다 더 확실하게 결과의 상태를 나타낸다. 즉, study〈learn〈master의 순서로 과정에서 결과로 치우쳐 있다. 따라서 'learn'은 일정 부분 과정도 약간은 나타낼 수 있다고 볼 수 있다.

시작이 반이다
begin vs. start

우리나라 속담 '시작이 반이다'에 해당하는 영어 표현은 "Well begun is half done."이다. 'well begun'이란 '잘 시작된' 것을 의미한다. 우리말 '시작'에 해당하는 또 다른 영어 표현은 'start'가 있는데 거의 모든 영어 사전이나 영어 문법서에 'begin'과 의미가 같은 동의어라고 소개하고 있다.

그렇다면 이 영어 속담에서 'well begun'을 'well started'로 바꾸어 "Well started is half done."이라고 할 수 있을까? 답은 No! '**begin**'은 사건의 시작 시점을 포착하고, '**start**'는 해당 사건의 준비단계를 포함한 사건 초입을 나타내며, 기계와 같은 것을 작동하거나 움직이게 한다는 의미로 사용된다.

begin

start

• Preview

John began to write the essay.

John started to write the essay.

위 예문에서 'began'의 경우 에세이 작성을 실제로 시작했다는 의미, 'started'는 에세이 작성을 위한 준비단계를 포함한 에세이 작성 시작단계에 있음을 나타낸다.

John began to write the essay, but he has not finished it yet.

(John은 에세이를 쓰기 시작했다. 그러나 아직 마치지 못했다.)

John started to write the essay, but he has not begun yet.

(John은 에세이를 쓰기 시작했지만, 아직 본격적으로 시작하지 않았다.)

❶ Begin 해당 사건의 시작 시점만을 나타내고, 준비단계에는 적용되지 않는다. 시작이 있고 끝이 나는 과정(begin → end), 공식적인 문서나 격식을 차린 상황을 이야기할 때 주로 사용한다.

Scientists are studying how life on Earth **began**.

(과학자들은 지구상에서 생명체가 어떻게 시작되었는지 연구 중이다.)

What time will the CEO **begin** his presentation?

(몇 시에 CEO가 발표를 시작하나요?)

* 영어 속담 'Well begun is half done.'은 준비단계가 아닌 본 사건의 시작을 나타내므로 'Well started'는 어색한 표현이 된다.

❷ Start 어떤 사건이 본격적으로 시작되기 전에 그 사건의 준비단계를 포함한 첫 부분에 앞선 시작을 의미한다. 해당 사건의 원인 혹은 유발 요인의 존재를 염두에 둔 동사이다. 그 원인을 주어로, 그 사건을 (동)명사, 부정사로 표현된다. 따라서 누가 기계를 작동시킨다고 할 때는 'start'만 가능하다.

How do you **start/*begin** the washing machine?

(세탁기를 어떻게 작동시키지?)

The flood **start/*begin** our troubles.

(홍수가 우리 어려움의 시작이었다.)

❸ He **started** to lose his temper at the innocent girl but then he didn't. (O)

He **began** to lose his temper at the innocent girl but then he didn't. (X)

(그는 순진한 소녀에게 화가 나기 시작했다. 그러나 화를 내지 않았다.)

* begin: 실제 사건이 발생한 첫 부분을 나타내기 때문에 화를 내지 않았다고 뒤이어 표현하는 것도 불가능하다.

다 끝날 때까지 끝난 게 아니야!
finish vs. end

미국 메이저리그 뉴욕 양키스(New York Yankees)의 전설적인 야구선수였던 Yogi Berra는 "질 때 지더라도 끝까지 최선을 다하자! 포기하지 말고 최선을 다해야 한다"라고 자신의 팀 동료들에게 강조하며 "It ain't over till it's over."라는 명언을 남겼다. 영화배우이자 크라비츠 디자인회사 CEO인 다재다능한 뮤지션 Lenny Kravitz 역시 "It ain't over till it's over."라는 제목의 노래를 발표해 큰 사랑을 받기도 했다.

'be over'는 '끝나다'라는 의미이고, 이런 뜻을 가진 동사로 'finish'와 'end'가 있는데, 이들 두 표현은 각기 다른 '끝'을 나타낸다.

동사 'end'는 어떤 사건이 도중에 끝나는 것을 나타낸다. 그리고 그 끝남을 좌우할 수 있는 의지력을 가진 주체가 존재해야 한다. 반면, 동사 'finish'는 어떤 사건의 결말이 명확하거나 충분히 생각해볼 수 있는 사건의 끝남을 의미한다. 즉, 'finish'가 서술어로 사용된 문장은 해당 사건이 끝까지 진행되어 종료되었음을 나타내고, 상당한 시간이 걸려서 전개되는 자연현상에서 나타나는 사건의 종결을 표현할 때도 쓰인다. 따라서 Yogi Berra가 말하고 Lenny Kravitz가 노래한 "It ain't over till it's over."의 'over'는 'end'가 아닌 'finish'의 의미로 사용되었다.

The meeting in Geneva thus **ended** abruptly in high-visibility failure.

(제네바에서 회합이 너무 앞이 보이지 않아 갑자기 끝났다.)

The waiter arrived with our meals, effectively **ending** our conversation.

(웨이터가 음식을 가지고 와서 우리 대화는 실제로 끝났다.)

I definitely want to be a professional musician once I **finish** my studies. (일단 공부를 마치면 확실히 나는 전문 음악인이 되고 싶다.)

The flowers **finished** blooming in early April.

(그 꽃은 4월 초까지 핍니다.)

위 예문에서 'end abruptly', 'effectively end'는 회의 혹은 대화 등이 중간에 갑자기 끝나서 정해진 결말에 이르지 못함을 나타내고, 'finish my studies'는 정해진 결말까지 성취했음을 나타내며, 'finished blooming'은 자연현상의 종결을 나타낸다.

Summary

- **end** 정해진 특정 결말을 상정하기 어려운 사건을 나타내는 표현이 주어

  The war **ended** after five horrible years.

  (그 전쟁은 5년간의 끔찍한 전투를 치르고 끝이 났다.)

- **finish** 음식을 나타내는 표현이 목적어일 때 그 음식을 완전히 다 먹은 것을 표현

  We **finished** the pie last night.

  (우리는 지난밤에 그 파이를 다 먹었다.)

도착, 당도, 도달했어요?
arrive at vs. get to vs. reach

At last, we set foot at Stonehenge[4], one of the most mysterious places on Earth. After a two-hour drive from our home in London, we finally **got to** Stonehenge. It was just amazing to see the ring of huge stones. How did those huge stones **get there** thousands of years ago?

(드디어 우리는 세상에서 가장 신비로운 장소 중 하나인 Stonehenge에 도착했다. 런던에 있는 집에서 두 시간 운전 후, 마침내 우리는 Stonehenge에 도착했다. 거대한 돌들의 고리를 보는 것은 그저 놀라울 뿐이었다. 수천 년 전에 어떻게 그 거대한 돌들이 그곳으로 옮겨졌을까?)

---

4. 스톤헨지: 영국 남서부 지방의 솔즈베리 평원에 있는 석기시대의 원형 유적. 돌무더기가 원 모양으로 둘러쳐져 있고, 그 안쪽에 말발굽 모양의 돌들이 늘어선 이중구조. 하지 무렵에 해가 뜨면 햇빛이 이 원형의 중심을 지나는 지름을 형성함.

영국의 솔즈베리 평원에 있는 고대의 거석기념물 Stonehenge의 경관을 감탄하는 내용을 담은 중학교 영어 교과서 예문이다. 맥락상 잘못된 표현은 'got to'. 아래에 이에 대한 상세한 설명을 붙인다.

첫 번째 'got to'는 'arrived at'으로 바꾸는 것이 맥락에 훨씬 더 잘 어울린다. 'arrive'는 도착하는 장소나 그 과정이 멋지고 품위 있는 경우에 쓰인다. 'Stonehenge'와 같은 대단한 유적지에 도착했는데 단순히 'get to'라는 동사로 표현하는 것은 어울리지 않는다. 그리고 두 번째 'get there'는 수동태로 바꾸어 어떻게 그곳으로 옮겨져 왔는지 물어보는 의문문이 되어야 한다. '~로 여행하다'라는 표현은 'set foot at'이 아니라 'set foot on'이다. 수정 내용을 반영하여 다음과 같이 바꾸었다.

At last, we set foot **on** Stonehenge, one of the most mysterious places on Earth. After a two-hour drive from our home in London, we finally **arrived at** Stonehenge. It was just amazing to see the ring of huge stones. How **were** those huge stones **moved** there thousands of years ago?

'도착하다'라는 영어 표현 'arrive at', 'get to', 'reach' 각각의 뉘앙스와 쓰임은 다음과 같다.

❶ **Arrive at** 'get to'에 비해 장소나 도착하는 과정이 더 중요하고 품위

가 있어 그만큼 더 격식을 갖춘 표현이다. 따라서 해당 장소에 도착하는데 적합한 교통수단이 사용되었음을 강하게 함축한다.

This beautiful bouquet will most certainly **arrive in style**!

(이 아름다운 꽃다발은 신선하고 우아하게 목적지에 정확히 배달될 것입니다.)

If we catch the 6 AM train, we'll arrive in the city around 8:30.

(우리가 만약 오전 6시 기차를 탄다면 그 도시에 8시 30분에 도착할 거야.)

❷ **Get to** 도착지는 해당 여행이 그 지점에서 종결되는 것을 의미하는 반면 'arrive at'은 그 도착지가 해당 여행의 종결점인지에 대하여는 중립적이다.

What time do you usually get to work?

(보통 몇 시에 출근하니?)

❸ **Reach** '～에 도달하다(목적지 필요)'의 뜻으로 도착지가 최종 목적지임을 나타내고, 긴 여정이나 노력, 어려움의 의미가 내포되어 있다.

You cannot reach your destination even though you do your best.

(네가 최선을 다하더라도 목표에 도달할 수는 없다.)

세종대왕이 한글을 창제하셨어요
invent vs. create

우리나라 한글의 독창성과 과학성에 대하여 현대 언어학자들도 놀라고 있다. 사람의 소리를 자음과 모음으로 나누고 한 음절을 한 글자에 담아 표기하려는 생각은 현대 언어학으로 보면 당연하다고 여겨질지 모르지만, 그 당시 식견으로 보면 매우 독창적이고, 과학적이고 그리고 위대한 일이다.

하지만 '한글 창제'라는 존경스러운 업적을 소개하는 문장에 쓰인 동사가 잘못 선택되었다면 그야말로 실망 두 배! 바로잡아야 한다. 중학교 영어 교과서에서 가져온 아래 예문에서 'invent'의 쓰임이 주는 실망감이 느껴지는가?

King Sejong worked hard for his people. He **invented** Hangeul,

the Korean alphabet, because Chinese letters were so difficult.

예문은 세종대왕이 그의 백성을 위해 열심히 일했고, 한자가 너무 어려워 우리말 표기체계, 즉 한글을 창제하였다는 것이 그 내용이다. 따라서 'invented'는 'created'로 바꾸는 것이 더 자연스럽다.

❶ **Invent** 특정한 용도가 정해져 있는 것을 발명한다는 의미를 나타낸다. 'invent'는 15세기 무렵 'discover'와 유사한 의미로 사용되었고, 현재도 약간은 'discover'처럼 '우연히'라는 의미를 포함하고 있다. 가령, 세탁기나 면도기처럼 고유한 용도가 있는 기기의 이름들은 동사 'invent'의 목적어가 될 수 있다.

She is credited with **inventing** a procedure that has helped to save thousands of lives.

(수천 명의 목숨을 구하는데 도움이 된 조치를 고안한 것은 그녀의 공이다.)

❷ **Create** 재능과 상상력을 동원하여 전에 없던 어떤 것을 새롭게 창안한다는 의미이다. 훈민정음은 세탁기나 면도기처럼 약간은 우연히 발명 수 있는 것이 아니라, 매우 탁월한 재능과 상상력이 동원되어 만들어진 정신적 산물이다. 이와 같은 추상적인 체계를 나타내는 표현도 'create'의 목적어로 쓰일 수 있다.

He has been **creating** music for over 30 years.

(그는 30년 넘게 새로운 음악을 만들어 오고 있다.)

She enjoys **creating** new dishes by combining unusual ingredients.

(그녀는 특별한 음식 재료를 합쳐 새로운 요리를 만들어내는 것을 좋아한다.)

❸ 아래 문장은 이들 두 동사의 의미적 차이를 대비해서 잘 보여주고 있다.

* 'create'의 대상: 추상적인 것(상황, 문제)

'invent'의 대상: 물질적인 것(기계)

Do we really need to **create** artificial scarcity by **inventing** awards that only some kids can receive?'

(몇몇 아이들만 받을 수 있는 상을 고안해서 인위적인 희소성을 만들 필요가 진짜로 있을까?)

반려견과 함께 산책을
walk vs. take for a walk

요즘 공원을 걷다 보면 반려견(a companion dog)과 함께 산책하는 사람들을 자주 보게 된다. 중학교 영어 교과서에서 가져온 아래 예문도 자신의 개를 매일 산책시킨다고 기술하고 있다. 학생들이 평소 즐기는 것을 소개하는 글의 맥락에 예시문으로 주어진 것이다.

I like badminton. I play badminton with my father every weekend.
I like my dog, Bolt. I **walk him** every day.

일반적으로 반려견을 데리고 산책하는 상황을 묘사할 때 '**take one's dog for a walk**'라고 표현한다. 이 표현과 교과서의 표현은 의미상으로 얼마나 다를까?

교과서의 표현은 자신의 개를 산책시키는 대상물로 보는 시각을 나타낸다. 반면, 'take one's dog for a walk'는 자신의 개와 함께 산책하는 자신을 동등한 개체로 보는 관점을 나타내는 표현이다. 자신이 정말로 자신의 개를 좋아하고 그러한 반려관계(companion relationship)를 인정한다면 교과서 표현과 같이 행위의 대상물로 객관화하지는 않을 것이다. 함께 산책을 즐기는 '반려적 존재'라는 시각을 표현하는 'take one's dog for a walk'로 교과서 표현을 수정해야 자연스러워진다.

❶ 'walk'가 교과서의 표현처럼 타동사로 사용되고 그 목적어가 사람을 나타낼 때, 주어가 그 사람을 어떤 장소까지 안내하거나 데리고 간다는 의미이다.

She **walks** her children home from school.

(그녀는 애들을 학교에서 집까지 걸어서 데려온다.)

The nurse **walked** the patient to the bathroom.

(그 간호사는 그 환자를 화장실까지 걸어서 데려갔다.)

I'll **walk** you to the station.

(내가 당신을 걸어서 역까지 모셔다 드리겠습니다.)

❷ 목적어가 사람이 아닌 동물을 나타내는 경우 동물을 산책시키기 위하여 걷게 한다는 의미를 나타낸다.

He **walks** the dog at least three times a day.

(그는 그 개를 적어도 하루에 세 번 산책을 시킨다.)

She **walked** the horse to the stable.

(그녀는 그 말을 마구간까지 걸려서 데려갔다.)

❸ 반려견을 데리고 산책을 즐기는 '반려적' 동등한 관계를 나타내려면 'take one's dog for a walk'로 표현해야 한다.

I would **take my dog for a walk** along the riverside trail at 3 p.m. every day.

(매일 오후 3시에 나의 반려견을 데리고 강변 산책로를 따라 산책하곤 했다.)

밥을 짓게 빨리 불을 피워요!
make a fire vs. build a fire

도시생활에 익숙한 현대인들에게 자연을 마음껏 즐길 수 있는 캠핑은 일종의 로망이다. 그런데 캠핑 가서 음식을 조리하기 위해서는 캠프장에 특별히 준비된 곳을 이용해야 한다. 그곳을 제외하면 불을 피우는 것이 대체로 한국에서는 금지되어 있다. 이런 내용을 우리나라 영어학습자들에게 영어로 표현해보라고 하면 대부분 아래와 같이 영어로 옮긴다.

It is strictly prohibited **to make a campfire** to cook at *a camping site except in the designated fire ring or pit.

위의 문장에서 주의해서 볼 표현은 'a camping site'이다. 영어에서 'a camping site'라는 표현은 없다. 대신 'a campsite'라고 해야 한다. 'a campsite'를 가리켜 우리나라 사람들은 흔히 '캠핑 장소'를 말하기 때문에 실제 영어로 말할 때도 위 문장처럼 표현해버린다.

make a fire for cooking

build a fire for cooking

또 다른 주목할 표현은 'to make a campfire'이다. 이 영어 표현은 우리말 '불을 붙이다'의 뜻으로, 요리하기 위해 불을 피우는 것을 정확히 내포한 표현은 아니다.

I'm hungry. Let's **make a fire** and cook something.

중학교 영어 교과서에 나오는 이 표현은 야외캠프장(a campsite)에서 사용된 맥락이다. '배고파요. 불을 피우고 뭔가를 요리합시다'라는 내용인데, 보통 요리를 하기 위해 불을 피우는 것이라면 'Let's build a fire to cook.'이라고 표현해야 자연스럽다.

엄격히 말해 'make a fire'라는 표현은 'start a fire(불을 지피다)'와 거의 같다. 난방 등의 목적으로 사용할 '불'을 마련하기 위한 첫 단계로 불쏘시개에 불을 붙이는 것(set fire to tinder and kindling)을 의미한다. 그 이후 장작 등 땔감(firewood)에 불을 붙여 요리할 정도의 화력을 확보하는 과정을 포함한 행위를 나타내는 표현은 'build a fire'이다. 교과서에 있는 위의 표현은 'and cook something' 때문에 단순

히 불을 지피는 것을 넘어 요리할 정도의 화력을 유지하는 것을 나타
내는 표현이 되어야 한다.

위 문장을 수정하여 자연스럽게 다시 고쳐쓰면 다음과 같다.

I'm hungry. Let's **build a fire** and cook something.

우리말로 "낙엽에 불을 붙였는데 타지도 않았다" 혹은 "뇌물을 주
었는데 받지도 않았다"라고 할 수 있다. 영어로는 이런 표현은 불가
능하다. 다시 말해 우리말에서 사건 동사의 의미는 매우 상황 의존적
이다. 하지만 영어는 비교적 이러한 상황 의존성이 약하고, 국면을 나
누어 구체적으로 표현하는 특성이 강하다. 두 언어 사이의 이런 차이
를 한국인 영어학습자들은 대체로 인식하지 못한다.

따라서 '요리할 불을 피웁시다'를 영어로 제대로 옮기려면 'build a
fire for cooking'이라고 표현해야 한다. 한국어처럼 모호한 의미를
나타내는 동사 'make' 대신 'build'를 사용해야 'for cooking'과 부합
되는 의미를 표현할 수 있다.

영어 교과서 저자들이 앞뒤가 맞지 않는 어색한 표현을 교과서에
사용하고도 인식하지 못하는 것은 아마도 한국어와 영어의 이러한 본
질적 차이를 간과했기 때문일 것이다.

속삭임, 대화, 상담 그리고 연설까지!

say vs. tell vs. talk vs. speak

    필자가 영어라는 언어를 처음 접했을 때 '말하는 것'을 묘사하는 영어 동사의 종류에 대해서 큰 관심을 가졌던 기억이 난다. 한국어를 배우는 외국인들도 필자와 같은 궁금증을 가지고 있을 것이다.

    말하다, 언급하다, 발화하다, 고하다, 수다 떨다, 토론하다, 토의하다, 연설하다, 설명하다, 상담하다, 논의하다, 논쟁하다, 언쟁하다…. 잠깐 동안 떠오르는 한국어 '말하다' 동사의 개수만 해도 무려 12개가 넘는다.

talk

speak

대부분의 한국인은 이 단어의 뜻을 정확히 설명할 수 있으리라 믿는다. 한국어를 배우는 영어권 화자가 위의 우리말 동사들의 차이를 물어보면 자신 있게 설명하기 위해 영어의 '말하다'를 미리 한 번 파악해보자.

- Preview

speak to~ vs. talk to~: 격식 vs. 비격식

The King spoke to me. It's amazing!: 왕의 대화 상대는 일반인

(왕께서 나에게 말을 걸어오셨어요. 정말 놀랐어요!)

The King was talking to the Queen.: 왕과 왕비는 대등한 대화 상대

(왕이 왕비와 이야기하고 있었어요.)

우리말의 '말하다'라는 의미가 있는 영어 표현으로 자주 사용되는 동사로 'say', 'tell', 'talk', 'speak' 등이 있다. 이들 동사의 의미는 영영 사전에 대동소이하게 설명되어 있지만, 상황 맥락에 따른 근본적인 차이를 상세하고 쉽게 설명하기 위해 예문과 함께 간결하게 분류하였다.

❶ **Say** '무엇인가 발화하다'의 의미가 핵심, 누구에게 말했는지는 부차적인 문제(동사 'utter'와 비슷함)

Ben never forgets to **say** (to people), "Please" and "Thank you."

(Ben은 늘 "부디", "감사합니다"라고 말하는 것을 절대로 잊지 않는다.)

The spokesman **said** that the company had improved its safety standards.

(회사 대변인은 회사가 안전기준을 향상했다고 말했다.)

❷ **Tell** '누구에게', '무슨 내용'을 전했는지가 의미의 핵심, 'He tells me〜'와 같이 대화 상대를 나타내는 표현이 목적어로 사용되는 형식, '정보전달'이라는 기본의미 외에 realize, know, discern과 같은 의미, 'tell a lie, the truth, tales'처럼 '거짓, 진실, 남의 말을 한다' 등과 같은 숙어적 표현에 사용

Can you **tell the difference** between margarine and butter?

(마가린과 버터의 차이를 구별할 수 있는가?)

You can **tell that** they are in love.

(당신은 그들이 사랑하고 있다는 것을 알 수 있다.)

❸ **Talk** 상호 동등하게 대화를 주고받는 것, 명시적인 '대화 상대'의 표현이 필요함. 대화 상대가 주어와 대등하거나 상호적임. 전치사구로 표현: talk to someone(talk at someone: 듣는 사람을 배려하지 않고 자신의 말만 일방적으로 하는 것)

What discussion? You weren't **talking to** me, you were **talking at me**! (무슨 토론? 너는 내게 상의하지 않았어. 일방적으로 말만 하고 있었어!)

Your first step should be to talk to a school counselor.

(우선으로 해야 할 일은 학교 상담 선생님을 찾아가 상담하는 것이다.)

❹ **Speak** 한 사람에 의한 **언어 사용**에 초점을 둔 표현, 'talk'보다 격식적임

John can **speak** three languages.

(John은 세 개 언어를 말할 수 있다.)

His throat cancer has left him unable to **speak**.

(후두암 때문에 그는 말을 할 수 없다.)

일방적으로 말하지 말아요!

talk to vs. talk at

"남의 말 듣지도 않고 일방적으로 그렇게 말하지 말아요!"라는 의미는 'Don't talk at me like that!'이라고 표현할 수 있다. 이 표현에서 'to' 대신 왜 'at'을 사용했을까? 일반적으로 누구에게 말을 하거나 걸다는 의미를 갖는 영어표현은 'speak to somebody', 'talk to somebody'이다. 그리고 특정 언어로 말을 거는 것을 나타내려면 이러한 동사 뒤에 목적어로 언어 이름을 바로 언급하거나, 'in English'처럼 'in'이라는 전치사 뒤에 언어 이름을 언급하면 된다. 즉, 'speak (in) Russian (to somebody),' 'talk (in) Russian to somebody'라고 표현할 수 있다.

하지만 전치사 'to' 대신 'at'을 사용해서 'speak Russian at someone'이라고 표현하면 듣는 사람은 러시아어를 이해하지 못함을 함축한다. 위에서 언급한 것처럼 동사 'talk'도 'speak'와 마찬가지로 전치사 'at'이 오면 의사소통이 적절히 이루어지지 않았음을 나타낸다.

앞서 언급했듯이 다음 예문은 상대에게 자신의 의사가 전혀 전달되지 않고 이해되지 않음을 알 수 있다.

What discussion? You weren't talking **to** me, you were talking **at** me!

(무슨 토론? 넌 나에게 네 뜻이 무엇인지 이야기하지 않고 일방적으로 네 이야기만 내게 퍼부었잖아!)

아래 예문에서 확인할 수 있듯이 전치사 'at'은 방향성을 나타낼 뿐만 아니라 전치사와 함께 사용되는 동사가 나타내는 행위가 우호적이지 않음을 의미한다. 반면, 전치사 'to'는 동사가 나타내는 행위가 본래의 목적대로 이루어졌음을 나타낸다.

Demonstrators set fire to dustbins and motorbikes, and threw stones **at** riot police.

(시위자들이 쓰레기통과 오토바이에 불을 놓고 전투경찰에게 돌을 던졌다.)

John shouted/yelled **to** me, "Now, throw the ball **to** me!"

(John은 "지금이야, 공을 내게로 던져"라고 외쳤다.)

John shouted/yelled **at** me, and I was so angry **at** him that I threw the ball **at** him.

(John이 내게 고함을 질렀고, 나는 그에게 너무나 화가 나서 그에게 공을 집어던졌다.)

앞의 예문을 보면 'throw stones at riot police'는 전투경찰에게 공격적 행위로 돌을 던지는 행위를 나타내고, 'throw a ball to someone'은 'pass a ball to someone'과 같은 의미를 나타낸다. 다시 말해 'throw a ball to someone'은 누구를 맞추려고 공을 던지는 것이 아니라 공을 패스하려고 던지는 행위를 나타내지만 'at'을 사용하면 공격적 행위로 누구를 맞추려고 공을 던지는 행동을 나타내게 된다.

'shout/yell to someone'은 의사소통을 위해서 상대가 들릴 수 있게 큰소리로 외치는 것을 나타내고, 'to'를 'at'으로 대치하면 화가 난 상태에서 공격적 행위의 하나로 고함을 지르는 것을 나타낸다. 공격적 행위 여부와 상관없이 'at'이나 'to'가 공통으로 가지는 의미는 행위의 방향성과 동시에 의도성을 나타낸다.

아래의 중학교 영어 교과서 챕터 제목에서 표현이 잘못된 부분을 찾아보자.

A Red Ball Is Rolling to You!

예문에서 전치사 'to'가 방향성을 나타낼 때 관련 행위는 의도성을 나타내어야 한다. 그리고 동사 'roll'은 break, burn, boil, dry, drop, darken, melt, freeze, sink, slide, spin, wither 등과 같이 자동사와 타동사로 사용될 수 있다. 자동사로 사용될 때 해당 사건을 유발하는 의도성이 배제된 사건 자체만을 나타낸다. 예를 들어 'roll'의 경우 '굴리다', '굴러가다'의 두 가지 뜻이 있다. '굴리다'는 'roll'이 타동사로 사용될 때 의도성이 있는 행위를 나타내는 의미이고, '굴러가다'는 'roll'이 자동사로 사용될 때 가지는 의미이다. 이런 동사를 능격동사(ergative verbs)라 한다. 우리말 한국어에는 없는 자동사–타동사 교체현상이다.

위의 영어 교과서 표현은 'roll'이 자동사로 사용되어 굴리는 의도적 행위가 배제된 굴러가는 사건만을 나타낸다. 이런 사건의 발생만을 나타내는 동사와 의도된 목표점을 나타내는 'to'는 의미적으로 서로 어긋나 있다. 이런 문제를 해결하려면 'to'를 단순히 방향성만을 나타내는 전치사 'toward'로 바꾸어야 한다. 위 교과서 제목은 다음과 같이 수정하여야 한다.

'A Red Ball Is Rolling **toward** You!'

이와 유사하게 'The rock started to roll **down** the hill.' 같은 표현에서 'down'도 단순히 방향성만 나타낸다. 만약 타동사로 사용되어 의도성을 수반하는 행위를 나타낸다면 다음과 같이 전치사 'to'를 추가하여 표현해야 한다.

John gently rolled the ball down **to** the boy.

위 문장에서 'gently'는 공을 굴러가게 한 최초의 의도적 행위가 부드러웠다는 것을 나타낸다. 그리고 위 표현에서 타동사 'roll'은 의도성을 수반한 행위를 나타내기 때문에 단순 방향성만을 나타내는 'toward'는 오히려 부자연스럽고, 의도성을 수반하는 'to'는 자연스럽다고 할 수 있다. 사실 의도성을 가진 행위가 아닌 공이 굴러가는 사건 부분과 연결되어 해석된다면 'toward'도 별문제가 없다. 이 상황은 John이 자신보다 아래쪽에 있는 소년에게 공을 의도적으로 굴렸고, 공이 소년을 향해 아래로 굴러가는 것을 묘사한다. 그리고 소년은 자신이 공을 받지 않으려고 의도적으로 등을 보이고 뒤돌아서는 상황을 나타낸다. 이런 상황은 보통의 경우 잘 발생하지 않아 일반적인 상황을 고려하면 전치사 'toward'가 사용될 경우 위 표현은 어색하게 들릴 수 있다.

Summary

- speak, talk + to someone
  정상적으로 의사소통의 목적이 달성되었음을 나타냄
- speak, talk + at someone
  의사소통 본래 목적이 아닌 비우호적이거나 공격적인 발화 행위
- 자동사 roll + to (X)
- 자동사 roll + toward, down (O)

감칠맛이 필요해!
open vs. open up

한국인 영어학습자들이 쓴 영어 문장을 보며 느끼는 것 중의 하나는 밑간이 덜 된 요리 같다는 것이다. 해당 상황에 꼭 맞는 표현을 사용하지 못하고 무언가 부족한 느낌!

심지어 중학교 영어 교과서에도 그런 밑간이 덜 된 요리 같은 문장이 보인다. 영어를 배워 새로운 세상을 열자는 내용으로 쓴 문장에서 영어 표현이 틀리다니 아쉽기 그지없다. "새로운 세상을 열자"라는 표현은 'open a new world'가 아니라 'open up a new world'라고 해야 한다.

Let's speak English and **open** a new world. (Wrong)

Let's speak English and **open up** a new world. (Right)

'open up'은 탁 터놓고 이야기한다는 의미도 있다. 'up'을 더함으로써 동사 'open'만으로 표현할 수 없던 의미를 나타낼 수 있다.

I've never **opened up** to anyone like I do to you.
(너에게 한 것처럼 전에 그 누구에게도 내 심정을 털어놓은 적이 없다.)

동사 '**cut**'은 단순히 한 번 자르는 것을 의미하고, '**cut up**'은 '여러 번 잘라서 잘게 썬다'라는 의미가 있다. 아래 그림에서 왼쪽은 'cut the carrot'이고, 오른쪽은 'cut up the carrot'에 해당한다.

개가 신발 끈을 물어뜯는 경우를 표현하는 문장을 중학교 영어 교과서의 아래 예문을 통해 한 번 살펴보자. 'chew something'은 입 안에 물건을 완전히 넣고 씹는 행위를 나타내고, 'chew on something'은 해당 물건 일부분을 입에 넣고 씹는 행위를 나타낸다. 따라서 껌과 같은 것을 씹을 때 'chew on gum'이라고는 하지 않는다.

He **chews** all the shoes in my house. (Wrong)

He **chews on** all the shoes in my house. (Right)

'up', 'on', 'by', 'for'와 같은 전치사들이 기본 동사에 합쳐져 그 동사가 가진 의미를 풍부하게 한다(come vs. come by, apply vs. apply for). 사용 빈도수가 높은 동사들에 전치사를 합쳐 구동사를 형성한다. 이 구동사들이 갖는 의미는 기본 동사들의 의미에 특별한 맛을 입힌 것과 같다.

영어가 모국어가 아닌 영어학습자들은 이런 특별한 언어적인 맛을 대강 보아 넘길 가능성이 크다. 구동사들은 전치사의 도움을 받아 카멜레온처럼 기본 동사의 의미를 다채롭게 변화시킨다. 영어원어민처럼 섬세하게 그 상황에 꼭 맞는 동사를 사용하고 싶다면 구동사를 적절히 잘 사용할 수 있어야 한다. 그리고 맥락이 과정에 초점을 두고 있는지, 아니면 결과에 초점을 둔 것인지도 섬세하게 그 상황에 따라 표현할 수 있어야 한다.

외국어로 영어를 배우는 영어학습자들의 영어 구사의 가장 두드러진 특징 중의 하나는 위에서 언급한 구동사의 사용이 현저히 적다는 것이다. 하지만 언어학자들의 연구를 보면 영어원어민 화자들은 150 단어마다 한 번씩 구동사를 사용한다. 그 이유는 구동사에 상응하는 단일 동사가 나타내지 못하는 다채로운 느낌을 추가적으로 나타낼 수 있기 때문이다.

    a. We <u>decided on</u> Spain for a holiday this year.

    a'. We <u>choose</u> Spain for a holiday this year.

    b. *John <u>wishes for</u> dinner now.

    b'. For more than forty years Rudolf Hess <u>wished for</u> his freedom.

    b'. John <u>want</u> dinner now.

위 첫 번째 문장의 구동사 'decide on'은 두 번째 문장의 'choose' 보다 결정함에 있어 "요모조모 여러 가지를 고심한 후" 결정했음을 추가적으로 나타낸다. 세 번째 문장의 구동사 'wish for'의 쓰임이 어색한 것은 마지막 문장 'want'보다 'wish for'가 "훨씬 더 가치 있고 중요한 것을 갈구하다"라는 의미를 추가적으로 전달하기 때문이다. 그래서 네 번째 문장의 'wish for'의 쓰임은 자연스럽다.

위에서 보았듯이 구동사는 단일 동사가 갖지 못하는 감칠맛 나는 언어적 느낌을 추가적으로 나타낼 수 있다. 이 구동사를 얼마나 유창하게 잘 사용하는가에 따라 영어 구사력이 결정된다고 할 수 있다. 하지만 이 구동사를 실제 상황에 맞게 잘 사용하는 것은 외국어로 영어를 배우는 사람들에게는 그리 쉬운 것은 아니다. 이들 구동사는 거의 숙어처럼 한 단어 한 단어 외우고 그 쓰임을 연습해야 실제 상황에서 사용할 수 있다.

영어원어민과 교감하면서 의사소통을 하고 싶으면 이들 구동사를 열심히 익히기 바란다.

꿈도 꾸지 마!
Don't dream of it! vs. Don't dream about it!

우리는 현실에서 어떤 것이 실현될 가능성이 매우 낮을 때 '꿈도 꾸지 마!'라고 말한다. 이 표현을 영어로 하면 다음과 같다.

Don't even think of it!

Don't even dream of/*about it!

위의 두 표현은 모두 마음속에서조차 떠올리지도 말라는 의미이다. 본래 'dream'은 잠을 자면서 꾸는 꿈을 의미하지만, 은유적으로 성취하고 싶은 대상을 마음속으로 바란다는 의미로 사용되어 'dream of ~'는 'think of ~'와 거의 유사한 의미를 갖게 되었다.

동사 'dream'은 자동사로 사용될 때 'of'와 'about' 모두를 허용한다. 'dream of/about~'이 어떻게 서로 다른지 구분하려면 아래의 두 가지를 비교해 볼 필요가 있다.

먼저, 실제 자면서 꿈을 꾼 경우를 'dream of~'로 표현하는지, 'dream

about~'으로 표현하는지, 아니면 두 표현 모두 가능한지를 살펴볼 필요가 있다. 그리고 은유적으로 사용되어 소중한 것을 성취하고자 하는 생각을 표현하려면 어느 표현을 사용할 수 있는지 알아볼 필요가 있다.

아래의 예문은 실제 자면서 꾸는 꿈을 표현한 것이다. 예문에서 볼 수 있듯이 자면서 꾸는 꿈을 표현할 때는 'dream of/about~' 둘 다 사용될 수 있다.

I **dreamed about** fighting with one of my friends last night.

(나는 어젯밤에 친구와 싸우는 꿈을 꾸었다.)

What does it mean if one **dreams of** pigs?

(돼지꿈을 꾸었다면 그것은 무슨 의미죠?)

마찬가지로, 꿈이 아닌 상상을 해보거나 은유적으로 성취하고 싶은 것을 나타내는 경우에도 아래 예문과 같이 'dream of/about~' 둘 다 사용될 수 있다.

I'm **dreaming of** one day working for myself and not having a boss.

(나는 언젠가 사장 없이 나 자신의 사업을 하는 상상을 하고 있다.)

He **dreamed about** having a family in the near future.

(그는 가까운 미래에 가족을 가지기를 원했다.)

하지만 잠을 자면서 꾸는 꿈의 경우에는 주로 전치사 '**about**'을 써서 'dream about~'으로 나타내고, 성취하고 싶은 것을 은유적으로 나타내는 경우에는 주로 '**of**' 전치사를 취하며 뒤에 성취하고 싶은 것(wish for, hope for)을 나타내는 명사나 동명사형이 온다. 이런 경우 주로 상태를 나타내는 'have'나 'be', 'become'과 같은 동사와 함께 쓰인다.

He dreamed **of being** an astrophysicist.

(그는 우주물리학자가 되고 싶은 꿈을 꾸었다.)

She dreamed **of having** a diamond necklace.

(그녀는 다이아몬드 목걸이를 무척 갖고 싶었다.)

He dreamed **of having** a Mercedes-Benz.

(그는 벤츠 자동차를 무척 갖고 싶었다.)

I've always dreamed **of becoming** a web

designer.

(나는 늘 웹디자이너가 되는 꿈을 가지고 있었다.)

실제 꿈에서 경험한 것을 나타내거나 성취하고 싶은 것을 나타낼 때 흔히 'dream of~'는 'dream about~'보다 훨씬 성취하기 힘들고 실현 가능성이 낮은 것을 나타낸다고 할 수 있다.

I **dreamed of** running.

I **dreamed about** running.

I **dreamed of** flying.

위 예문의 첫 번째 문장 표현은 어색하다. 일반적으로 달린다는 것이 실제 성취하고 싶은 것이거나 발생할 가능성이 낮은 것은 아니기 때문에 'dream of'의 대상은 아니다. 두 번째 문장은 'dream about'

이 발생 가능성의 크고 낮음과 상관없이 어떤 것이든 목적어로 취할 수 있다는 것을 보여주고 있다. 세 번째 문장의 '사람이 난다'라는 것은 성취하기 힘들며 쉽게 발생하지도 않는다. 결과적으로, 세 번째 표현은 자연스럽고 첫 번째 표현은 어색하게 들린다.

I dreamed of flying. (O)

I dreamed about flying. (X)

앞에서 이야기한 '꿈도 꾸지 마!(dreamed of it)'를 다시 살펴보 면, 대명사 'it'은 몹시 발생하기 힘든 일을 나타내야 한다. 예를 들어, 남자 친구와 주말 밤을 같이 보내려는 딸에게 부모님이 하는 말이거나, 시험감독을 하면서 시험에 부정행위를 못하도록 경고하는 선생님의 지시사항과 같은 것을 'it'으로 선택해야 한다. 따라서 실현 불가능한 소망을 꿈꾸는 맥락에서 '꿈도 꾸지 마!'를 'Don't dream about it!'이라고 표현하면 매우 어색하게 들린다.

Summary

dream of~	dream about~
① 잠을 자면서 꾸는 꿈의 내용	① 잠을 자면서 꾸는 꿈의 내용
② 어떤 것에 대하여 상상하다(상상의 대상이 특별하거나 이례적)	② 어떤 것에 대하여 상상하다(상상의 대상이 일반적)
③ 'dream about~'보다 성취하기 힘들고 실현 가능성이 낮은 것	③ 'dream of'보다 성취하기 쉽고 실현 가능성이 더 높은 것

장갑을 손에 끼어요
wear vs. put on

영어로 무엇을 몸에 입거나 걸치거나 끼는 것을 'wear', 'put on'이라고 표현한다. 그런데 착용하는 대상을 신체 어느 부위에 입는 것인지를 영어 표현에서는 거의 언급하지 않는다. 한국어도 마찬가지다. 장갑은 손에 끼는 것이고, 모자는 머리에 쓰는 것이 너무나 당연하므로 해당 신체 부위는 언급할 필요가 없다. 예를 들면, 추운 날씨니까 장갑을 끼고 외출하라고는 해도 '손에' 장갑을 끼고 외출하라고는 하지 않는다.

영어에서도 아래 예문과 같이 특별히 어떤 손에 끼었는지가 문제되고, 그래서 구체적으로 언급할 필요가 있을 때만 '손'을 언급한다.

The golf glove is to be worn on the "opposite" hand. For instance, right-handed golfers wear the glove on their left hands, while lefties wear the golf glove on their right hands.

(골프 장갑은 반대편 손에 껴야 한다. 가령, 오른손잡이는 왼손에 장갑을 끼고, 왼손잡이는 오른손에 장갑을 낀다.)

한편, 너무 과다한 정보를 언급하여 오히려 어색한 영어 표현이 되어버린 중학교 영어 교과서의 문장을 살펴보자.

In winter, I always have to wear my coat and **wear a scarf around my neck**.

On a very cold day, I **wear** gloves **on my hands** and earmuffs **on my ears**.

'scarf'의 경우 동사 'wear' 이외에도 'wrap', 'tie', 'drap' 등과 함께 사용되며, 이 경우에 신체의 어디에 두르고, 감고, 묶고, 걸치는지 언급해야 한다. 'wear a scarf'는 대부분 목에 두르기 때문에 굳이 'around the neck'이라고 표현할 이유는 없다.

I **wrapped** this warm scarf **around my neck** twice to keep me warm.

(나는 이 따뜻한 목도리를 내 목에 두 번 감싸서 체온을 따뜻하게 유지했다.)

위 예문의 'wrap'은 '감싸다, 두르다'라는 의미이다. 감싸거나 두르는 것은 목이 아닌 다른 신체 부위에도 할 수 있다. 전형적인 착용 행위가 아닌 다른 행동을 나타내는 동사일 경우 착용하는 대상과 함께 해당하는 신체 부위를 반드시 명시적으로 언급해야 한다. 신체의 어떤 부위를 따뜻하게 하도록 스카프를 둘렀는지 명확히 밝혀야 맥락상 'wrap'이라는 동사 의미가 완결된다. 따라서 영어 교과서 문장과는 달리 구체적인 신체 부위를 나타내는 'around my neck'이 반드시 언급될 필요가 있다.

하지만 '반지, 장갑, 귀마개, 신발' 등과 같은 것을 'wear(착용)한다'라고 말할 때, 해당 신체 부위는 'a finger, the hands, the ears, the feet'이 당연하므로 그 신체 부위를 구체적으로 언급할 필요가 없다. 위에서 언급한 영어 교과서 문장은 이러한 언어 경제성(linguistic economy)을 상실한 채 과다하게 정보를 제공하고 있어 오히려 어색한 표현이 되고 말았다. 따라서 영어 교과서 문장은 다음과 같이 수정해야 어색하지 않은 표현이 된다.

In winter, I always have to wear my coat and a scarf.

On a very cold day, I also wear gloves and earmuffs.

잃어버린 구슬을 찾아주세요
find the two marbles vs. discover two marbles

한국어 '찾다'에 해당하는 영어 표현으로 'find', 'discover', 'seek', 'search (for)', 'look for' 등이 있는데 각각 의미와 쓰임이 조금씩 다르다. 우선 'find' 의미와 쓰임을 살펴보자.

어떤 것을 찾는 사건은 그 과정과 결과 상태로 구분된다. 'find'는 결과 상태를 중점적으로 표현하는 동사이다. 그리고 찾은 것은 대개 이미 알려진 것이지만 반드시 그렇지는 않다. 하지만 'discover'는 찾은 대상이 대체로 새로운 것이어야 한다. 아래 예문은 두 동사의 의미적 차이를 잘 보여준다.

John **found the two marbles** under the sofa.

(John은 소파 밑에서 그 구슬 두 개를 찾았다.)

John **discovered two marbles** under the sofa.

(John은 소파 밑에서 구슬 두 개를 찾았다.)

'the two marbles'와 'two marbles'는 이미 알려진 구슬과 인식하지 못했

던 새로운 구슬이라는 의미상 차이가 있다. 따라서 어떤 것을 새롭게 찾아내는 경우 동사 'discover'를 사용하게 된다. 'discover'는 미지의 것을 조사해 무엇을 찾은 것이 행운이고, 매우 놀라운 것이라는 뜻을 포함하고 있다.

아래 영문 빈칸에 'find'와 'discover' 중 어느 것이 적절할까?

In 1928 Alexander Fleming _____ penicillin, though he did not realize its full significance for at least another decade. He eventually received the Nobel Prize in Physiology or Medicine in 1945.

(1928년 Fleming은 페니실린을 발견했지만, 그 후 적어도 10년 동안 발견의 중요성을 그는 인식하지 못했다. 결국 그는 1945년 노벨의학상을 수상했다.)

예문의 빈칸에는 동사 'discovered'를 사용해야 한다. 이유는 페니실린이 Fleming에게는 새로운 것일 뿐만 아니라 우연히 굉장한 것을 발견했기 때문이다.

다음 문장은 중학교 영어 교과서의 내용이다. 동사 'discover'가 올바로 사용되었는지 판단해보자.

Now I'm going to tell you about my dream. I want to be a researcher. Do you know why? First, I like science. It's my favorite subject in school. Second, I want to **discover** cures for many diseases. That's my goal.

위 예문의 'discover'는 'find'로 바꾸어야 한다. 과학자가 되어 열심히 연구해서 질병의 치료법을 찾겠다는 문장 맥락인데, 우연히 새로운 것을 발견하는 상황이어야만 'discover'가 적절하다. 이 경우는 열심히 연구해서 찾는 상황을 나타내기 때문에 'find'를 사용해야 한다.

다음 문장 역시 중학교 영어 교과서 내용이다. 동사 'find'는 부적합하며, 아래에 수정한 것처럼 각각 'try to find'와 'find out'으로 바꾸어야 한다.

Why don't we **find** some interesting stories about it?
➡ Why don't we **try to find** some interesting stories about it?

I think Turandot will **find** the prince's real name, but they'll get married anyway.
➡ I think Turandot will **find out** the prince's real name, but they'll get married anyway.

첫 번째 표현에서 어떤 것을 제안할 때 주로 사용하는 'Why don't we~'에 주목할 필요가 있다. 어떤 것을 하라고 제안하는 경우, 결과 상황만 존재하는 것을 제안의 대상으로 삼을 수는 없다. 그런데 이 문장은 어떤 것에 관한 흥미로운 이야기를 찾아보라는 제안이다. 따라서 찾는 과정이 함축된 동사를 사용해야 한다. 이런 요건을 충족하려면 'find' 대신 'try to find'나 'look for'처럼 과정을 중점적으로 나타내는 동사를 사용해야 한다.

두 번째 문장은 왕자의 이름을 공주 Turandot가 '찾아낼 것'이고, 결혼할 것이라는 내용을 나타낸다. 무엇을 '찾아낸다'라는 것은 찾기 위해 매우 의식적인 노력을 한다는 뜻을 내포한다. 'find out'은 이런 의미를 포함하고 있다.

다음 문장에서 'find out'의 쓰임을 확인해보자.

I want to watch the next episode to **find out** what's going to happen. (앞으로 어떤 일이 벌어질지 다음 회를 보고 싶다.)

She **found out** that he'd been cheating on her.

(그녀는 그가 바람을 피워온 것을 밝혀냈다.)

The police will find out the thief.

(경찰은 그 도둑을 찾아낼 것이다.)

'find out'은 주로 사실관계 혹은 상황이 어떠한지를 밝혀낸다는 의미이기도 하고, 마지막 문장처럼 도둑을 찾아내는 상황에도 사용할 수 있다.

동사 'seek'는 그 대상이 충고, 도움, 허락, 용서, 사면 등과 같은 비물질적인 것에 국한된다. 그리고 'find'의 경우 결과 상황에 대상이 찾

아진 상태를 나타내지만, 'seek'는 과정을 나타낼 뿐 그 결과는 담보
되지 않는다.

Legal **advice** should be **sought** before you take any further action.

(추가적인 조처를 하기 전에 법률적인 자문을 구해야 한다.)

He had actively **sought** a **pardon** from the president.

(그는 적극적으로 대통령으로부터 사면을 요구해왔다.)

'search A for B'는 'B를 찾기 위하여 A를 뒤진다'라는 뜻이다. A는
B가 존재하는 곳을 의미하고, 'search'의 직접목적어는 대부분 장소
를 나타낸다.

Rescue teams **searched** among the wreckage **for** survivors.

(구조대가 잔해 속에서 생존자들을 찾기 위해 수색했다.)

I **searched for** a copy of a rare edition of a book of poetry
published 100 years ago.

(나는 100년 전에 출판된 희귀한 시집 한 권을 찾아보았다.)

또 다른 '찾다'의 의미가 있는 'look for'는 'seek'와는 달리 찾는 대상이 물질적, 비물질적인 것 어느 것이든 관계없이 사용할 수 있다.

John **looked for** a birthday card for Mary.

(John은 Mary를 위한 생일 카드를 찾고 있었다.)

I **looked for** items commercially available in shops, like CD's.

(나는 가게에서 파는 CD 같은 상품들을 찾아봤어.)

Summary

find	찾는 행위의 결과 상황을 나타내고, 그 행위가 의식적으로 큰 노력이 수반된 경우나 그렇지 않았을 때 모두 의미함
find out	의식적으로 많은 노력한 결과 어떤 것을 밝혀내는 것을 의미함
discover	새롭고 굉장한 것을 우연히, 운 좋게 발견한 경우(신대륙, 페니실린 발견)
seek	충고, 피난처와 같은 정신적인 것이나 비물질적인 것을 구하는 것을 의미함
search for look for	찾는 과정을 중점적으로 나타내는 동사(찾는 대상이 물질적, 비물질적인 것 모두 허용)

길이 막혔으니 돌아가세요
close vs. shut

영어권 국가를 여행하며 천재지변이나 공사 등의 이유로 길이 폐쇄되었을 때 아래와 같은 팻말을 본 경험이 있을 것이다. 길을 막거나 폐쇄한다는 표현으로 'close'라는 동사를 사용하고, '돌아가다'라는 동사는 'detour'를 사용한다.

개인적인 일로 가게의 영업을 하지 않고 문을 닫았을 때 걸어두는 팻말에도 'closed'를 사용한다. 아래 그림의 팻말은 정오에서 오후 1시까지 점심을 먹기 위해 가게 문을 닫는다는 내용이다. 그리고 불편을 끼쳐 죄송하다는 멘트도 괄호 안에 잊지 않고 언급하고 있다.

한국어 '닫다'에 해당하는 또 다른 영어 표현으로 'shut'이 있다. 'shut'은 닫는데 걸리는 시간이나 방식이 매우 급하고 과격하여 'close'에 비해 좀 거칠거나 무례한 기분을 나타낼 수 있다. 다음 예문이 이런 뉘앙스를 잘 보여주고 있다.

There was a sudden gust of wind and all the windows banged **shut**.
(갑자기 돌풍이 불어 모든 창문이 쾅 닫혔다.)
She **shut** the book loudly. (그녀는 책을 시끄럽게 덮었다.)
Shut the bloody door! (빌어먹을 문 좀 닫아!)
Shut your mouth! (입 다물어!)

위 문장의 'shut'은 'close(d)'로 대치될 수 없다. 'shut'은 무엇을 닫을 때 걸리는 시간이 매우 짧고 그 방식이 거칠며, 'close'는 이 두 요인에 있어 중립적이거나 반대의 의미를 함축하고 있다. 이러한 'close'의 의미적 특성은 아래 예문에 잘 반영되어 있다.

They **closed** the road to the airport due to bad fog.

(짙은 안개로 공항으로 가는 도로를 폐쇄했다.)

She **closed** her account and moved the money to another bank.

(그녀는 자신의 계좌를 닫고 다른 은행으로 돈을 옮겼다.)

The police have **closed** the investigation into corruption.

(경찰은 부패사건의 조사를 종결했다.)

도로나 은행계좌, 사건 등을 폐쇄하거나 종결할 때 동사 'close'를 사용하여 표현한다. 여러 가지 정해진 절차를 거쳐서 이런 폐쇄 결정이 내려진다고 보아야 할 것이다. 위 예문의 'close(d)'를 'shut'으로 대치할 수 없다. 하지만 닫는데 이런 것이 고려될 필요가 없는 경우는 'close'와 'shut' 모두 사용될 수 있다.

문을 닫거나 눈을 감는 경우를 한 번 살펴보자.

He **shut/closed** his eyes as he tasted the Turkish delight.

(그는 눈을 감고 Turkish delight의 맛을 음미했다.)

OK, **shut/close** your eyes — I've got a surprise present for you.

(좋아, 눈을 감아봐. 너에게 줄 깜짝 선물이 있어.)

Close/Shut the **window/the door/your book**, the lid, etc.

(창문/문/책/뚜껑을 닫으세요.)

일반적인 상황에서 눈을 감는데 특별히 고려해야 할 순서나 요인이 있는 것은 아니다. 문이나 창문을 닫는 경우도 마찬가지이다. 이런 경우 'close'와 'shut' 모두 사용될 수 있다. 아래 예문에서 'shut'은 완전히 닫는 경우를 의미하고, 'close'는 반드시 그렇지는 않다.

* Would you **shut** the door halfway?

Would you **close** the door halfway?

(문을 반쯤 닫아 주시겠어요?)

She kept her head back and her eyes **half-closed**.

*She kept her head back and her eyes **half-shut**.

(그녀는 고개를 뒤로 젖히고 눈을 반쯤 감고 있었다.)

첫 번째와 네 번째 문장은 어색하고, 말이 되지 않는다. 'shut' 자체가 '완전히 닫다'라는 의미가 있기 때문에 문을 반만 닫으라고 요구하거나, 눈을 반쯤 감고 있다는 상황을 'shut'으로 표현하는 것은 어색하다. 반면, 'close'로 표현한 두 번째, 세 번째 문장은 자연스럽다. 정리하면, 'close'는 어떤 것을 닫는 과정과 그 결과 사이에 시간적인 간격이 있음을 함축하고, 'shut'은 그런 시간적 간격이 거의 없이 결과 상태에 도달함을 나타낸다.

이것은 'notice', 'recognize', 'spot', 'find', 'die', 'reach', 'realize', 'win' 등의 완수동사(achievement verbs)가 나타내는 사건은 그 과정과 결과 사이에 시간적 간격이 거의 없다는 것과 비슷한 개념이다. 따라

서 'shut'은 이들 동사처럼 진행형으로 거의 사용되지 않는다.

*She was shutting the window.

She was closing the door.

*She was shutting the book.

She was closing the book slowly.

'shut'이 진행형으로 사용된 첫 번째와 세 번째 문장은 창문을 반복해서 여닫거나, 책을 반복해서 펼치고 덮는 상황을 묘사할 때만 말이 된다. 마지막 문장처럼 책을 천천히 덮고 있는 단일 사건을 나타내기에 부적합하다.

Summary

close	❶ 완성동사(acomplishment verbs)인 build, write, draw 등과 같이 과정과 결과 사이에 시간적 간격이 있음을 나타냄
	❷ 도로, 은행계좌, 조사 등 여러 절차나 요인을 고려하여 닫거나 폐쇄하는 것에는 'close'를 사용
shut	❶ 완수동사(achievement verbs)인 'find', 'reach', 'recognize'처럼 과정과 결과 사이의 시간적 간격이 거의 없는 사건을 나타냄
	❷ 닫는 시간과 방식이 급작스럽고 시끄러움
	❸ "닫는" 행위가 거칠거나 무례한 느낌

재건축입니까?

was rebuilt vs. was built again

영어 동사에 **접두사 're-'**를 붙이면 원래 동사 의미에 'again'의 의미가 더해진다(ex: redo, rewrite, rework, recook, resharpen, rebuild etc.). 동사 'rebuild'는 영영 사전에 'to **build** something **again** that has been damaged or destroyed'(손상되거나 부서진 것을 다시 짓는다)라고 설명한다.

The building was **built again**.

The building was **rebuilt**.

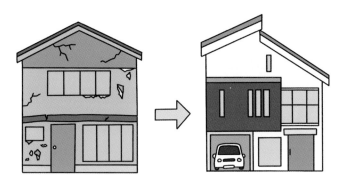

그렇다면 위 두 문장의 의미는 같을까? build again과 rebuild는 '다시 짓는 다'라는 측면에서 같지만, 의미적 차이는 뚜렷하다. **rebuild는 다시 짓는 대상이 이미 존재**했어야 하고, 그것이 손상되어 **다시 복원**한다는 의미이고, **build again은 다시 짓는 대상이 같은 것일 필요는 없다**. 위의 첫 번째 문장은 중학교 영어 교과서에서 가져온 표현으로 특정 건물을 다시 복원하고 있다는 맥락이 제시된다. 이 맥락에 맞고 애매하지 않게 표현하려면 'was built again' 대신 'was rebuilt'로 표현해야 한다. 즉 'rebuild'는 원상회복 의미(restitutive reading)만을 나타낸다.

아래 예문을 통해 'verb+again'과 're-verb'의 의미적 차이를 좀 더 살펴보자.

John **painted** the door red **again**.

John **repainted** the door red.

John **stuffed** the refrigerator with beer **again**.

John **restuffed** the refrigerator with beer.

두 번째 문장은 그 문이 전에 푸른색이었을 수도 있고 노란색이었을 수도 있지만, 어떤 색깔이든 칠해진 적이 있다는 것을 전제로 하고 있다. 이후 다시 칠을 해서 복원한 결과 붉은색이 되었다는 것을 나타낸다. 하지만 첫 번째 문장은 그 문이 전에도 붉은색이었다는 전제조건을 충족해야 하는 의미를 가질 수도 있거나, 두 번째 문장처럼 색깔은 관계없이 문이 페인트 칠해졌다는 전제조건만을 충족해야 하는 의미를 나타낼 수 있어 애매한 문장이다. 세 번째와 네 번째 문장의 의미 차이도 같은 식으로 설명할 수 있다.

그렇다면 다음 두 문장의 의미 차이도 유사하게 설명할 수 있다.

John **opened** the door **again**.

John **reopened** the door.

두 번째 문장은 그 문이 원래부터 열린 상태로 있었고, 누가 닫아둔 것을 다시 열린 상태로 되돌렸다는 의미이다. 반면, 첫 번째 문장은 그 문을 전에도 연적이 있고, 또 다시 열었다는 뜻이다.

만약 목적어가 비한정적 표현이면 어떻게 될까?

John **wrote** a letter **again**.

John **rewrote** a letter.

두 번째 문장은 특정 편지 한 통을 전에 작성했는데 보내기 전에 그 편지를 완전히 다시 고쳐 쓴다는 의미이고, 첫 번째 문장은 전에도 편지를 한 통 작성했으며 또 다른 편지 한 통을 작성했다는 의미를 대조적으로 가질 수 있다.

하지만 다음 예문에서 확인할 수 있듯이 이와 같은 수여동사들은 접두사 're-'를 허용하지 않는다.

John **wrote** her a letter **again**.

*John **rewrote** her a letter.

They **gave** him the award **again**.

*They **regave** him the award.

'give'와 같은 수여동사에 접두어 're-'를 붙여 'regive'라는 새로운 수여동사를 만들 수 없다. 수여동사는 '어떤 것(직접목적어)을 수혜자(간접목적어)에게 주다'라는 의미를 가진다. 이 경우에 한 번 준 것은 되받을 수 없으므로 다시 어떤 것을 줄 수 없다. 따라서 regive, reprovide, rebuy, regrant, resend와 같은 수여동사는 사용할 수 없다.

하지만 아래 예문에서처럼 특별한 경우 수여동사에 접두사 're-'를 붙여 사용할 수 있다.

John **resent** her the email message because it bounced back.
(그 전자메일이 되돌아와서 John은 그녀에게 다시 보냈다.)
*John **rebought** her the flowers as he must get on her good side.
(John은 그녀에게 환심을 사야 하므로 다시 그 꽃을 사주었다.)

첫 번째 문장에서 'resent'는 문제가 없다. 이메일은 상대가 받았든 받지 않았든 다시 보낼 수 있어서 다시 보내는 것이 가능하여 상황에 따라 'resend'로 표현할 수 있다. 만약 전통적인 편지일 경우 한 번 보내졌으면 다시 똑같은 편지를 보낼 수 없어서 이런 경우는 동사 'resend'로 표현할 수 없다.

두 번째 문장에서 한 번 꽃을 사주었으면 똑같은 꽃을 다시 사줄 수는 없다. 따라서 동사 'buy'에 접두사 're-'를 붙여 'rebuy'라고 표현할 수 없는 것은 당연하다.

이처럼 목적어를 두 개 취하는 동사에 **접두사 're-'**가 붙을 수 없는 제약조건은 다음과 같이 목적어와 전치사구를 반드시 취하는 경우이다.

John entered the room for the very first time and saw a folder hanging dangerously over the edge of a table. The folder fell, and…

(John이 막 방에 들어갔는데 폴더 하나가 책상 끝에서 위험하게 떨어지려는 것을 보았다. 결국 그 폴더는 떨어졌고…)

John **put** the folder on the table **again**.

*John **re-put** the folder on the table.

(John은 그 폴더를 다시 책상 위에 두었다.)

동사 'put'에 're-'를 붙여 'reput'를 사용할 수 없는 이유는 다음과 같다. 앞서 언급한 'John **repainted** the door red', 'John **restuffed** the refrigerator with beer'의 'repaint'와 'restuff'는 칠하는 행위와 채워 넣는 행위의 반복만을 나타낸다. 예시 문장에서 접두사 're-'는 각각 'paint the door', 'stuff the refrigerator'로 나타내는 사건의 반복을 나타낸다. 그런데 'put the fold'는 영어 문법에 어긋나는 표현이다. 따라서 'reput the fold'란 표현도 당연히 어법에 어긋나는 표현이

된다. 이런 경우는 'put the fold on the table **again**'으로 표현해야
한다.

위에서 접두사 're-'는 자동사에는 붙지 못한다고 설명하였다. 그
이유는 're-'가 붙은 동사는 접두사 're-'가 붙기 전의 동사가 나타내
는 사건을 겪은 대상이 존재해야 하고, 해당 사건을 겪은 상태로 그
대상을 되돌린다는 의미를 나타내기 때문이다. 다음과 같이 자동사의
경우 위의 조건을 만족시킬 수 없다.

*John **re**ran, **re**sang, **re**smiled, **re**laughed,⋯

John ran, sang, smiled, laughed,⋯ **again**.

아래 동사들은 자동사 형태이지만 타동사처럼 're-'가 붙기 전의
동사가 나타내는 사건을 겪고, 그 결과로 어떤 특정 상태가 된 대상이
존재하기 때문에 다음과 같은 표현이 가능하다.

The edge **resharpened** well.

The butter **resoftens** when it gets warm.

The plastic **rehardens** when it gets cold.

verb + again	❶ 복원의 의미가 있을 수는 있지만, 반복하여 ~하는 대상이 같은 것일 필요는 없음 ❷ 비슷한 종류의 '~을 또 …하다'라는 의미
re-verb	❶ 해당 동사가 나타내는 사건을 겪을 대상이 존재해야 하고, 그 사건을 겪은 결과 상태로 다시 복원한다는 의미 함축 ❷ 목적어를 가지는 **타동사+접두사 're-'** ❸ 접두사 're-'는 자동사에는 불가능 ❹ 해당 사건을 겪는 대상은 같아야 하고, 그 결과 상태를 다시 구현한다는 의미 ❺ 동사 'put'과 같이 복잡한 구조의 사건을 나타내는 동사는 접두사 're-'를 허용하지 않음

5

영어 문법 세계 탐험하기

Exploring the World of English Grammar

문법공부는 왜 필요한가?
You are boring. vs. You are bored.

아래의 대화는 영어를 모국어로 하는 외국인이 한국에 온 지 한 달 정도 지났을 때 한국인과 영어로 의사소통을 시도하는 내용이다.

A(한국인): I think sometimes you are **boring.**

B(외국인): Really? Do you think so?

A(한국인): Yes! When you are very **boring,** you can call me.

B(외국인): **:-o :(**

외국인은 자신에게 호의적이던 한국인의 "you are boring(너는 지루해)."이라는 말을 듣고 매우 당황해했다. 비록 오해에 따른 결과이지만, 자신에 대한 평가를 직설적인 말투로 듣고 모욕감을 느꼈다. 사실 A의 의도는 '한국에 가족도 없으니 심심하겠다. 그럴 때마다 언제든 나에게 전화해'라는 친절한 배려의 마음이었을 것이다. 하지만 결과적으로 경솔한 사람이 되어버렸다.

위의 상황에 적절한 표현은 "You might get **bored** sometimes. Call me

when you are **bored**." 정도이다. 어려운 단어는 아니지만 영어에서 표현하는 'boring'과 'bored'의 개념을 알고 있었다면 위에 언급한 한국인은 이런 실수를 하지 않았을 것이다. 현재분사와 과거분사형 형용사의 의미적 구분에 관한 학교문법을 알고 있었다 하더라도 우리말에 존재하지 않은 개념을 나타내는 영어 표현들을 사용함에 있어 빈번히 한국인들은 실수를 범하게 된다. 이는 언어습득 과정에서 자연스럽게 발생할 수 있는 언어적 오류이다. 이러한 오류를 줄이기 위해서는 체험하며 배우는 것이 가장 효율적이다. 그러나 영어에 노출되는 시간이 많지 않은 한국의 영어 교육환경(EFL: English as a Foreign Language), 즉 영어를 외국어로서 배우는 우리의 현실에서는 이런 문법적 문제를 명시적으로 가르치고 학습하는 것이 영어습득을 더 효과적으로 하는데 많은 도움이 된다.

영어 문법을 공부하려고 한다면 처음부터 무조건 외우려고 하는 주입식 사고는 버려야 한다. 대신 세부적인 문법 사항과 문맥에 따라 해당 문법이 어떻게 적용되는가를 살펴 자연스럽게 독해와 듣기에 다가가는 방법을 추천한다.

언어학자들이 주장하는 결정적 시기 가설(CPH: Critical Period Hypothesis)에 의하면 언어습득은 생물학적으로 규정된 특정한 시기에 집중적으로 일어나며, 이 시기에는 특정 언어 환경에 자연스럽게 노출되는 것만으로도 해당 언어 문법을 포함한 언어습득이 성공적으로 이루어진다.

그러나 성인의 제2언어 습득은 원천적으로 그와 다른 과정이다. 다음 세 가지 이론은 목표 언어습득에 대한 대표적인 주장과 근거들이다. 먼저, 모국어와 제2언어가 확연히 다를 때 모국어는 제2언어 학습을 방해하고, 모국어와 제2언어가 유사할 때는 모국어가 제2언어 학습에 도움을 준다고 가정한다. 이러한 현상을 저명한 언어학자 Larry Selinker는 **언어 전이 현상**(language transfer)이라고 하였다.

다음으로, 모국어와 목표어의 **중간언어**(intrelanguage)라는 문법체계는 언어학습자가 학습과정에서 만들어 사용하는 불안정한 상태의 목표언어이며, 그 목표언어에 접근하는 과정에서 학습자에 따라 나타나는 개인적이고 특수한 언어체계를 말한다. 제2언어를 습득할 때 범하는 '오류'는 무작위로 나타나는 실수가 아니라 이 중간언어 문법의 발현이다. 따라서 외국어를 습득할 때 오류를 범하는 것은 피할 수도 없지만 한편 자연스러운 현상이다.

마지막으로, 제2언어 습득에서 오류가 반복되어 고쳐지지 않는 현상을 **화석화**(fossilization)란 개념으로 Selinker는 처음 설명하였다. 이 화석화 현상으로 인해 대부분의 제2언어 학습자들이 목표 언어 능력의 도달에 실패한다.

위에서 언급한 이론에서처럼 모국어가 아닌 제2언어를 습득할 때는 다양한 현상과 문제점이 발생한다. 한국의 영어 교과서 집필자들 역시 모국어가 한국어이므로 때로는 오류를 범하기도 한다. 이 책은 그러한 오류가 발생하는 것은 문제점이 아니라 자연스러운 현상이라는 것을 보여줌과 동시에 영어 학습 과정에서 학습자들이 자신감을 가지고 한 단계, 한 단계 진보하기를 바라는 관점을 시사하고 있다.

변덕쟁이 'that'

The company warrants that~ vs.
The company warrants~

영어공부를 하는 학생들 누구나 'that'의 일탈에 대해 한 번쯤은 생각해 본 적이 있을 것이다. 'that'의 다양한 쓰임 즉 대명사, 형용사, 부사로 사용될 뿐만 아니라 접속사로도 사용된다. 특히 접속사로 사용되는 'that'은 어떤 경우는 생략될 수도 있고, 어떤 경우는 반드시 상위절 동사 뒤에 나타나야 된다. 이런 변덕스런 'that'의 쓰임을 설명하는 것 자체가 한국 영어교육 환경에 비추어보면 무리한 시도일 수도 있을 것이다. 하지만 영어원어민들은 생략되어야 하는 맥락에서 사용하고 반드시 사용되어야 할 맥락에서 생략하면 정상적인 표현이라 여기지 않는다는 것이 문제라 한다.

필자가 고등학교 3학년을 가르치며 느낀 것은 한국의 영어 교육이 변하려면 수능시험이 바뀌어야 한다는 것이다. 어마어마한 속도로 그 많은 독해 문제를 다 맞히고 만점을 받은 학생조차 사회인이 되어 외국 회사에 이메일을 보내려고 해도 한국어식 주어로 시작하는 어설픈 문장이 나열되곤 한다.

한국의 수능시험이 외국어로서의 영어를 대학 입시과목에 포함해온 제도가 변하지 않는다면, 지금 당장은 힘들더라도 writing 부분의 훈련도 점차 다루어져야 할 것이다.

영어 교육 분야 인터뷰에서 '한국 영어 교육의 문제점이 무엇이라고 생각하느냐'는 질문에 '한국에서 영어 교육을 받는 것이 한국 영어 교육의 문제점'이라는 대답을 보고 크게 공감한 일이 있다.

'that'의 기본적인 용법을 정리해놓은 아래의 내용은 대부분 중학교 영문법 책에 예시로 든 문장들로, 이미 거의 다 알고 있으리라 생각된다.

• that의 여러 가지 용법 •

❶ 지시대명사

That is my laptop computer.

❷ 지시형용사

That woman is the winner of last year's Nobel Prize in Literature.

❸ 접속사

He decided that pain was not a valid reason for stopping.

❹ 관계부사 when, where 대용

She'll never forget the day that they met.

❺ It~ that~ 강조구문

It was Tomas that used the computer in the classroom.

❻ It~ that~ 진주어 가주어 구문

It is difficult that we master a foreign language in a year.

이제 기본적인 문법공부가 되었다면 위 ❸의 접속사 용법을 심층적으로 알아보자. 다소 난도가 높은 편이므로 아래 정리사항들을 미리 참고하길 바란다.

'that'이 이끄는 'that-'절을 목적어로 가지는 동사 중 아래 예문에서처럼 'that-'절에서 'that'이 생략될 수도 있다. 그런데 'decide'와 같은 동사는 'that-'절에서 'that'의 생략을 허용하지 않을 때도 있다.

John **thought** (that) Mary was so cute.

(John은 Mary가 매우 귀엽다고 생각했다.)

Yesterday Korea's Constitutional Court **decided** *(that) adultery should not be unconstitutional.

(어제 헌법재판소가 간통이 위헌이 아니라고 판시했다.)

하지만 아래와 같은 대화에 사용된 'decide'는 'that'의 생략을 허용한다. 이유는 그 일자리가 자신이 가지기에는 너무 나이가 많다고 판단해서 그 일자리를 갖지 않았기 때문이다.

A: Why didn't you take the job?

B: I **decided** (that) I was too old.

이와 같은 변화를 보이는 동사로 'warrant', 'guarantee'가 있다.

The company **warrants** *(that) its product will outlast any other on the market.

(그 회사는 시장에서 다른 상품보다 더 오래 간다고 보장했다.)

Before I buy it, they have to **guarantee** *(that) the motor will last for 150,000 miles.

(내가 그것을 구매하기 전에 그들은 자동차가 15만 마일까지 견딜 거라고 보증해야만 했다.)

위의 두 문장에서 'that'을 생략하면 매우 어색한 문장이 되어 대부분의 영어 화자들은 틀린 표현으로 간주한다. 반면, 다음과 같은 경우는 'that'을 생략하는 것이 오히려 자연스러운 영어 표현을 만든다고 판단한다.

I'll **warrant he's** the greatest fighter that ever lived.

(확신하건대 그는 이제까지 산 사람 중 가장 위대한 선수이다.)

I **guarantee it's** true. (그것이 진실임을 내가 보증한다.)

'that-'절에서 'that'의 생략이 수의적인 대표적 동사들은 다음과 같은 화행 동사(speech act predicates)들이다.: say, tell, claim, assert, affirm, inform, state, remind, predict, suggest, disclose, reveal, indicate, hypothesize, admit, confess, divulge, show, demonstrate, make clear, point out, contend, remark, note….

다음의 동사들은 믿음과 지식을 나타내는 동사로 'that'의 생략이 수의적이다. : believe, think, conclude, suppose, agree, maintain, fancy, presume, assume, know, be aware, recall, remember, forget, find out, discover, notice, realize, guess, conjecture, imagine, figure….

위의 두 부류에 속하는 동사들의 공통된 특성은 그들이 목적어로 취하는 'that-'절이 나타내는 상황을 해당 문장의 주어나 화자가 사실과 부합한다고 인식한다는 점이다. 사실과 부합한다는 것을 가장 강하게 나타내는 방식은 'I think ~'나 'He claim~' 등과 같은 주절 없이 바로 종속절에 해당하는 것만 발화—주장하는 것이다. 예를 들면, 아래 문장에서 마지막 문장이 가장 확실하고 강하게 "그 여자가 거스름돈을 덜 받았어."라고 주장하는 표현이다.

❶ This lady complains that she has been short changed.

(이 여성이 잔돈을 덜 받았다고 불평합니다.)

❷ This lady complains she has been short changed.

(이 여성이 잔돈을 덜 받은 불평을 합니다.)

❸ She has been short changed, this lady complains.

(그녀는 잔돈을 덜 받았습니다. 그녀가 불평합니다.)

❹ **She has been short changed.**

(그녀는 잔돈을 덜 받았습니다.)

앞의 예문들을 순서대로 더 구체적으로 설명해보면 다음과 같다.

❶ 그녀가 거스름돈을 덜 받았다고 **불평한다는 주장**을 화자가 말함(화자의 관점에서 본다면 거스름돈을 덜 받았다는 것은 그녀의 주장에 불과할 수 있음)

❷ 주어가 거스름돈을 덜 받았다는 것을 인식하고 불평함(화자의 관점에서 본다면 거스름돈을 덜 받았다는 불평이 사실에 부합할 가능성이 크다는 의미를 추가로 전달함)

❸ 그녀가 거스름돈을 덜 받은 것은 사실이고, 그것을 그녀가 불평한다는 것을 부수적으로 표현하고 있음

❹ 그녀가 거스름돈을 덜 받았다는 것을 사실로 화자가 주장하고 있음을 표현

따라서 주절 동사의 목적어 역할을 하는 'that−'절에서 'that'이 생략되려면 'that−'절이 나타내는 상황이 사실과 부합될 수 있어야 한다.

위에서 언급한 동사의 목적어로 사용되는 'that−'절에 있어 'that'의 생략에 대한 조건을 근거로 'that'이 생략될 수 없는 경우를 다시 살펴보자.

The company **warrants** *(that) its product will outlast any other on the market.

(그 회사는 시장에서 다른 상품보다 더 오래 간다고 보장했다.)

Before I buy it, they have to **guarantee** *(that) the motor will last for 150,000 miles.

(내가 그것을 구매하기 전에 그들은 자동차가 15만 마일까지 견딜 것이라고 보증해야만 했다.)

위의 첫째 문장에서 'that'을 생략할 수 없는 것은 'that-'절의 내용에 해당하는 상황이 사실과 부합한다는 것을 주어인 'The company'가 인식한다는 것을 나타내는 것이 아니다. 오히려 그렇게 되지 않았을 경우 어떤 보상이 뒤따를 것인가 하는 것을 표현하려는 의도의 문장이다.

두 번째 문장도 유사하다. 자동차 구매자인 주어 'I'가 구매하려는 차가 150,000마일을 고장 없이 견딘다는 것이 사실과 부합한다고 인식하는 것이 아니라, 오히려 그렇지 못할 때 어떤 보상이 있을 것인지에 대한 궁금증을 나타낸다.

반면, 'that'의 생략이 허용되는 경우는 주어가 종속절의 내용이 참이라는 강한 확신을 표현하는 경우이다.

I'll **warrant** he's the greatest fighter that ever lived.

(확신하건대 그는 이제까지 산 사람 중 가장 위대한 선수이다.)

➡ 주어는 이제까지 알고 있던 선수 중에서 그가 가장 위대한 선수라는

것에 대하여 매우 강한 확신을 표현

I **guarantee it's** true. (그것이 진실임을 내가 보증한다.)

➡ 관련 상황이 사실임을 강하게 확신

위의 두 문장 모두 주어가 종속절의 내용이 사실과 부합함을 인식하고 그렇다고 주장하고 있으므로 'that'이 종속절에서 생략된다. 위의 동사 'guarantee'의 경우도 'that'을 생략할 수 없는 이유는 해당 문장의 주어가 'that—'절의 내용이 사실과 부합됨을 인식하고 있다는 조건을 만족시킬 수 없기 때문이다.

앞서 언급한 간통죄에 대한 헌법재판소의 결정에 관한 문장은 'that'을 생략할 수 없다. 이유는 주어인 '헌법재판소'가 간통이 위헌적이지 않다고 판시(앞으로 위헌이라고 다루면 안 된다는 것을 결정)한 것일 뿐, 간통이 위헌적이지 않다는 것이 사실과 부합함을 인식하고 있음을 나타내는 것은 아니기 때문이다.

사느냐, 죽느냐 그것이 문제로다!

To be, or not to be vs. Being or not being

〈Hamlet〉은 셰익스피어의 4대 비극 가운데서도 가장 많이 알려진 작품이다. 순수한 영혼을 가진 인물이 스스로 감당할 수 없는 절박한 상황에 직면하여 정신적 고통을 겪으며 무너져가는 모습을 인간의 음모와 모순성 속에서 묘사한다. 이 작품은 지금까지도 세계적으로 널리 공연될 정도로 높은 예술성을 인정받고 있으며, 시대와 장소를 초월하여 독자와 관객에게 감동을 준다.

셰익스피어는 〈Hamlet〉에서 예술적 감각이 돋보이는 언어, 독백을 통한 인간심리에 관한 묘사, 그리고 성격 창조의 상상력을 통하여 인간의 실존적 양상을 보여준다. 햄릿의 독백 '사느냐, 죽느냐 그것이 문제로다(To be, or not to be? That is the question)'는 우유부단한 성격 때문에 중요한 문제에 결단을 내리지 못하는 사람을 언급할 때 인용된다.

햄릿의 갈등은 근본적으로 선악과 생사의 본질을 이해하는 관점에서 기

인한 것이며, 인간이 지켜야 할 최고의 가치는 선(善)임을 그의 죽음을 통해 알수 있다. 극단의 모순을 감당하기에는 감수성이 예민했던 햄릿의 독백은 현대인의 갈등 상황에서 비유적으로 자주 표현되기도 한다.

To be, or not to be- that is the question-
Whether 'tis nobler in the mind to suffer
The slings and arrows of outrageous fortune
Or to take arms against a sea of troubles,
And by opposing, end them

죽느냐, 사느냐 그것이 문제로다.
이 터무니없는 운명의 화살을
참고 견디는 것이 더 고상한 것인가?
아니면 이 고뇌의 바다에 맞서 싸워
그것들을 끝장내버리는 것이 더 고상한가?

위의 대사는 죽은 아버지 Hamlet 왕의 유령을 만나 자신이 뱀에 물려 죽은 것이 아니라 Hamlet의 삼촌인 Claudius에게 독살 당했다는 내용을 듣고 들끓어 오르는 분노를 억누르며 표현하는 Hamlet의 독백이다.

예문과 같이 우리나라의 중학교 영문법에서는 to-부정사와 동명사 두 형태가 모두 문장의 주어는 물론 보어가 될 수 있으며, 그 의미는 서로 비슷하다고 서술하고 있다.

To know him would be a great asset to you in the future.

(그를 아는 것은 미래에 너에게 큰 자산이 될 것이다.)

His ambition is **to be an astronaut.**

(우주비행사가 되는 것이 그의 야망이다.)

Teaching requires a lot of patience.

(가르친다는 것은 큰 인내심을 요구한다.)

That's not **saying** much.

(그것은 별말이 아니야.)

Do you like **to go/going** to a concert?

(음악회 가시는 것을 좋아하세요?)

위의 예문 마지막 문장처럼 enjoy, like, dislike, hate, love, prefer 등과 같이 호불호를 나타내는 동사의 보어로 부정사형, 또는 동명사형이 올 수도 있다. **부정사형은 특정한 경우를 전제로 한 표현이고, 동명사형은 일반적인 상황을 염두에 둔 표현이다.**

예문 마지막 문장의 'like to go to a concert'는 어떤 특정 음악회에 가는 것을 좋아하는지 묻는 표현이고, 'like going a concert'는 어떤 특정한 음악회가 아니라 일반적으로 음악회에 가는 것을 좋아하는지 묻는 표현이다. 이런 특정한 경우와 일반적인 상황의 구분은 앞서 언급한 호불호를 나타내는 동사의 보어로 사용될 때만 적용되는 것은 아니다.

그렇다면 위 Hamlet의 독백에서는 왜 부정사형으로 'To be, or not to be?'라고 표현했을까? '살아야 할지, 죽어야 할지?'를 동명사형으로 바꿔 다음과 같이 표현할 수도 있다.

Being or not Being? That is the question!

문제는 이렇게 표현하면 뒤이어 오는 'That is the question!'이
란 문장이 가진 의미가 무색하게 된다. 이 표현은 '그것이 매우 중요
한 바로 그 문제이다'라는 의미인데, 동명사로 표현된 'Being or not
being?'은 일반적인 상황에서 '사느냐 아니면 죽느냐'는 문제이다. 그
런데 다시 그것을 받아 'That is the question!'이라고 했으니 별다른
의미가 없는 표현이 되어버렸다.

분노를 억누르며 표현하는 독백은 많은 심적 갈등을 겪고 있는 특
별한 상황이므로 '살아야 할지 죽어야 할지'는 Hamlet에게는 매우 중
요한 문제가 아닐 수 없다. 그래서 'To be, or not to be?'라는 부정사
형으로 자신이 처한 특수한 경우를 토로하고 있다.

부정사와 동명사 형식의 표현이 이러한 특별한 경우와 일반적인 상
황을 나타내는 차이 외에도, 다음과 같은 용법의 차이를 보인다. 특히
호불호를 나타내는 동사 enjoy, like, dislike, hate, love, prefer의
보어로 사용될 때 이들 동사의 보어로 동명사가 오면 그 동명사가 나
타내는 사건에 대한 일반적인 생각이나 즐기는 정도를 나타내고, 부
정사가 오면 평소 선호하는 습관적 선택을 나타낸다. 다음 예문을 한
번 보자.

I don't **like wearing a seat belt** when I am in a car, but I like **to wear a seatbelt.**

예문은 '차 안에서 안전벨트를 하는 것이 불편하더라도 습관적으로 착용하는 것을 선호한다'를 의미한다.

또 다른 의미적 차이는 부정사가 오면 실제 그 행위를 직접 수행함을 뜻하고, 동명사가 오면 그 동명사의 동사가 나타내는 행위에 대한 일반적인 생각을 나타낸다. 아래 예문이 그 차이점을 잘 보여주고 있다.

I like to ski. (나는 스키 타는 것을 좋아한다.)
I like skiing. (나는 스키를 좋아한다: 스키라는 스포츠를 좋아한다.)

그러나 직접 스키 타는 것을 즐긴다는 의미만을 나타낼 때 미국식 영어는 부정사형을, 영국식 영어는 동명사형을 선호한다.

중학교 영어 교과서에 나온 아래 문장의 동명사 표현이 문장의 내용에 비추어볼 때 제대로 사용되었는지 판단해보자.

I like **painting**. I want to be a painter.

내가 그림 그리는 것을 좋아해서 화가가 되기를 원하는 것이므로, '그림 그리기'를 즐긴다는 측면을 강조하려면 위의 동명사 'painting'은 맞는 표현이다. 하지만 미국식 영어 화지는 아마도 이 동명사를 부정사 'to paint'로 고칠 것이다. 이유는 위에 설명한 직접 스키 타는 것을 즐긴다는 의미만을 나타낼 때 부정사형을 선호한다는 설명을 참고하자.

Summary

부정사	동명사
• 특별한 상황을 전제로 한 표현	• 일반적일 때를 염두에 둔 표현
• enjoy, like, dislike, hate, love, prefer 뒤 → 선호하는 습관적 선택	• enjoy, like, dislike, hate, love, prefer 뒤 → 행위에 대한 일반적인 생각과 즐기는 측면 부각함
• 미국식 영어 화자가 선호하는 표현	• 영국식 영어 화자가 선호하는 표현

운 좋게도 합격했어요!

I got accepted! vs. I was accepted!

아래 대화문은 2018학년도 수능 영어 듣기 문항의 일부이다. 대화의 맥락을 살펴보면 학교 오케스트라에 가입하려고 지원한 화자 W(Rebecca)가 지난밤에 지휘자로부터 합격했다는 문자메시지를 받은 상황이다. 이 소식을 M(Daniel)에게 자랑하려고 아침 일찍 전화하고 있다. 문장의 전후 맥락에 어색함은 없는지 판단해보자.

M: Hey, Rebecca? What's up? You're calling **early** in the morning.

W: Sorry, Daniel. I need to tell you something. Do you remember I **applied for** the school orchestra?

M: **Of course**. Did you hear anything from the director?

W: Yes. I got a text message from him last night. I **got accepted**!

아마도 한국에서 중등교육을 받은 사람 대부분은 이 문장에 오류가 있음을 인식하지 못할 것이다. 하지만 화자 M의 첫 번째 대화의 'early'를 '**pretty early**'로 고쳐야 자연스러워진다. 대화 맥락으로 보면 화자 M이 조금 일찍 전화했음을 짐작할 수 있다. 이런 기분을 명확히 나타내려면 'pretty', 'very'와 같은 강조표현과 함께 'early'를 수식해야 자연스러운 표현이 된다.

또한 화자 W의 첫 번째 대화에서 'applied for'를 '**tried out for**'로 고쳐야 한다. 오케스트라와 같은 단체의 단원이 되기 위해 가입하거나 지원하는 것은 'apply for'가 아닌 '**try out for**'라고 해야 한다. 대학의 입학허가를 신청하는 것과 같은 'apply for'의 사용은 해당 맥락과 어울리지 않는다.

그리고 M의 두 번째 대화 '**Of course.**'는 '**Yes.**'로 바꾸어야 한다. 어떤 질문에 'of course'로 답을 하면 그 질문이 너무나 당연해서 질문할 가치도 없는 것을 물어보는 듯한 느낌을 주어 질문한 상대방을 무시하는 결과가 될 수도 있다. 그래서 이런 부정적인 느낌이 없는 'yes'로 바꾸는 것이 좋다('of course'의 용법에 대한 내용은 'Chapter 6 p.371, 물론이죠!'에 상세하게 설명해놓았다).

마지막으로, 예문의 핵심내용인 합격했다는 의미로 쓰인 영어 표현은 맥락에 어울리지 않는다. 그 이유는 '**got accepted**'라는 표현이 전달하는 의미 때문이다. 주어(Rebecca)는 오케스트라의 단원이 될 만한 실력이 충분하지 않지만 운 좋게 합격할 수 있었다는 의미를 내포하고 있다. 이런 의미를 제거하고 단순히 단원으로 합격한 사실을 전달하려면 '**was accepted**'라고 해야 한다. 이 두 표현은 흔히 말하는 'get'-수동태와 'be'-수동태에 속하는 표현이다. 이러한 수정사항을 반영하면 아래와 같이 정리할 수 있겠다.

M: Hey, Rebecca? What's up? You're calling **pretty early** in the morning.

W: Sorry, Daniel. I need to tell you something. Do you remember I **tried out for** the school orchestra?

M: **Yes**. Did you hear anything from the director?

W: Yes. I got a text message from him last night. I **was accepted!**

이제 'get'—수동태와 'be'—수동태의 쓰임이나 의미적 차이를 좀 더 상세히 살펴보자. 우선 **'get'—수동태** 표현은 'be'—수동태의 표현보다 **부정적이거나 바람직하지 않다는 느낌**이 더 강하고, 주어는 동사구가 나타내는 사건의 영향을 받아 **변화를 겪거나**, 해당 동사구가 나타내는 상황에 대하여 **주어의 개입이나 책임의 정도가 강함**을 나타낸다. 또한 **'get'—수동태**는 **결과에 초점**을 두고 있는 반면, **'be'—수동태**는 상대적으로 **과정에 초점**을 둔 표현이다. 아래 예문을 통하여 이러한 용법의 차이를 확인해보자.

❶ **'get'—수동태** 표현은 **'be'—수동태** 형식의 표현보다 나쁜 일이 발생했음을 훨씬 더 강하게 나타낸다. 다음 예문이 그러한 기능을 잘 보여주고 있다.

Our grant **got/was cancelled**.

(우리 보조금 지급이 취소당했어/되었어.)

They've worked there for three years but they still **got/was** sacked.

(그들은 거기서 3년 동안 일을 했어도 여전히 실직을 당했다/상태다.)

He feels his paintings are always **getting/being criticized**.

(그는 자신의 그림이 늘 악평을 당하고/악평되고 있다고 느낀다.)

Muslims **got/was** religiously **discriminated** in western countries.

(무슬림들은 서방국가에서 종교적으로 차별을 당했다/차별받았다.)

위 예문에서 'get'−수동태 표현은 주어가 어려움을 당하고 있음을 강하게 표현하고, 'be'−수동태 표현은 단순히 주어에게 발생한 일을 기술하고 있음을 알 수 있다. 따라서 '∼을 당하다'라는 한국어 표현은 대체로 'get'−수동태 형식으로 표현할 수 있다.

❷ 이들 두 표현 형식의 또 다른 의미적 차이점은 'get'−수동태는 'be'−수동태보다 해당 동사구가 나타내는 사건에 의도적으로 관여하였음을 훨씬 더 강하게 표현한다는 것이다. 아래 예문은 그런 차이점을 잘 보여준다.

Go and **get checked** out at the medical center.

(병원에 검진 받으러 가세요.)

Go and **be checked** out at the medical center

(병원에서 검진을 받으세요.)

John deliberately **got arrested** by the police. (John은 의도적으로

경찰에게 체포되었다.)

John deliberately **was arrested**
by the police. (John은 의도적으로
경찰에 의해 체포되었다.)

위의 두 쌍의 예문에서 'be'–수동태 표현이 다소 어색한 것은 경찰이
주어 John을 체포하는 사건에 John은 전혀 관여하지 않았음을 나타
내는데 "의도적으로"란 의미를 가진 부사와 같이 사용되기 때문이다.
반면 'get'–수동태는 위에서 설명한 것처럼 주어의 의도적 관련성을
잘 나타내어 적합한 표현이라고 할 수 있다.

❸ If you happen to be **lucky enough to get accepted** to more
than one college, how would you like to choose?
(운이 좋아서 하나 이상의 대학에 합격한다면, 어떻게 선택하시겠습니까?)

예문에서 'get accepted' 대신 'be accepted'라고 하지 않은 이유는
여러 대학에 한꺼번에 입학 허가를 받은 것이 순전히 주어의 능력 때
문이 아니라, 어느 정도 운이 좋아서 입학 허가를 받았다는 느낌을 표
현하기 위해서다.
아래의 두 표현도 첫 번째 **'get'–수동태**는 Joan이 그 자리에 지명된
것이 어느 정도 운이 있었음을 두 번째 **'be'–수동태**보다 훨씬 더 강하
게 표현하고 있다.

Joan **got appointed** for the job.

Joan **was appointed** for the job.

❹ 'get'–수동태는 결과에 초점을 둔 표현이고, 'be'–수동태는 과정에 초점을 둔 표현이라는 점은 다음 두 의문문에서 확인할 수 있다.

How did the files **get stolen**?
- How come the files are gone?
- How come the information is known to our enemy now?

How **were** the files **stolen**?
- How was the action of stealing the file carried out?
- How did they manage to steal the files?

위의 첫 번째 의문문은 "왜 그 파일이 사라졌는가?", "그 파일의 정보가 왜 현재 적들의 손에 들어가게 된 결과를 초래했는가?"라고 묻고 있다. 다시 말해 없어진 결과에 초점을 두고 묻고 있다. 반면, 두 번째 "be"–수동태 의문문은 "그 파일을 어떻게 훔쳐갔는가?"라는 의도로 파일이 없어진 그 과정이 어떻게 발생했는지에 초점을 둔 표현이다.

❺ 또 다른 'get'–수동태 표현과 'be'–수동태 표현이 가질 수 있는 차이는 이 수동문의 주어가 동사구가 나타내는 사건에 의해서 (물리적인) 변화를 겪어 처음과 달라지는 경우는 'get'–수동태'로 표현되고, 변화가 발생하지 않을 때는 'be'–수동태 형식으로 표현된다. 아래 예문에서

그 차이를 확인할 수 있다.

The lesson *got/was **read** by the choirboy.

The poem *got/was **written** by the poet.

The poem got/*was **rewritten** by the poet.

위의 마지막 예문에 사용된 동사 'rewrite'는 완전히 원래 시를 다시 개작하는 것이다. 시가 개작되면 원래 시가 변화를 겪게 된다. 반면, 시를 읽거나 쓴다고 해서 그 시가 변화를 겪지 않기 때문에 동사 'read', 'write'는 'get'–수동태로 사용되지 않지만 'rewrite'는 'get'–수동태 형이 가능하다.

❻ 다음 예문처럼 상태 동사는 'get'–수동태 형식으로 표현될 수 없다.

It was *got/**was believed** that the document was a forgery.

(그 문서가 위조되었다고 믿기지 않았다.)

Obviously, the manager *got/**was feared** by most of the staff.

(분명히, 그 관리자는 대부분의 직원들이 두려워한다.)

The village got **surround by** troops.

(그 마을은 군대에 의해서 포위당했다.)

The village was **surround with** tall stout trees.

(그 마을은 크고 건장한 나무들로 둘러싸여 있다.)

첫째와 둘째 예문의 동사 'believe'와 'fear'는 전형적인 상태 동사이다. 이 동사는 'get'–수동태 형식으로 표현되지 않는다. 그리고 마지막 예문도 마을이 둘러싸여 있는 상태를 나타내기 때문에 'get'-수동태 형식으로 잘 어울리지 않는다. 세 번째 예문은 동사 'surround'가 군대들이 마을로 진입하여 포위한 동적인 사건을 나타낸다면 당연히 'get'-수동태 형식으로 표현될 수 있음을 보여준다.

이러한 차이점 외에도 **'get'-수동태**는 **'be'-수동태**에 비해 비격식 체 표현 방식이다.

Summary

get-수동태 vs. be-수동태

❶ 'get'-수동태 표현은 'be'-수동태 형식의 표현보다 나쁜 일이 발생했음을 훨씬 더 강하게 나타냄

❷ 'get'-수동태는 'be'-수동태에 비해 해당 사건에 주어가 훨씬 더 능동적으로 관여하고, 의도적인 관련성을 나타냄

❸ 'get'-수동태: 해당 사건의 결과에 초점
'be'-수동태: 동사구가 나타내는 사건이 형성된 과정에 초점

❹ 주어가 변화를 겪어 달라진다는 점을 부각시키고자 할 때 'get'-수동태를 사용함
변화가 발생하지 않을 때는 'be'-수동태 형식으로 표현

❺ 상태 동사는 'get'-수동태의 형식으로 표현되지 않음

그녀에게 생일 선물을

get her a birthday gift vs. get a birthday gift for her

언어의 가장 중요한 기능은 의사소통을 위한 정보전달의 매개체 역할을 하는 것이다. 언어라는 수단 없이 정보전달은 상상할 수 없다. 인간의 언어든 전산에서 사용하는 인공언어 혹은 어떤 체계든 정보전달의 역할을 하는 것을 모두 언어라고 할 수 있다. 인간 언어의 큰 특징 중의 하나는 전달하고자 하는 정보를 표현할 때 정보 가치가 높을수록 해당 표현 내에서 뒤에 위치하게 된다. 이러한 특징은 영어와 한국어 모두에 공통으로 적용된다.

아래 대화문은 중학교 영어 교과서에 실린 표현이다. 앞서 설명한 정보 가치에 따른 어순 원칙에 근거하여 Yuri의 어순 표현이 올바른지 판단해보자.

Jaden: Can we go shopping together for a baseball cap for a girl?

Yuri: Yes, of course. Who is it for?

Jaden: It's for my little sister Kate.

Yuri: Oh, are you **getting her a birthday gift**?

Jaden: No, her birthday isn't until October.

Yuri: Then, why are you **getting a baseball cap for her**?

어순의 자연스러움을 판단해보면 첫 번째 표현은 문제가 없다. 대명사인 'her'가 부정명사구인 'a birthday gift'보다 앞에 와서 정보 가치에 따른 어순상의 문제가 발생하지 않는다. 그런데 두 번째 표현은 어순이 잘못되었다. 정보 가치가 높은 부정명사구 'a baseball cap'이 정보 가치가 낮은 대명사 'her'보다 앞에 와 있다. 상대적으로 정보 가치가 낮은 대명사 'her'를 정보 가치가 높은 'a baseball cap' 앞에 두어 'getting her a baseball cap'이라고 표현해야 한다.

이런 방식의 어순 정렬을 문미 비중의 원리(principle of end-weight)라고 언어학에서는 명명한다. 아마 우리나라 중고등학교에서는 문장 4형식을 3형식으로 바꿀 때 수여동사 바로 다음에 간접목적어가 오게 하려면 전치사 'for, to, of'를 동사의 종류에 따라 선택해서 쓰면 같은 의미가 된다고 가르치고 배우고 있을 것이다. 문법적인 문제는 발생하지 않지만, 문맥상 의미 전달과 듣는 사람의 판단에 따른 문미 비중의 원리는 중요한 요소가 된다.

정보 가치에 따른 어순 결정 원칙을 근거로 다음의 의문문 중 어느 것이 옳은지 판단해보자.

You will write who (a letter). ➡ Who will you write?

You will write (a letter) to who. ➡ Who will you write to?

두 의문문은 각각의 왼쪽 표현에서 출발했다고 볼 수 있다. 보통 의문사 의문문은 의문사에 해당하는 것이 정보 가치가 가장 높다. 따라서 오른쪽 의문사 의문 중 정보 가치 원칙에 부합하는 의문문은 두 번째 의문문이다.

첫 번째 의문문은 적어도 'What will you write someone?'과 같은 의문문이 되어야 한다. 'Who will you write?'와 같은 의문문 표현은 영어에서 사용되지 않는다. 이렇게 부자연스러운 의문문도 중학교 영어 교과서에 버젓이 쓰이고 있다. 아래 문장 역시 중학교 영어 교과서의 표현이다.

Please give me your e-mail address. I'll **write to you often**.

'write to you often'은 정보 가치에 따른 어순으로 볼 때 잘못되었다. 'write you often'으로 수정해야 한다. 교과서 표현 '**write to you often**'은 두 표현이 정보 가치가 높게 어순이 배치되었다. 우선 'to you'는 수여동사 'write'가 가질 수 있는 두 가지 문형 중 간접목적어를 전치사구로 표현하여 직접목적어보다 뒤에 둔 경우이다. 그것은 다른 사람이 아닌 너에게 편지를 쓴다는 식으로 '너에게'가 높은 정보 가치를 가질 수 있게 표현되었다. 그리고 그 뒤에 'often'이란 표현을 위치시켜 '자주' 편지를 쓰겠다는 다짐이 'to you'라는 정보 가치가 높은 표현 때문에 그 정보의 중요성이 희석되어 해당 맥락에 부합되지 않는다. 따라서 이런 정보 가치의 충돌을 피하려면 '**write you often**'으로 바꾸어야 한다.

　대화 상대자가 궁금한 것을 해결해줄 수 있는 정보는 정보 가치가 높고, 이미 알고 있는 정보는 정보 가치가 낮거나 미미하다 할 수 있다. 이런 정보 가치에 따른 어순의 변화는 수여동사의 문형에서만 나타나는 것은 아니다. 아래 사례가 보여주듯이 명사구에서부터 문장 내 부사구의 위치 변화, 능동태와 수동태의 변환, 복합문에서 종속절과 주절의 어순 등 모든 영어 표현은 이 원칙에 의해서 어순이 결정된다고 해도 과언이 아니다.

　명사구의 어순배열과 정보의 가치 높낮이 관계를 설명하면 다음과 같다.

❶ American history ⇔ history of America

　Chinese culture ⇔ culture of China

　'American history'는 미국의 (문화, 교육과 같은 문제가 아닌) '역사'를 강조한 표현이고, 'history of America'는 다른 나라 역사가 아닌 '미국'의 역사를 표현하고 있다.

❷ Yesterday Mary met the boy **at a restaurant**.

　⇔ Mary met the boy at a restaurant **yesterday**.

　부사 'yesterday'와 'at the restaurant'의 위치가 각각 다르다. 첫 번째 예문은 "Yesterday, where did Mary meet the boy?"라는 질문의 대답으로 적합한 표현이고, 두 번째 예문은 "When did Mary meet the boy at the restaurant?"과 같은 질문의 대답으로 적절한 표현이다. 첫 번째 예문에서 'at the restaurant'이 정보 가치가 가장 높은 표현이고, 두 번째 예문에서는 당연히 'yesterday'의 정보 가치가 가장 높다고 할 수 있다.

❸ Beavers build dams. ⇔ Dams are built by beavers.

능동태로 표현된 문장은 '수달이 강에 댐을 짓는다.'라는 주장을 나타낸다. 반면, 수동태로 된 표현은 '댐은 수달에 의해 지어진다.'라는 주장을 나타낸다. 첫 번째 주장은 현실 세계와 부합할 수 있지만, 두 번째 주장은 현실 세계에 적용되지 않을 수도 있다. 댐은 사람들이 만드는 것이 일반적이므로 수달에 의해 지어진다는 주장은 현실 세계와 부합되지 않기 때문이다.

❹ If Peter is successful in getting 90 points in the exam, he will get an A.

⇔ He will get an A.

if Peter is successful in getting 10 points in the exam.

복합문에서는 종속절의 위치가 주절 앞에 올 수도 있고, 뒤에 올 수도 있다. 일반적으로는 종속절이 주절을 선행한다. 특히 'if-'절은 주절을 선행하는 경향이 강하다. 그 이유는 복합문의 주제어 역할을 하기 때문이다. 주제어는 늘 정보 가치가 낮다. 만약 이 'if-'절이 두 번째 문장처럼 주절 뒤에 오면 그 정보 가치가 높아지게 된다. 이 경우 "Under what condition can he get an A on the exam?"과 같은 의문문의 답으로 적합한 표현이다.

Summary

문미 비중의 원리(principle of end-weight)

❶ 어떤 특정 표현을 구성하고 있는 표현의 어순은 뒤에 위치할수록 정보 가치가 높고 관심이 집중된다.

❷ 중요하고 정보 가치가 높은 것을 상대적으로 그렇지 않은 표현보다 뒤에 둔다 (principle of end-weight). 이 원칙에 의해서 능동태와 수동태, 부사의 문장 내 위치, 복합문에 있어 종속절과 주절의 위치가 결정된다.

❸ 수여동사구 내의 어순에서 사물을 나타내는 표현의 정보 가치를 높게 하려면 '수여동사+간접목적어+직접목적어' 문형을 사용해야 한다.

❹ 수혜자를 나타내는 표현의 가치를 높게 하려면 '수여동사+직접목적어+전치사 +간접목적어' 문형을 사용해야 한다.

비가 올 것 같아요!
will vs. be going to

　영어 표현 중 'will'과 'be going to~'는 일상생활에서 사용 빈도수가 높은 말이며, 아주 어린 시절에 습득되는 단어이다. 이 두 표현 모두 한국어 '~할 것이다', '~일 것이다'와 의미가 같다고 배웠고, 지금까지도 그렇게 이해하고 있다. 중학교에서 배운 영어가 이렇듯 공식 외우듯이 학습되었으니, 영어원어민이 자신의 나라로 돌아가 '한국 영어 정말 이상해요.', '한국 영어 진짜 웃겨요!'와 같은 제목으로 책을 출판하고 한국 영어를 비판해도 우리는 할 말이 없을 것이다.

　이들 두 표현의 차이를 설명해보면 'will'은 단순히 미래에 어떤 일이 일어날 것이라는 견해를 기술할 때 사용되고, 'be going to~'는 현재의 징후에 근거하여 어떤 일이 발생할 것이라는 예측을 할 때 사용된다고 할 수 있다. 그리고 'will'은 미래에 발생할 것에 대한 요구, 제의, 약속 등에 대한 약한 의지를 나타내지만, 'be going to~'는 현재 의도에 근거한 미래 사건을 나타낸다. 이런 차이점을 간과하고 이들 두 표현을 제대로 사용하지 않으면 매우 이상한 표현이 되고 말 것이다.

이런 차이점을 기억하고, 중학교 1학년 영어 교과서에서 발췌한 아래 문장에서 'It'll'이 맥락에 맞게 사용되었는지 생각해보자. 무엇이 문제일까?

G: Dad, today is my trip to Jeonju.

M: Yes. Did you check the weather forecast for Jeonju?

G: Yes, I did. **It'll** be sunny and hot today.

날씨를 예상하는 표현을 한 G의 마지막 대화에서 'It'll'을 'It's going to'로 바꾸어야 한다. 그 이유는 소녀가 일기예보에 근거해서 날씨를 예상하기 때문이다. 교과서 표현은 자기 생각에 근거하여 날씨를 예측하는 단순한 표현이다. 실제 방송에서는 기상예보를 할 때 다음과 같이 'will'을 사용하여 표현한다.

There **will** be rain over southern England during the night.

(밤 동안 영국 동부지역에 걸쳐 비가 올 것입니다.)

The fog **won't** clear until there's a wind to blow it away.

(안개가 바람에 날아가고 나면 맑아질 것입니다.)

'be going to~'의 경우 현재 원인이나 징후에 근거하여 예측하는 미래의 사건을 표현할 때 사용한다. 다음과 같은 표현이 전형적인 'be going to~'의 쓰임의 예이다.

Look at the black clouds in the sky; it's **going to** rain!
(하늘에 먹구름을 보세요. 곧 비가 올 것입니다.)

will vs. be going to~
- **be going to~** → 미래 사건을 표현할 때 미리 결정한 미래 사건이나 현재 원인과 징후에 근거하여 일어날 사건을 예측할 경우 사용
- **will** → 앞으로 발생할 일에 대한 단순 예측이나 견해를 나타낼 때 사용

문장의 맥락을 고려하여 중학교 영어 교과서에 나온 아래 대화문에 'It'll'이 제대로 쓰인 표현인지 판단해보자.

W: Kevin, are you ready for your school trip to Gyeongu today?
B: Yes, Mom. I'm so exited. **It'll** be so much fun!

Kevin이 경주로 수학여행을 가는 것이 위의 대화의 맥락이다. 여행이 매우 재미있을 것이라고 표현하려면 단순한 견해를 표현하는 'will'대신 수학여행에 대한 여러 다양한 정보 등에 근거한 예측을 표현하는 것이 자연스럽다. 따라서 'be going to~'를 사용하여 위의 대화문을 아래와 같이 수정해야 할 것이다.

W: Kevin, are you ready for your school trip to Gyeongu today?

B: Yes, Mom. I'm exited. **It's going to be a lot of** fun!

위의 대화문의 오류에 대하여 더 살펴보면 'so'를 없애거나 'very'와 같은 강조표현으로 바꾸어야 한다. 그 이유는 'so'가 기본적으로 나타내는 의미는 '그만큼'이라는 정도를 나타내기 때문이다. 따라서 이 강조표현이 제대로 사용되려면 그 정도를 나타내는 표현이 존재해야 한다.

흔히 우리가 알고 있는 구문 'so~ that~'은 'that~'절이 그 역할을 한다. 만약 이런 정도를 상술하는 표현 없이 사용되면 비논리적인 표현이 되고, 'so'는 그 정도가 불명확한 맥락에서 마구 사용되어 어린 아이들이 특별한 근거 없이 습관적으로 강조하는 말투처럼 들릴 수 있다. '참 좋아(so good)', '정말 예쁘네(so beautiful)', '엄청 이상해(so funny)'처럼 어린아이의 말투가 되는 느낌을 줄 수 있으므로 앞뒤 맥락을 살펴 주의 깊게 사용해야 한다.

Kids, come and sit down. We'll have dinner.

(애들아, 모두 여기 와서 앉으렴. 곧 저녁을 먹을 거야.)

영어 교과서에 나온 위의 표현에서 'will'의 축약형은 바르게 사용되었을까? NO! 뒤에 나온 문장을 'We're going to have dinner.'로 고쳐야 한다. 즉흥적으로 아무 준비 없이 '저녁을 먹을 거야'라고 하지는 않는다. 즉 저녁 준비를 하고 완료된 상황이 되었을 때 하는 말이다. 따라서 저녁 먹는 사건이 발생하기 전에 이미 이것이 의도되어 있었기 때문에 당연히 'be going to have dinner'라고 표현해야 한다.

아래 대화문에서 'be going to~'와 'will' 쓰임을 좀 더 살펴보자. A와 B는 친구 사이이며, C는 점원이다.

A: I'm going to have an Old timer burger with cheese.

B: Right, I'm going to have a vegetarian burger with barbecue sauce on it.

A: I'll have the deep fried mushrooms with an Old timer burger. Can I have cheese on it?

C: Certainly!

B: And I'll have a vegetarian burger with barbecue sauce.

식당에서 친구 사이인 A와 B는 'I'm going to have~'라는 표현을 사용하여 자신이 어떤 햄버거를 먹을 것인지 이미 정했음을 말할 수 있다. 그러나 점원에게 주문할 때는 'I'll have~'라는 표현을 사용하고 있다. 점원에게 'be going to have~'라는 표현을 사용하지 않은 이유는, 자신들이 무엇을 먹을 것인지 이미 정했다는 정보를 알려주는 것은 친구끼리는 자연스러워도 점원에게는 어색한 표현이 되기 때문이다. 따라서 단순미래 사건을 표현하는 'I'll have~'를 사용하여 주문하고 있다.

거의 모든 중학교 영어 교과서에 이 두 표현을 잘못 사용한 사례들을 적지 않게 찾아볼 수 있다. 이 표현들은 사용 빈도수가 매우 높음에도 불구하고 그 정확한 쓰임을 영어 교과서 집필자들조차 제대로 습득하고 있지 않다는 것은 매우 아쉬운 점이다.

누구나 군대에 가야 합니다

must vs. have to

대부분의 우리나라 사람들은 학교 영어시간에 'must'와 'have to'는 공히 "강한 의무감"을 나타낼 때 사용하는 조동사로 배웠을 것이다. 제목에서도 감을 잡았겠지만 실제로 이 두 조동사는 의무감을 나타낸다는 점에는 같지만, 그 의무감을 부여하는 것이 누구인지에 따라 구분되어 사용된다. 아무런 차이점이 없는 것처럼 영어시간에 배웠고, 그 이후 그 차이점을 배울 수 있는 기회가 주어지지 않았다면 우리나라 사람들은 이 두 조동사를 올바르게 사용하지 못할 것이다. 이런 종류의 오류를 유도된 오류(induced error)라 하고 평생 고쳐지지 않고 화석화된다는 점에서 심각하다. 이 두 조동사의 실제 용례를 통해 차이점을 살펴보자.

한국의 남자는 특별한 경우를 제외하고 정해진 기간 동안 군복무를 해야 한다. 이 병역의무를 영어로 표현하면 다음과 같다.

Korean male citizens **must** serve in the military for a certain period of time.

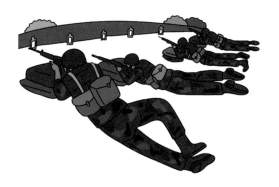

위 문장의 'must'는 의무를 나타낼 때 쓰이는 조동사이다. 이와 유사한 의미가 있는 조동사로 'have to'가 있다. 아래의 예문은 북한의 병역의무 유형을 소개한 사이트에서 발췌한 것이다. 밑줄친 'must'와 'have to'는 거의 같은 의미로 사용되고 있음을 알 수 있다.

In North Korea, military service is compulsory for both men and women. Men **have to** complete 10 years in the military service. On the other hand, since 2015, North Korean women **must** serve in the military from the time they graduate from high school until they attain the age of 23.

(북한에서 병역은 남녀 모두에게 의무적이다. 남성은 10년을 복무해야 한다. 반면, 2015년부터 북한 여성들은 고등학교 졸업 후 23세가 될 때까지 군 복무를 해야 한다.)

그런데 아래 각 쌍의 예문에서 확인할 수 있듯이 이들 두 조동사 'must'와 'have to'의 의미는 약간의 차이를 보인다.

- I **must**/have to study hard.; I want to pass the exam.
  (나는 열심히 공부해야 합니다. 그 시험에 합격하기를 원합니다.)
- My doctor keeps telling me that I **have to**/must quit smoking.
  (나의 주치의는 내가 담배를 끊어야 한다고 계속해서 충고합니다.)

- This is a terrible concert. We really must/**have to** go home.
  (이건 형편없는 연주회입니다. 우리는 진짜 집에 가야겠어요.)
- This is a wonderful concert, but we **must**/have to go home because of the baby-sitter.
  (이 연주회는 아주 멋집니다. 그러나 보모 때문에 집에 가야 합니다.)

위와 같은 차이에 근거하여 대부분 영문법 학자들은 'must'는 화자 자신이 부여한 의무(the obligation from the speaker)를, 'have to'는 외부의 상황에 의해 부가된 의무(the obligation from outside)를 각각 나타낸다고 주장한다.

이에 따르면, 첫 번째 상자의 첫 문장에서 공부를 열심히 해야겠다는 의무감은 화자 자신에게서 나온 것이기 때문에 'have to'는 어색한 표현이다. 두 번째 문장에서 'must'가 어색한 것은 금연의 의무는 화자 자신이 부가한 것이 아니라 의사에 의해서 부가된 것이기 때문이다.

두 번째 상자의 문장들도 마찬가지로 설명할 수 있다.

중학교 영어 교과서에 나온 아래 대화문의 'must be going now'가 제대로 사용되었는지 판단해보자.

B: How about going to the soccer game tomorrow? My father

bought me two tickets.

G: That sounds great. What time does the game start?

:

G: What time shall we meet?

B: At twenty to three.

G: All right. I **must be going now**.

B: OK. So long.

위 대화문의 맥락을 보면 B와 G가 함께 축구 경기를 보러 가기 위해 내일 2시 40분에 만나기로 했다. G의 마지막 표현은 헤어지면서 "나는 이만 가봐야 해."라는 의미이다. '지금 가봐야 하는' 의무가 어디에서 기인했는지 명시적으로 언급이 되어 있지는 않더라도 화자 자신 스스로 부가한 의무가 아님은 자명하다. 따라서 이런 대화문의 맥락으로 볼 때 'must be going now'를 'have to go now.'로 바꾸어야 자연스럽다. 그리고 이런 의무 발생 원인에 대한 차이 외에도 'must'는 문어적이고 격식을 갖춘 표현이어서 될 수 있으면 대화체에는 'have to'를 사용하는 것이 자연스럽다.

다음 예문에서처럼 'must'는 규정이나 법조문과 같은 문장에 사용되어 구어적으로 사용되는 'have to'보다 훨씬 더 강한 의무를 나타낸다.

To ensure the safety of all passengers, they **must** go through security checks before entering the boarding area.

(보안상 모든 승객은 탑승지역으로 들어가기 전에 보안점검을 거쳐야 한다.)

Candidates **must** have the unrestricted right to work and live in the UK prior to appointment.

(후보자들은 일자리에 보임되기 전에 영국에서 일하고 거주하는데 아무런 제한이 없어야 한다.)

'must'와 'have to'의 또 다른 점은 '**must**'는 **사실에 근거한 확신에 찬 추측 '~임에 틀림이 없다**'를 나타내고, '**have to**'는 **논리적으로 그렇게 될 수밖에 없다는 이론적 필연성**을 나타낸다. 아래 예문을 참고하여 살펴보자.

Someone **must** be telling lies.

(내가 아는 바로는 누군가 거짓말을 하고 있음에 틀림이 없다.)

Someone **has to** be telling lies.

(논리적으로 따져보면 누군가 거짓말하고 있음에 틀림이 없다)

위 문장을 영어로 풀어서 표현하면 다음과 같다. 아래 'that-'절은 사실을 나타내지만 'for-'절은 논리적으로 당연한 것을 나타낸다고 할 수 있다.

It's impossible **that** everyone is telling the truth.

(모든 사람이 다 거짓말하고 있다는 것은 불가능하다.)

It's impossible **for** everyone to be telling the truth.

(논리적으로 모든 사람이 다 거짓말을 할 가능성은 없다.)

그리고 추측을 나타내는 표현인 'must be'의 부정은 'cannot be'가 된다. 또한 '허락되지 않았다'라는 금지의 표현은 'is not allowed to~'가 되고, '~할 필요가 없다'라는 불필요성을 나타낼 때는 'do not have to'를 사용한다.

정중함도 지나치면 결례
May I talk to vs. Can I speak to

전화를 걸어 어떤 상대와 통화하기를 원할 때 흔히 'talk to someone', 'speak to/with someone'이라는 표현을 사용한다. 그런데 상대방을 바꾸어 달라고 하는 요구를 할 때 어떤 태도로 할 것인지에 따라 이 두 표현의 사용이 결정된다. 좀 격식을 차리려고 하려면 'speak to/with someone'을 사용하고, 격식을 차리지 않은 일상적인 태도일 경우 'talk to someone'을 사용한다.

그런데 이런 스타일의 차이에 조동사 'can'과 'may'가 조합이 되면 문제는 좀 복잡해진다. 일반적으로 'may'는 'can'보다 더 격식을 차리거나 더 정중한 요구, 허락 등을 표현하는 것으로 알려져 있다. 이런 차이를 가르치기 위하여 중학교 영어 교과서에 다음과 같은 예문을 제시하고 있다.

May I talk to Mr. Lee, please?

Can I speak to Mr. Lee, please?

이들 두 표현 가운데 후자의 표현은 격식/비격식적(formal/informal) 스타일에 있어 별문제가 없어 보인다. 전자는 조동사 'may'의 용도, 즉 정중한 요구를 할 때 주로 사용된다는 점과 'talk to someone'은 비격식적인 표현이라는 점이 서로 어긋나 매우 어색한 표현이다. 단순히 'may'만 사용하면 전체 문장이 정중한 요구나 허락을 나타내는 것은 아니다. 다른 표현들과 적절히 잘 어우러져야 'may'의 정중함이 제대로 발휘될 수 있다. 기계적으로 'may'만 사용한 다음과 같은 표현도 중학교 영어 교과서에서 발견된다.

May I come to your house after school?

친구에게 "방과 후에 집에 놀러 가도 되니?"라고 묻는 맥락에서 사용된 표현이다. 친구에게 너무 격식을 갖추어서 정중하게 묻는 이와 같은 표현은 오히려 부적절하고 우스꽝스러운 표현이 된다. 이 표현이 부적절한 것처럼 위의 교과서에 나온 두 문장도 'may'와 다른 표현이 어울리지 않는 어색하고 부적절한 표현이라고 할 수 있다.

May I talk to Mr. Lee, please?
May I come to your house after school?

위 두 문장에서 'may'를 정중성의 표현에서 중립적인 'can'으로 대치하면 그 어색함이 해소될 수 있다. 다시 말해, "Can I talk to Mr. Lee, (please)?"는 일상적인 어투로 Mr. Lee와 통화하려는 의향을 표현한 것이다. 그리고 "Can I come to your house after school?" 역시 서로 친한 사이에 할 수 있는 말투로 "학교 마치고 너의 집에 놀러 가도 되니?"라고 묻는 자연스러운 표현이 된다.

Can I talk to Mr. Lee, (please)?

Can I come to your house after school?

Summary

- 정중한 표현을 사용해야 하는 맥락에서 사용할 때 그 정중한 표현이 제대로 전달됨
- may: 상대를 높여 매우 정중하게 부탁을 할 때 어울리는 표현
- can: 여러 상황에 중립적임
- talk to~: 대화자가 상호 동등함을 전제하는 일상적인 말투
- speak to~: 주어는 대화 상대보다 사회적으로 우위에 있으며, 비교적 격식을 갖춘 의사소통 행위 표현
- May I talk to~?, Can I speak to~?: 어색한 표현
- Can I talk to~?, May I speak to~?: 자연스러운 표현

날 사랑하잖아요?
Don't you love me? vs. Do you love me?

중학교 영어 교과서에 나온 아래 예문은 화자가 위험에 처하여 곧 죽게 될 상황에서 모르는 사람에게 도와달라고 요청하는 영어 표현이다. 이를 바탕으로 해서 부가의문문의 설명을 살펴보자

Don't you love me? Please help me.

이런 맥락과 부정의문문 형식의 표현은 어울리지 않는다. 한국어에서도 부정의문은 대체로 화자가 그 부정문이 나타내는 것과 반대인 긍정적인 상황을 확신하고 있고, 그것을 재차 확인하는 기능을 한다. 따라서 **부정의문으로 묻는 화자는 상대방으로부터 긍정의 답을 기대**한다.

영어에서도 부정의문의 기능은 그 점에서 대동소이하다. 하지만 위의 예문과 같이 도움을 요청하는 맥락에서 상대가 꼭 도와줄 것이라 확신하는 듯한 표현으로 도움을 요청하는 것은 무례한 표현이 된다. 이 표현은 상대에게 선택의 여지를 주지 않고 반드시 자신을 도와달라고 하는 압박으로 들릴 수 있기 때문이다.

상대에게 선택의 여지를 주지 않고 요구하거나 물어보는 경우는 흔히 그 상황이 상대에게 이로울 경우다(예: 음식 권유. 상대 역시 동의할 수 있는 상황을 감탄어조로 표현).

Won't you have some pizza?
Won't you come in for a minute?
Isn't it a beautiful day?

사실 상대방에게 이로운 것을 권할 때는 이보다 더 선택의 여지가 없는 명령문으로 표현해서 "Have some pizza!", "Come in for a minute!"처럼 부정의문문보다 더 강하게 표현할 수 있다. 그와 달리 부정의문문은 이런 긍정적 상황에 대한 화자의 기대가 실제로는 정반대의 상황인 것 같아 실망스럽거나 화가 난다는 복합적인 화자의 태도를 표현한다.

맥락에 따라 위의 두 가지 상반되는 태도는 다르게 드러날 수 있다. 예를 들어, "아직 내 문자를 무시하고 있다, 이거지?"를 영어로 옮기면 "Haven't you read/ignored my text messages yet?"로, "지금쯤 그 일을 다 끝내야 하잖아?"는 "Aren't you supposed to have the work done by now?"로 표현할 수 있을 것이다. 이와 같은 부정의문은 아직 이루어지지 않은 것에 대한 화자의 비난 섞인 실망이나 화난 감정을 주요하게 표현한다고 할 수 있다.

한편, 이러한 화자의 두 가지 태도를 배제하고 정중하게 묻는 표현법으로 부가의문문이 있다. 이는 부정의문에 나타난 무례한 어감을 빼고, 화자 자신이 가진 확신이나 기대를 확인할 수 있는 방식의 표현이다. 위의 부정의문을 부가의문문으로 바꾸면 아래와 같다.

You haven't read my text messages yet, have you?
You are supposed to have the work done by now, aren't you?

위의 부가의문문은 "아직 내 메시지를 읽지 않았지요, 그렇죠?"이며, "그 일을 지금쯤 다 끝냈어야 했지요, 그렇지 않나요?"와 같이 정중하게 자신의 기대를 확인하는 표현이다. 따라서 위에서 언급한 영어 교과서 표현 "Don't you love me?"는 "You love me, don't you?"와 같이 부가의문문으로 바꾸는 것이 해당 맥락에 어울린다.

중학교 영어 교과서에는 다음과 같이 부정의문문도 보인다. 친구에게 오후에 영화 보러 갈 거라고 하면서 "Don't you like movies?"라고 물어보며 부정의문문으로 표현하고 있다. 이런 부정 의문의 화자는 상대가 영화를 좋아한다고 이해하고 있으나, 실제로는 영화를 좋아하지 않는 것처럼 행동할 때 그 반대되는 상황에 대한 의문을 해소하기 위해 사용한다.

그런데 영화를 같이 보러 가자고 제안하려는 맥락에서 실제로 상대가 영화를 좋아하지 않는다는 느낌을 화자가 가지고 있다는 것을 표현하는 부정의문문은 어색하게 들리게 된다. "Do you like movies?"처럼 단순 의문문을 사용하거나, "You like movies, don't you?"라고 부가의문문을 사용하여 영화에 대한 상대의 의견을 묻는다면 자연스러운 표현이 될 것이다.

자주 마시는 맥주, 많이 마시는 맥주
Texans **often** drink beer in summer. vs.
Texans drink beer **often** in summer.

무더운 여름날, 몹시 갈증이 날 때는 물보다 얼음처럼 시원한 맥주가 갈증 해소에 더 도움이 된다. 아래 표현은 영어원어민 화자들이 자연스럽게 쓰는 대화 중 한 부분이다.

On a scorchingly hot summer day, you can't **beats** a cold beer!

= Nothing **beats** a cold beer!/A cold beer **beats** anything!

(이렇게 타는 듯이 무더운 여름날은 맥주만한 것이 없지.)

20세기 초(1909년)에 미국 텍사스로 이주해온 독일과 체코 이민자들은 더운 날 고국에서 마시던 맥주 생각이 간절 해서 Texas의 'Shiner'라는 작은 도시 에 맥주 양조장을 만들었다. 그 양조 장에서 생산해낸 맥주가 위의 'Shiner Bock'이다. 이 맥주는 텍사스 사람들

이 가장 즐겨 마시는 맥주이다. 'Shiner Bock' 이외에도 'Lone Star'라는 맥주 역시 텍사스에서 생산되는 인기 있는 맥주다.

이름난 맥주가 있는 만큼 텍사스 사람들이 맥주를 자주 마시는 것은 당연지사! 영어로 '텍사스 사람들은 여름날 맥주를 자주 마신다.'를 표현해보면 아래와 같이 말할 수 있다.

Texans **often** drink beer in summer.
Texans drink beer **often** in summer.

위의 예문에서 'often'은 어떤 사건의 빈도가 얼마나 되는지를 나타내는 빈도 부사다. 영어의 빈도 부사와 상응하는 우리말의 빈도 부사와 짝을 짓고, 그 빈도의 높고 낮음을 비교하면 다음과 같다.

always(늘, 항상)＞usually(일상적으로)＞frequently(빈번하게)＞often(자주)＞sometimes(종종)＞occasionally(때때로)＞rarely(드물게)＞seldom(좀처럼)＞hardly ever(거의)＞never(결코)

단지 필자의 언어 직관에 의존하여 연결해보았을 뿐, 엄격히 말해서 한국어의 빈도 부사와 영어의 빈도 부사가 제대로 연결되었는지 객관적인 확신은 없다. 그런 만큼 '종종', '자주', '때때로', '이따금'과 같은 우리말 빈도 부사는 그 빈도가 어느 정도 되는지 명확히 특정할 수 없다. 아마 영어의 경우 'frequently'와 'often'을 거의 같은 정도의 빈도를 나타낸다고 판단하는 영어원어민들도 있는 것을 보면 영어 빈도 부사의 정도 역시 특정하기 힘들 것이다. 이런 특성 때문에 이들을 '부정 빈도 부사(indefinite frequency adverbs)'라고 한다.

빈도 부사가 문장에서 올 수 있는 위치는 주어와 동사 사이, 동사구 뒤 혹은 문장 끝에 올 수 있다. 이 빈도 부사의 위치에 따른 차이를 정리하면 다음과 같다.

- 주어와 동사 사이의 빈도 부사 ➡ 해당 동사구가 나타내는 행위가 다른 행위와 비교해서 발생하는 빈도를 나타냄
- 동사구 뒤에 오는 빈도 부사 ➡ 해당 동사구가 나타내는 행위가 주어진 기간 내에 발생한 빈도를 나타냄

위의 예문 첫 번째 문장에서 'often'은 텍사스 사람들이 맥주 마시는 일이 잦다는 의미가 있다. 파티에서 다른 음료수를 마실 수도 있겠으나, 텍사스 사람들은 맥주를 마신다는 의미이다. 결과적으로 **많은 텍사스 사람들이 맥주를 마신다**는 의미가 있다. 반면, 두 번째 문장에서 'often'은 맥주를 자주 마신다는 의미가 있다. 그래서 **텍사스 사람들은 맥주를 많이 마신다**는 의미를 유발한다. 텍사스 사람들은 맥주 마시는 것이 일상적인 일이라는 의미다. 식사 자리, 운동 경기, 친구와 대화 자리, 야외 음악회 등에서 자주 맥주를 마신다는 의미를 내포한다. 이렇게 'often'이 문장 내에서 오는 위치에 따라 문장 전체의 의미가 달라질 수 있다.

한편, 'frequently'와 'often'은 빈도 차이 외에도 다른 의미 차이를

보인다. 이 차이를 알아보기 위해 우선 아래 대화문의 'often'이 해당 맥락에서 자연스러운지 판단해보자(2018학년도 수능 영어 듣기 문항 지문 중 일부).

M: Does it (a jacket) need to be waterproof?

W: Of course. It's really important because it **often** rains in the mountains.

산악지역에는 눈 내리는 상황, 안개가 심한 상황 등 여러 가지 기상 상황이 있을 수 있다. 이 상황 중 위의 대화문의 'often'은 비가 오는 상황이 될 빈도가 '자주'라는 것이다. 실제로 이런 상황에도 외투가 방수일 필요는 있지만, 갑자기 비가 왔다 그치기를 반복하는 변화가 심한 산악의 기상 상황에 방수기능을 가진 기능성 외투(a utility jacket)가 더 필요할 것이다. 이런 맥락으로 보면 위의 예문은 'often' 대신 'frequently'를 동사구 뒤에 사용하여 아래와 같이 수정해야 한다.

M: Does it (a jacket) need to be waterproof?

W: Of course. It's really important because it rains **frequently** in the mountains.

위의 'it rains frequently in the mountains'라는 표현은 산악지역은 비가 오다가 그치고, 다시 비가 반복되는 시간의 간격이 매우 짧아 비가 빈번히 온다는 의미가 있다.

중학교 영어 교과서에 나온 아래 예문은 스마트폰을 사용하면서 지켜야 할 건강 상식을 설명하는 맥락이다. 스마트폰을 눈높이에 두고 보아야 하고, 목운동을 자주 하라는 조언이 문장 앞에 제시되어 있다. 예문에서 'often'의 쓰임이 올바른지 판단해보자.

Third, take a break from you phone **often**. We all need smartphones, so be a smart phone user!

위 문장의 'often'은 'frequently', 'as often as you can', 'more often'과 같이 좀 더 긴 빈도 부사 표현으로 바꾸는 것이 자연스럽다. **'often'은 단독으로 문장을 마감하는 위치에 잘 오지 않는 특징**이 있다. 이런 자연스러움 외에도, 위에서 설명한 것처럼 **'frequently'는 'often'보다 더 잦은 빈도**를 나타내기 때문에 이 맥락에서 더 자연스럽다.

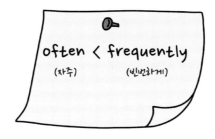

곧 비가 내렸지
Soon vs. Soon after

중학교 영어 교과서에 나온 아래 문장 표현은 문맥에 맞게 사용되었을까?

A woman bought the second bottle. After she finished the juice, she threw the bottle on the street. **Soon, the rain came**. The rain took the bottle to a river.

일반적으로 'soon'은 콤마로 분리되어 문장 앞에 오는 경우가 드물다. 보통 문장 끝이나 주어와 동사 사이에 온다. **콤마로 분리되어 문장 앞에 오려면 뒤이어 오는 절이 나타내는 상황의 시간적 배경을 표현해야 하고, 핵심 내용과 분리되어 독자적으로 존재할 수 있는 내용을 나타낼 수 있어야 한다.** 그렇지 않고 뒤이어 오는 절이 나타내는 내용의 구성요소라면 문장 앞에 콤마로 분리되어 쓸 수 없다 또한 'soon'은 'in a short time'과 비슷한 의미를 나타내고, 후행하는 절의 동사구가 나타내는 사건이 발생하는데 걸리는 시간이 다소 짧음을 나타낸다. 이런 의미는 후행절의 내용을 구성하는 요소가 된다. 따라서

'soon'은 콤마로 분리되어 문장 앞에 잘 오지 않는다. 그리고 'the rain came' 은 Konglish의 결정체이다. 영어원어민 화자들이 사용하는 스타일로 고쳐보면 **'It soon started raining.'**이 될 것이다.

다음과 같은 경우에는 'soon'이 문장 앞에 오더라도 뒤에 오는 절이 나타내는 상황의 시간적 배경을 나타낸다.

Soon after, they came across a little house made out of candy.
Soon after agreeing to go, she realized she'd made a mistake.
Soon after graduation, she found a job.

위의 예문과 같이 콤마로 분리되어 문장 맨 앞으로 올 수 있는 표현을 해당 문장의 주제어 (Topic Expression)라 하고, 주로 그 문장이 나타내는 상황의 시간적, 장소적 배경 등을 나타낸다. 이런 표현은 다음 예문에서 볼 수 있듯이 대체로 시간 부사어, 장소 부사어들이다.

In Spain, you can watch bullfights in April.
In April, you can watch bullfights in Spain.

'In Spain'은 4월에 소싸움을 관람할 수 있는 장소적 배경을 나타내고, 'In April'은 시간적 배경을 나타낸다. 위의 표현을 주제어 측면에서 보면 '스페인에서는 4월에 소싸움을 관람할 수 있다.', '4월에는 스페인에서 소싸움을 관람할 수 있다.'라는 의미를 나타낸다.

이외에도 형식적으로 정해진 Topic Expression으로 As for, In the library, At ten… 등을 꼽을 수 있다.

이런 주제어 역할을 하는 부사어 외에도 아래 예문의 'unfortunately', 'happily'와 같은 화자 지향 부사들과 문장 맨 앞에 위치하는 다른 부사들은 뒤이어 오는 절과 콤마로 분리되어 표현할 수 있다.

Unfortunately, we do not have the time to interview every applicant. (불행히도 우리는 모든 지원자를 면담할 시간이 없습니다.)

Happily, no one was injured.

(기쁘게도 아무도 다치지 않았습니다.)

As a rule, it's very quiet here during the day.

(대체로 여기는 낮에는 매우 조용합니다.)

Scientifically, the expedition was planned.

(과학적으로 그 탐사는 계획되었다.)

Personally, I do not approve of her.

(개인적으로 나는 그녀를 인정하지 않는다.)

위 예문의 문장 맨 앞에 온 부사들의 의미적 역할은 뒤이어 오는 절의 내용상 구성요소가 아니라, 그 내용 전체에 대한 다양한 멘트를 표현하는 것이다.

모두, 저마다, 각각
all vs. every vs. each

다음은 중학교 영어 교과서의 대화를 일부 수정한 것이다. 아래 빈칸에 'Each of us'와 'Everyone' 중 어느 표현이 적절할까?

A: How about coming to our pot-luck dinner party?

B: What's a pot-luck party?

A: brings something to eat. Then, we all share it.

물론 'Everyone'이어야 한다. 왜냐 하면 화자 B가 'a pot-luck party'가 어떤 것인지 일반적으로 묻고 있기 때 문이다. 화자 A도 'a pot-luck party' 에 대한 일반적인 특성을 설명하고 있

다. 따라서 구체적인 무리의 각각의 구성원을 나타내는 'each of us'는 사용할 수 없다.

우리말 '모두', '저마다', '각각'의 뜻을 나타내는 영어 표현으로 'all, 'every', 'each'가 있다. 'all'은 무리 전체를 한 묶음으로 기술하고자 할 때 사용하고, 'every'는 무리의 구성원을 개별적으로 지칭하지만 무리 전체의 묶음을 염두에 두고 있을 때 사용한다. 그리고 특정한 어떤 무리의 개체에 대하여 개별적으로 분리해서 지칭할 때는 'each'를 사용한다. 따라서 구성원의 개별성과 전체 묶음성의 측면에서 보면 'every'는 'all'과 'each'의 중간 정도의 표현이라 할 수 있다.

다음의 예문은 그러한 특징을 잘 보여주고 있다.

❶ **All** the students stood up at once.

❷ **Every** student stood up at once.

❸ ***Each** student stood up at once.

❹ **All/*Every/*Each** information can be saved in the computer memory.

❶과 ❷는 학생들이 한꺼번에 다 일어선 경우를 나타낸다. 그런데 'Each student'는 특정 무리의 학생 전체를 한 번에 의미하는 것이 아니라, 그 무리의 구성원 개개인을 지칭한다. 따라서 ❸의 예문처럼 '한꺼번에 다 일어섰다'라는 술어와 같이 사용될 수 없다. ❸의 'Each student stood up'은 특정 무리의 학생이 한 명씩 차례로 일어서는 경우를 나타내므로 'at once' 대신 'one by one'을 사용하면 완벽한 표현이 된다. 그리고 ❹가 보여주듯이 'each'와 'every'는 무리의 구성원 각각을 지칭하기 때문에 'information'과 같은 불가산성을 나타내

는 명사와 함께 사용될 수 없다.

다음의 표현은 무리 전체에 대한 양적인 측면을 수식하는 'almost'와 'nearly'가 'each+명사'의 표현을 수식할 수 없다는 것을 보여준다.

'*Almost/*Nearly each car pollutes the atmosphere.'

이 표현에서 'each car'를 'every car'로 고치면 완벽한 영어 표현이 된다. 즉, 'all'은 전체를 하나로 보는 관점을 나타내고, 'each'와 'every'는 무리의 구성원을 각각 고려하는 관점을 나타내기 때문이다.

무리 구성원의 수적인 측면에서 'all'과 'every'는 그 수가 2 이하일 경우에는 사용되지 않는다. 예를 들면 'Mary wears anklets on each ankle.'이라고는 할 수 있으나, 'Mary wears anklets on all the/every ankle(s).'이라고는 할 수 없다. 발목(ankles)은 두 개이다. 따라서 'all'이나 'every'의 수식을 받을 수 없는 반면 'each'는 가능하다.

이런 차이점 외에도 'each'는 특정 무리에서 각각의 구성원을 나타내므로 일반성을 나타내는 총칭 표현(generic expressions)에는 부적합하다. 쉽게 설명하면, '새는 날 수 있다'라는 의미의 총칭적 표현으로 'All birds can fly.', 'Every bird can fly.'는 가능하지만 'Each bird can fly.'는 불가능하다.

Summary

all	전체를 구성하고 있는 개개의 요소를 고려하는 것이 아니라, 그 구성 요소가 형성한 전체를 나타내는 표현
every	어떤 모임 또는 집합 전체를 이루고 있는 개별적인 구성 요소 하나 하나를 의미(구분할 수 없는 불가산명사 'information', 'advice'와 같은 표현은 'each'가 수식할 수 없음)
each	구성 요소를 고려함과 동시에 그 구성 요소들로 이루어진 전체를 의미('every'는 'all'과 'each'의 중간 정도를 표현)

6

이심전심

To Have the Right Chemistry

커피 어떻게 드시겠어요?

black coffee vs. coffee black

요즘 사람들이 하루도 입에서 뗄 수 없는 커피는 약 6세기경 아프리카에 있는 에티오피아의 아비시니아 고원에서 양치기 소년에 의해 처음 알려졌다. 양들이 붉은 열매만 먹으면 흥분하여 뛰어다니는 것을 보고, 양치기 소년이 그 열매를 먹었더니 기운이 나고 상쾌해지는 것을 느끼고 이슬람 사원에 전하여 수도승들의 정신이 맑아지도록 돕는 역할을 했다고 한다. 이후 커피의 역사는 터키, 인도, 영국, 이탈리아, 네덜란드, 미국, 브라질, 일본으로 건너오게 되었다.

우리나라 최초의 커피 애호가는 고종황제였다고 한다. 고종황제가 마셨던 커피는 블랙커피였을까, 아니면 우유, 크림, 설탕을 넣은 라떼 종류였을까? 이런 물음에서처럼 요즘 우리에게 '블랙커피'라는 말은 조금도 어색하게 들리지 않고, 누구나 다 알아들을 수 있다. 하지만 영어원어민이 들었을 때는 정확한 의미를 전하지 못할 수도 있다.

우리나라 커피전문점은 대부분 커피를 직접 내려 제공하고, 크림과 설탕을 넣고 싶으면 취향에 따라 원하는 만큼 추가할 수 있다. 그러나 세계적인 프랜차이즈 커피전문점들이 우리나라에 대중적이지 않았을 때, 아래와 같은 대화를 커피점에서 흔히 들을 수 있었다. 대화에서 'my coffee black'에 형용사가 명사를 앞에서 수식하지 않고 왜 뒤에서 수식해야 하는지 살펴보자.

A: How would you like your coffee?

B: I'd like to have **my coffee black**.

일반적으로 영어는 프랑스어와는 달리 형용사가 명사 앞에서 명사를 수식하지만, 대화의 'my coffee black'이라는 표현에서 보듯이 형용사가 수식하는 명사 뒤에 올 수도 있다.

- **형용사가 명사 뒤에서 명사를 수식**: 명사가 나타내는 개체의 일시적 특성[5]
- **형용사가 명사 앞에서 명사를 수식**: 해당 명사의 항구적 특성[6], 상태

John painted **the door red** yesterday.

John closed **the red door** yesterday.

---

5. 일시적 특성: 특정 상황에만 그 특징이 적용되어 다른 개체들과 구분지어 주는 특성

6. 항구적 특성: 특정 상황에만 적용되는 것이 아니라, 독립적으로 그 명사가 나타내는 개체에 적용되어 그 개체를 다른 개체들과 구분지어 주는 특성

위 예문은 개체의 일시적 특성을 잘 보여준다. 'the door red'의 형용사 'red'는 페인트칠한 결과로 부여된 문의 특성을 나타낸다. 이런 경우 어제 페인트칠한 사건에 따라 door의 특성이 일부 바뀌었고, 그것을 나타내는 'red'는 페인트칠한 사건에 종속되어 일시적인 특성을 나타낸다.

두 번째 문장의 'the red door'는 어제 door를 닫았던 상황과 관계없이 빨간색이라는 특성이 있다. 이런 경우 'red'는 door의 항구적인 특성을 나타낸다. 'red', 'black'과 같은 색깔을 나타내는 형용사는 명사 수식 위치에 따라 항구적 특성, 일시적 특성 모두를 나타낼 수 있다.

위 설명을 참고하여 앞의 대화문을 다시 살펴보면, 특정 상황에서 커피를 어떻게 마실 것인지를 묻고 있으므로 주문한 커피의 일시적 상태를 말해야 한다는 것을 알 수 있다. 따라서 형용사 'black'을 뒤에 위치시켜 표현해야 한다. 그렇다면 'black coffee'와 'coffee black'은 어떤 점이 다를까?

❶ black coffee 처음부터 설탕과 우유가 들어있지 않은 커피
"I like black coffee.": 설탕이나 우유를 타지 않은 상태로 만들어진 커피를 즐겨 마신다는 의미

❷ coffee black 특정 상황에서 설탕이나 우유를 타지 않은 상태의 커피
"I like coffee black.": 특별한 발화 시점 상황에서 설탕이나 우유를 타지 않고 커피를 마시겠다는 의미. 'brewed coffee', 'drip coffee', 'specialty coffee', 'house coffee'는 모두 'black coffee'에 속한다.

중학교 영어 교과서에 나온 아래 대화문의 'dying trees'는 맥락에 맞지 않아 바로잡아야 한다.

A: Look at this poster. I'm worried about **dying trees**.
B: Me, too. It's a big problem.

위의 문장은 심각한 지구 오염으로 인해 발생한 여러 가지 재난을 담은 사진을 보며 나눈 대화이다. 이 대화의 'dying trees'는 '**the trees dying**'이라고 수정해야 한다. 사진 속에 현재 죽어가고 있는 나무를 보면서 그 일시성을 나타내려면 'dying'을 'the trees' 뒤에 두어야 한다. 물론 죽은 혹은 죽어가는 나무(dead or dying trees)라고 나무의 건강상태를 분류하는 의미로 사용될 경우 'dying'이 'trees' 앞에서 수식할 수 있지만 위 교과서의 맥락에서는 후수식을 해야 한다.

다음의 예는 해당 명사가 지칭하는 동일 종류의 개체들과 구분시켜주는 항구적인 특성을 나타내는데 부적합하여 명사 앞 수식이 불가능한 표현들이다. 아래 표현 중 첫 번째 표현은 이런 부조화 때문에 영어 교과서 표현 'dying trees'처럼 잘못 사용된 것들이다.

*an ill person	a seriously ill person
*a killed cashier	a brutally killed cashier
*a written letter	a beautifully written letter
*a hit wife	a repeatedly hit wife

과거분사형 형용사 'hit'는 그냥 한 차례 손으로 맞았다는 의미가 있다. 한 차례 맞았다는 것은 표현하고자 하는 'wife'를 다른 'wife'와 구분할 수 있는 특성이 되지 못한다. 반면, 상습적으로 맞은 경우를 나타내는 'repeatedly hit'이란 표현은 해당 여성을 다른 'wife'와 구분할 수 있는 특성을 나타낼 수 있다. 이와 유사한 의미가 있는 'beaten'도 'a beaten wife'라는 표현을 구성할 수 있고, 'a repeatedly hit wife'와 같은 의미를 전달한다. 이는 항구적인 특성이 적용되는 개체는 그 개체와 동일 종에 속하는 다른 개체들과 구별된다는 의미이다. 쉽게 말해 'a pretty girl'에서 'pretty'는 명사 'girl'이 지칭하는 소녀와 다른 예쁘지 않은 소녀를 구별 짓는 항구적인 특성이다.

이처럼 형용사가 명사를 앞에서 수식하면 해당 명사가 지칭하는 개체의 항구적인 특성을 나타내지만, 뒤에서 수식하면 일시적인 상태를 표현한다. 적절한 예로 'visible stars'와 'stars visible', 'invisible stars'와 'stars invisible'과 같은 표현이 있다.

❶ stars visible 어떨 때는 눈에 보이기도 하고, 어떨 때는 그렇지 않은 별

❷ visible stars 눈으로 언제나 볼 수 있는 항성

❸ invisible stars 눈으로는 볼 수 없는 별자리('visible' 명사 수식: 수식받는 명사는 개체가 가진 항구적 특성 나타냄)

❹ stars invisible 'stars visible'이 '보인다'라는 것에 초점이 맞춰져 있다면 'stars invisible'은 보이지 않는다는 데 초점이 가 있는 표현

〈주의〉 해당 별자리를 관측할 때 그 가시성 혹은 비가시성이 상황에 따라 달라지는 것을 일시적 특성이라고 기술한다는 점에서 ❹의 설명은 두 표현이 같다고 할 수 있다. 다음의 예문은 그 일시성을 잘 나타낸다.

The sky is filled with **stars invisible** by day, but with **visible** by night.

(하늘은 낮에는 별이 보이지 않지만, 밤이면 별들로 가득하다.)

Summary

- 명사를 수식하는 **형용사가 명사 앞에서 수식**하면 해당 명사가 나타내는 개체의 **항구적인 특성**을 나타냄
- 명사를 수식하는 **형용사가 명사 뒤에서 수식**하면 해당 명사가 나타내는 개체의 **일시적인 상태**를 나타냄
- 어떤 개체의 항구적인 특성은 해당 개체를 동일 종류의 다른 개체와 구별지어 주는 기능을 하므로, 이런 기능을 할 수 없는 형용사는 관련 명사를 앞에서 수식할 수 없음
- 싱싱하던 나무가 시들어가는 변화를 포착 → trees dying
  커피를 어떻게 마실지에 관한 질문의 답으로 → coffee black

이것, 저것, 그것이 구분되나요?
this vs. that vs. it

어떤 것을 가리키는 영어 표현 중 한국어 '이것', '저것', '그것'에 해당하는 지시대명사는 'this', 'that', 'it'이다. 이 지시대명사는 쓰임이 매우 단순해 보이지만, 실제는 그렇지 않다. 중학교 영어 교과서에 나온 아래 예문에서 'it'과 'this'는 해당 맥락에 적절하지 않게 사용되었다.

Samgeytang is much tastier than chicken soup. Many Korean enjoy eating samgyetang on really hot days. **It's** like fighting fire with fire.

(삼계탕은 치킨 수프보다 훨씬 더 맛있다. 많은 한국인은 매우 더운 날 삼계탕을 즐겨 먹는다. **그것은** 마치 불은 불로 대적하는 것과 유사한 것이다.)

What do you think? People spend about 30 percent of their lives at their jobs. So how will you spend **this** 30 percent of your life?

(어떻게 생각하는지? 사람들은 일터에서 자신의 인생 30%를 보냅니다. 그렇다면 당신은 당신의 인생 **이 30%**를 어떻게 보내시겠습니까?)

❶ **this** 앞서 언급한 것에 대하여 화자에게 더 직접적이고 현재의 관심사라는 느낌을 나타낸다. 그래서 앞으로 그것에 관하여 좀 더 상술할 것이라고 암시하는 표현이다. 그것이 사물일 수도 있고, 상황일 수도 있다.

❷ **that** 앞서 언급한 것이 화자에게는 덜 직접적이며 심리적으로 좀 떨어진 것이라는 느낌을 표현한다. 그래서 해당 문제에 대하여 더 거론하지 않고 마무리하려는 화자의 심리상태를 나타낸다.

❸ **it** 'this'와 'that'이 가지는 원근을 구분하는 의미 요소는 포함하고 있지 않지만 앞서 언급한 것, 주로 사물에 대하여 화자는 호불호를 가지지 않는 중립적인 견해가 있음을 나타낸다.

위의 세 가지 차이점을 근거로 살펴보면, 앞에 제시한 교과서 예문 중 처음 문장에서 'It's'를 'That's'로 바꾸어야 한다. 불로 불을 대적하는 것과 같은 것은 삼계탕 자체를 의미하지는 않는다. 삼계탕 그 자체를 의미한다면 교과서에서처럼 'It's'로 표현하지만, 이것은 매우 더운 날 삼계탕을 먹는 상황만을 의미한다. 그리고 해당 상황을 중립적으로 바라보고 있지 않다. 매우 더운 날 뜨거운 삼계탕을 먹는 상황이 그렇게 상쾌한 것은 아니다. 이 상황이 불을 불로 대적하는 단정적인 표현을 쓰지 않고 '~와 같다'라는 표현으로 판단하고 있으며, 이러한 상황이 화자의 현재 관심사라고 할 근거는 어디에도 제시되어 있지 않다. 또한 외국인의 관점에서 다른 나라의 음식에 관하여 기술하고 있어 심리적으로 거리감이 있다고도 할 수 있다. 따라서 'That's'를 사용하는 것이 가장 적절하다.

두 번째 예문의 'this'는 'that'으로 수정하는 것이 자연스럽다. 이 예문은 자신의 인생 30%가 아닌 상대방의 인생 30%에 관한 질문이며, 상대방의 인생은 자신의 인생에 비해 직접적인 관심사가 아닌 심리적으로 좀 떨어져 있는 문제이다. 따라서 이 경우 'this' 대신 'that'으로 표현하는 것이 더 자연스럽다.

다음 예문들을 보면 'it'는 주로 앞에 언급한 '구체적인 것'을 호불호와 같은 심리적 거리감에 대하여 중립적 관점에서 다시 언급할 때 사용하는 표현이지만, 'that'은 앞서 언급한 '상황'을 말할 때 주로 사용한다는 것을 알 수 있다.

I played the newly released game last night. **It/That** was fun.

(지난밤에 새로 출시된 게임을 했다. 그것은 재미있었다.)

Peter thinks we should get a bigger sign. He says **it** will help us increase sales.

(Peter는 우리가 좀 더 큰 간판이 필요하다고 생각한다. 그는 **그것이** 매출 증가에 도움이 될 것이라고 말했다.)

Peter thinks we should move to a new location downtown. He says **that** will help us increase sales.

(Peter는 도심의 새로운 장소로 이사해야 한다고 생각한다. **그렇게 하는 것이** 매출 증가에

도움이 될 것이라고 말했다.)

아래 예문을 통해 'this'와 'that'이 앞서 언급한 상황을 나타낼 때 어떻게 차이가 나는지를 좀 더 세부적으로 살펴보자.

You should cut up the onions very finely. **This** will allow them to cook more quickly.

(양파를 매우 잘게 썰어야 합니다. **이렇게** 하면 양파가 더 빠르게 익습니다.)

I think it would be a good idea for you to eat more vegetables. **That** will help you lose weight.

(채소를 많이 먹는 것이 좋을 것으로 생각합니다. **그렇게** 하면 체중을 줄이는 데 도움이 될 것입니다.)

앞서 설명한 상황을 나타내려고 다시 언급할 때 'this'로 다시 말하는 것은 화자가 그 상황을 더 친근하고 중요하게 느끼고 있음을 의미한다. 하지만 'that'으로 다시 언급하면 화자는 해당 상황이 심리적으로 멀어져 있거나 덜 중요하다는 것을 나타낸다. 따라서 요리 강습에서 양파를 잘게 썰어야 하는 상황을 언급하는 요리 강사인 화자에게 이 상황은 더 직접적이고 중요한 현재의 문제이다. 이런 경우 당연히 위 예문에서처럼 'this'로 받아야 한다. 반면, 채소를 많이 먹는 것이 체중감소에 도움이 된다는 의견은 화자 자신이 아닌 상대방의 문제일 뿐이다. 따라서 이 상황은 화자에게 심리적으로 떨어져 있거나 덜 중요하여 더는 할 이야기가 없음을 나타낸다. 이런 경우는 'that'을 사용한다. 만약 'that' 대신 'this'를 사용하면 체중을 줄이기 위해 채소를 많이 먹는 것이 좋다는 견해가 화자에게는 직접적이고 중요한 문제라는 것을 의미한다.

중학교 영어 교과서에 나온 아래 예문의 'It's'는 바르게 사용되었을까?

My best friend is Kim Jinsu. We are very different. I like music, but Jinsu doesn't. **It's** not a problem. We are good friends.

위 예문의 맥락으로 볼 때 'It's'는 부적합하다. 왜냐하면, 뒤이어진 표현 'not a problem'은 어떤 상황이 문제가 되지 않음을 나타낸다. 그리고 이것은 앞서 언급한 상황을 의미한다고 볼 수 있다. 자신과 진수가 친구지만 취미가 서로 다른 상황은 자신들이 좋은 친구 사이인 점에 비추어 보면 피상적인 문제이지 본질적인 문제가 되지 않아 더 추가로 **상세히 언급할 정도로 중요하지 않다는 느낌**을 나타내려면 'that'을 사용해야 한다. 반면, 그 상황이 좋은 친구 사이에 직접적인 관련성이 있는 현안이라서 더 **언급해야 할 필요가 있는 중요한 문제라는 느낌**을 나타내어야 할 때는 'this'를 사용할 수 있다.

아래 대화는 환경이 오염되어 지구 곳곳에 이상 현상이 발생한 포스터 사진을 보면서 나누는 대화이다. 중학교 영어 교과서에 나온 아래 예문의 밑줄친 빈칸에 'It's', 'That's', 'This's' 중 어느 표현이 가장 적합할까?

A: Look at this poster. I'm worried about dying trees.

B: Me, too. _____ a big problem.

위의 대화문 빈칸에 'That's'라고 하면, B는 지구 오염이 걱정된다고 동의하고 그 문제는 심각하기는 하지만 자신과 아무런 관련이 없는 것처럼 더는 이야기하지 않겠다는 듯이 말을 끝내게 되어 앞뒤가 맞지 않게 된다.

만약 'This's'라고 하면 지구의 오염으로 인해 나무가 죽어가는 것이 심각한 문제이며, 그것이 화자인 B 자신에게 직접적, 심리적으로 가까운 것이어서 좀 더 할 이야기가 있다는 느낌의 발화가 된다. 하지만 이런 식의 발화는 해당 문제가 한 개인이 직접 다룰 수 있는 문제라는 의미도 되지만, 지구 오염으로 인해 전 세계적으로 나무가 죽어가는 문제를 한 개인의 직접적인 문제로 묘사하는 것은 무리이다. 그래서 위의 대화문 빈칸에 'This's'는 부자연스럽다.

그렇다면 'It's'를 사용하면 B의 대화는 어떤 의미가 될까? 'it'은 다른 대명사와는 달리 화자에게 멀고 가까움의 의미에 대하여 중립적이다. 화자 B는 지구의 오염으로 나무가 죽어가는 현상을 자신에게 가깝거나 멀리 떨어진 문제로 보지 않고, 이미 발생하여 존재하는 단순한 문제로 보려는 태도를 나타낸다.

다음 교과서 대화문의 'it'이 맥락에 맞지 않게 잘못 사용된 근거를 살펴보자.

A: Look at this movie. I want to ski like that, but we only have deserts.

B: Um…. why don't you try to ski on the sand?

A: Well, I don't think **it** is possible.

B: Why not? Don't you know about sand ski racing?

위의 대화문에서 'it'을 'that'으로 바꾸어야 한다. 화자 A는 모래 위에서 스키 타는 것이 가능하지 않다고 생각하고 있다. 그래서 화자 A에게 모래 위에서 스키를 타는 것은 심리적으로 멀리 떨어진 불가능한 것이라는 태도를 견지하고 있다. 이런 맥락에는 'this'도, 'it'도 아닌 **'that'**을 사용하여야 한다.

중학교 영어 교과서에 나온 아래 예문의 빈칸에 'it', 'this', 'that' 중 어떤 표현을 넣으면 가장 자연스러운 대화문이 될까?

A: Can you turn up the volume on your phone? I like song.

B: I can't turn up anymore. is the highest volume.

첫 번째 빈칸에는 'that' 혹은 'this' 둘 중 어느 것을 사용해도 된다. 그러나 'that'을 사용하면 자신의 휴대전화기가 아닌 상대의 휴대전화기에서 흘러나오는 노래라는 의미가 있어 심리적으로 약간의 거리가 있음을 표현한다. 반면, 'this'라고 하면 '현재' 흘러나오는 노래가 화자 자신의 '직접적인 관심'의 대상임을 표현한다.

두 번째 빈칸에는 'it'만이 가능하다. 단순히 앞에 언급했던 볼륨을 다시 언급하기 때문이다. 그리고 마지막 빈칸은 자신의 휴대전화기의 볼륨 선택 중에서 가장 높은 볼륨이라는 의미이기 때문에 'this'가 오면 이 맥락에서 가장 자연스럽다. 이 경우 'this'는 자신의 휴대전화기와 연관이 있어 물리적이든 심리적이든 가깝다는 느낌을 표현하게 된다. 이런 심리적 거리라는 측면에서 중학교 영어 교과서에 나온 아래 대화문의 밑줄친 'the color'가 올바르게 사용되었는지 판단해보자.

B: Jenny, look at this backpack. Isn't it pretty?

G: Well… I don't like **the color**.

B: Okay. How about this red one?

위의 대화 맥락은 남자 친구가 여자 친구의 배낭을 사기 위해 고르는 것을 도와주고 있다. 남자 친구 B가 배낭 하나를 가리키며 예쁘지 않냐고 묻는 말에 여자 친구 G는 '나는 그 색깔을 좋아하지 않아.'라고 답하고 있다. 이런 맥락이라면 G는 해당 색깔에 대하여 심리적인 거리감을 가지고 있다고 판단하는 것이 자연스러울 것이다. 이런 거리감을 제대로 나타내려면 'the color'를 'that color'로 바꾸어야 한다.

위의 예문 대부분은 중학교 영어 교과서에서 발췌한 것이다. 교과서 집필자들조차 이 세 표현을 제대로 구분하여 사용하지 못하고 있다는 점은 매우 유감스러운 일이다. 문법적으로 오류는 없지만, 맥락의 명확한 의미전달을 위해서는 중요한 관점일 수 있다.

Summary

❶ **it** 주로 앞서 설명한 사물을 받아 뒤에서 다시 언급할 때 사용. 앞서 설명한 상황을 나타낼 때는 화자가 해당 상황에 대하여 중립적 입장을 가지며, 이미 발생하여 존재하는 어쩔 수 없는 사실로 인식한다는 화자의 태도를 기술하는 표현

❷ **this** 앞서 언급한 것이 화자에게 직접적인 현재의 문제로 인식됨을 표현. 화자는 이 문제에 대하여 좀 더 언급할 의중이 있음을 나타냄

❸ **that** 앞서 언급된 것이 화자에게 심리적으로 거리감이 있다는 것을 기본적으로 나타냄. 앞서 언급된 것이 화자에게 부정적이거나 자신의 직접적인 관심사가 아니기 때문에 더는 그것에 대하여 언급하지 않고 해당 발화만으로 끝맺으려는 의중

하지만, 그럼에도 불구하고
however vs. nevertheless vs. nonetheless

'그러나', '하지만', '~에도 불구하고' 등과 같은 표현은 대조와 양보의 의미를 나타내는 한국어 표현들이다. '그러나'는 대조를 나타내는 기능이 강하고, '~에도 불구하고'는 양보를 나타내는 표현이며, '하지만'은 그 중간 정도의 기능을 한다고 볼 수 있다. 아래 예문의 문맥을 통해 이들 세 가지 의미의 차이를 살펴보자.

❶ They are poor, **but** they are always satisfied with their situation.

(그들은 가난하다. **그러나** 늘 자신들의 처지에 만족해한다.)

❷ They are always satisfied with their situation. They are **however**, poor.

(그들은 늘 자신들의 처지에 만족해한다. **하지만** 그들은 가난하다.)

❸ They are poor. **Nonetheless**, they are always satisfied with their situation.

(그들은 가난하다. **하지만** 늘 자신들의 처지에 만족해한다.)

❹ **Although/though** they are poor, they are always satisfied with their situation.

(그들이 가난하다 **하더라도** 늘 자신들의 처지에 만족해한다.)

❶은 단순히 대조를 나타내고, ❷는 대조와 함께 예상하지 못한 놀라움을 함께 나타낸다. 그리고 ❸은 '가난한 상황'과 '그 가난한 처지에 만족해하는 상황'이 양립하지 않지만, 그의 경우는 양립한다는 것을 주장하는 양보 구문이다.

그리고 'however'와 'nevertheless/nonetheless'는 영어사전에는 서로 바꾸어 써도 상관없는 동의어로만 설명하고 있다. 중학교 영어 교과서에도 이 표현들에 대한 구분과 설명을 상세하게 하지 않는다. 하지만 'however'와 'nevertheless/nonetheless'는 몇 가지 중요한 차이점이 있다.

첫째, 'however'보다 'nevertheless/nonetheless'가 더 격식을 차린 표현이며, 공식적인 법률 문서나 협정서, 전문 보고서와 같은 문구에 더 적합한 표현이다. 다음의 인용문에서 확인하자.

The following texts are no longer in force. They are **nevertheless** useful for comparing and for understanding decisions made before 2018.

(다음의 법조문은 더는 유효하지 않습니다. 하지만 2018년 전에 내려진 결정들을 이해하고 비교하는데 도움이 됩니다.)

England did not adopt Roman Law as the other countries in Europe had. **Nonetheless**, Roman Law was taught at the Universities of Oxford and Cambridge, just as it was taught at Bologna.

(영국은 유럽의 다른 나라들처럼 로마법을 채택하지 않았습니다. 그럼에도 불구하고, 볼로냐에서 가르쳤던 것처럼 옥스퍼드와 케임브리지 대학교에서 로마법을 가르쳤습니다.)

둘째, 'however'는 앞서 언급한 것보다 더 나빠진 상황을 나타내는 표현을 연결하여 상황이 악화하고 있다는 우려스러움을 나타내고, 'nevertheless/ nonetheless'는 앞서 언급된 상황보다 더 나은 상황을 나타내는 표현을 연결하여 무엇인가가 긍정적으로 바뀌고 있다는 희망적인 메시지를 전달한다. 이처럼 서로 대비되거나 반대되는 상황이 연관되어 성립한다는 주장은 이 표현들이 구성하는 대조 구문이다. 이런 대조 구문은 약간의 놀라움, 의외성, 두려움 등을 추가로 나타내는 양보 구문의 의미에 가깝다.

왼쪽 책 표지는 미국 상원의원 Amy Klobuchar가 편집한 〈Nevertheless, We Persisted: 48 Voices of Defiance, Strength, and Courage〉라는 사회 각계 각층의 인사들이 쓴 수필 모음집의 표지이다. 자신들의 피부색, 성별, 성 정체성의 불합리한 차별에 침묵할 수밖에 없었

던 시기가 있었지만, 그들은 계속해서 자신의 목소리를 내어 현재와 같은 인식의 변화를 끌어내게 되었다는 의미가 함축된 책 제목이다.

Summary

❶ 문체적 측면
- but〈however〈nevertheless/nonetheless 순으로 격식체 정도가 결정됨
- but: 일상적이고, 비격식적인 표현
- nevertheless/nonetheless: 다소 격식적인 표현
- however: 위 두 가지 표현의 중간 정도에 걸쳐져 있는 표현

❷ 대조하는 방식의 측면
- but: 단순히 서로 다른 둘을 연결함
- however:
  - 앞서 언급된 것보다 더 악화된 것을 도입하는 대조 표현
  - 일반적인 연결 방식을 일부 영어원어민 화자들은 어기는 경우도 왕왕 있다.
  The forecast is bad. It's possible, **however**, that conditions could improve.
  (일기예보는 나쁘다. **하지만** 좋아질 수도 있다.)
- nevertheless/nonetheless:
  - 앞서 언급된 것보다 더 개선된 것을 도입해서 대조 표현
  - 보고서, 법조문과 같은 매우 전문적인 내용을 나타내는 표현
  - however보다 훨씬 더 일관되게 부정에서 긍정적으로 바뀐 상황 도입

❸ 이들이 구성하는 대조 구문이 전달하는 전체 의미는 양보 구문의 의미에 근접해 있다고 할 수 있음

오 헨리 단편소설 〈크리스마스 선물(Gift of the Magi/동방박사의 선물)〉

비록 가난하더라도 자신들의 처지에 만족해하며 서로 사랑하는 부부 '짐'과 '델라'에게 크리스마스가 다가온다. 크리스마스 선물을 준비하려고 해도 돈이 없어서 고민하던 짐은 돌아가신 부모님으로부터 물려받은 고급시계를 팔아 델라에게 예쁜 빗과 머리띠 세트를 선물한

다. 델라는 멋지고 긴 갈색 머리카락을 잘라 판 돈으로 짐의 고급시계에 맞는 시곗줄을 산다. 시곗줄이 낡고, 머리를 예쁘게 꾸미지 못하는 것을 서로 안타깝게 생각하고 있었기 때문에 두 사람은 용기를 내었다.

크리스마스이브가 되어 이들은 기쁜 마음에 서로의 선물을 건네주었지만 남편에게는 시계가 없었고, 아내의 머리는 짧은 단발로 바뀌어 있었다. 하지만 쓸모없게 된 크리스마스 선물이 오히려 더한 고마움을 느끼게 만들어 두 사람은 끌어안고 울기 시작했다. 세상에서 가장 값진 선물은 내게 가장 중요한 것을 포기하고서도 아낌없이 줄 수 있는 진심어린 사랑이라는 것을 이 작품을 통해 알 수 있다.

그건 그렇고, 어쨌든

By the way vs. Incidentally vs. Anyway

친구는 언제 만나도 반갑고, 주고받는 이야기가 별 것 아닌 데도 대화가 끊이지 않는다. 그런데 요가를 처음 시작한 수다쟁이 친구가 대화 내내 내가 관심 없는 요가 이야기만 해서 무척 지루했던 날이 있었다. 이때 말을 중간에 끊고 다른 화제로 전환을 하려고 'By the way'라고 하면 맞는 표현일까? 요가에 대한 화제를 그대로 이어가다가 또 다른 친구가 '요가를 꾸준히 하면 몸의 어

떤 부분에 도움이 될까?'라고 대화와 연결되는 질문을 한다면? 레스토랑에서 점심을 주문하고 대화하던 중에 음식이 나와서 잠시 대화가 끊어졌다가 다시 요가 이야기로 이어진다면 그때도 'By the way'를 쓸까?

여러 사람과 대화할 때 'By the way, Incidentally, Anyway'를 적절하게 사용하면 즐거운 대화가 이어질 수 있다. 그러한 화제 전환을 하기 위한 연결어의 차이를 살펴보자.

대화를 이어갈 때 주제를 바꾸어 말해야 할 경우가 종종 있다. 중학교 영어 교과서에 나온 아래 예문에서 연결어의 영어 표현으로 쓰는 'By the way'가 바르게 사용되었을까?

Anna: Suho, what are you going to do this fall?
Suho: I'm going to study Chinese. How about you, Anna?
Anna: I'm going to visit Jejudo.
　　　By the way, I need to buy a travel guide book on Jejudo.

'By the way'는 앞의 내용과 다른 주제의 내용을 갑자기 도입할 때 주제의 전환을 알리는 연결어이다. 가을에 여행할 계획을 말하다가 제주도 여행을 언급했으므로 주제에서 벗어나지 않았다. 이런 경우 'Incidentally'라고 표현하면 된다(대화 주제와 관련이 있지만 좀 덜 중요한 것을 언급할 때 사용).

We had a marvelous meal at that restaurant you recommended.
Incidentally, I must give you the number of a similar one I know.
(우리는 당신이 추천해준 식당에서 대단히 훌륭한 음식을 먹었습니다.
참, 내가 알고 있는 그와 유사한 식당의 전화번호를 드리겠습니다.)

아래의 대화문에 사용된 'Anyway'는 앞의 대화 내용에서 벗어나서 잠시 다른 화제로 말이 끊겼다가 잊고 있었던 중요한 화제로 전환됨을 표시한다.

A: Michael broke up with his girl friend last year.

(Michael은 작년에 여자 친구랑 헤어졌어.)

B: Would you like some more coffee?

(커피 좀 더 드릴까요?)

A: Thanks, that'd be great. **Anyway**, after that, he moved from Boston and set up his own business in New York.

(고마워, 좋지. 어쨌든 그 후 그는 보스턴을 떠나 뉴욕에서 사업을 시작했어.)

앞의 에피소드에서 언급한 요가에 대해 계속 말하는 친구의 대화가 지루해서 전혀 다른 화제로 바꾸고 싶을 때는 'By the way', 요가에 관한 이야기이지만 요가라는 운동이 신체의 어떤 부분에 좋은지 물어 볼 때는 'Incidentally', 대화중에 주문한 음식이 나와서 잠시 중단되 었다가 다시 시작될 때는 'Anyway'를 쓰면 가장 적절한 표현이 된다.

아 글쎄요, 정 그러시다면…
well vs. then

앞에서 나온 말에 대하여 어떤 특정 느낌을 전달하면서 뒤이어 올 말과 앞의 발화를 연결해주는 짧은 말들이 있다. 한국어의 '아-', '어머!', '저-' 등과 같은 말들이 이런 기능을 하고 '간투사'라고 한다. 영어에도 이런 간투사가 있고, 'ah!', 'oh!', 'my goodness', 'well', 'well then', 'then' 등이 자주 사용된다.

이런 말을 적절히 사용하지 못하면 대화 전체가 어색해진다. 아래의 우리말 대화를 보면 간투사 역할이 내용 전달에 있어서 꽤 비중이 있음을 알 수 있다.

A: 내가 가진 모든 주식을 당장 팔고 싶어요.
B: 지금 그 주식을 팔면 큰 손해를 볼 수 있습니다.
A: 상관없습니다. 지금 팔아주세요.
B: **정 그러시다면**, 바로 매도 주문 넣겠습니다.

위의 '정 그러시다면'이라는 표현 대신 '글쎄요'를 사용한다면 대화의 흐름이 어색하게 된다는 것을 느낄 수 있다. 이 대화가 영어로 옮겨진 아래 예문을 읽고 'well'과 'then'의 차이를 알아보자. 아울러 추가한 세부적인 설명을 익혀 대화할 때 어색함을 몰고 오지 않는 English Speaker가 되길 바란다.

A: I want to sell all my stocks right now.

B: You're going to lose a lot of money if you sell all of your stocks now.

A: I don't care. Sell now.

B: **Well then**, I'll put the order through.

❶ Well (제안, 권유하는 상황에서는 Well, would you like to∼: 그러면∼)

A: So how much do you want for your 1999 Renault?

B: **Well**, I was thinking of £2,500.

1999년형 Renault 자동차를 얼마에 팔 것인지를 묻는 A의 질문에 "글쎄요, 2,500파운드 생각하고 있습니다만…."이라고 대답한다. 이어질 말에 대하여 선뜻 말하지 못함을 'Well'이라고 먼저 말하면서 질문에 대하여 확실한 답이 좀 곤란하거나, 신중함을 내포하고 있다.

아래 예문의 대화에 사용된 'Well'은 앞선 말에 대하여 약간 비난하는 심정을 전달하고 있다.

A: I couldn't find my way to the theater.

B: **Well**, why didn't you ask me?

❷ Well then: 동의하지는 못하지만 당신의 뜻이 '정 그러시다면' 정도 의 불만이나 의견 불일치의 심정을 나타낸다(앞의 주식 관련 우리말 예문 참고).

❸ Then 명시적이든지 묵시적이든지 논리적 순서 매김을 할 수 있을 때 사용된다. 일반적으로 앞말과 뒷말의 논리적 순서 매김이 어려운 경우 에 단순히 뒷말을 추가한다는 느낌을 표현하기 위해 'then'을 사용하 면 대화가 비논리적으로 들린다.

한국인 영어학습자들은 이 연결어를 정해진 순서와는 관계없이 단순 히 앞에서 언급한 말 뒤로 '그러면'이라는 의미를 추가로 덧붙일 때 주 로 사용하는 경향이 있어 'then'이 영어 교과서에 많이 오용되고 있다. 중학교 영어 교과서에 나온 아래 예문의 'then'이 제대로 사용되었는 지 살펴보자.

A: Do you like science?

B: No, I don't.

A: **Then**, do you like math?

B: Yes, math is my favorite subject.

학생들의 선호하는 과목에 관한 이야기로, 여기서 'then'이 제대로 사용되려면 학생들이 과학 다음으로 수학을 선호해야 한다는 전제가 필요하다. 이런 배경지식이 없으면 'then'은 제대로 사용되었다고 할 수 없다. 만약 이런 배경지식이 없는 일반인이 이 대화를 듣는다면 학생들의 과목 선호도에 대한 자신의 배경지식에 빗대어 판단하고 A가 비논리적이라고 여길 수 있다. 다시 말해 위의 대화는 'then' 때문에 비논리적으로 들릴 가능성이 크다. 이런 문제를 해결하려면 'then'을 'well'로 대치하면 훨씬 더 자연스럽게 들린다.

아무리 더워도 냉장고 안에 들어가서 물을 마시지 마세요

in vs. inside

다음은 중학교 영어 교과서에서 가져온 문장으로 'inside'의 올바른 사용에 대해 알아보자.

Minho: Oh, the game's starting. Let's go **inside**.

위의 문장은 경기가 곧 시작되니 경기장에 들어가자는 제안을 표현한 것이다. '들어가다'라는 표현은 'go in'으로도 나타낼 수도 있다. 그렇다면 'go in'과 'go inside'는 어떤 의미적 차이가 있을까?

go in	단순히 움직임의 방향이 안으로 향해 있다는 의미(to enter a place)
go inside	• '안쪽으로'라는 방향뿐만 아니라 건물 내부가 목적지임을 의미 • 그 구조물 내부에 어떤 추가적인 사건이나 상태가 전개될 수 있음을 함축

위의 교과서 예문은 표현의 맥락상 경기가 시작되려고 하니 입장하자고 제

안하는 상황이다. 따라서 단순히 'Let's go **in**'이라고 해야 자연스러운 표현이 된다. '안에 들어가 있자(go inside)'라고 말할 특별한 이유는 없다.

맥락에 따라 'go inside'는 안에 들어가 있다는 뜻 외에도, 실내가 밖의 환경보다 좋아 밖에서는 잘할 수 없던 것을 안에서 잘할 수 있음을 추가로 전달할 수는 있다. 가령 밖에 비가 많이 온다거나 시끄러워서 조용히 이야기를 나눌 수 없는 상황일 때 'Let's go inside'라고 할 수 있다. 그런 상황도 아닌데 굳이 교과서 예문처럼 이 표현을 사용하면 오히려 어색하게 들린다.

우리말 '냉장고 안의 물'을 영어로 옮기면 'water in/inside the fridge'로 'in, inside' 모두 가능하다. 그렇다면 냉장고로부터 물을 꺼내 마셔도 된다는 표현은 어떻게 해야 할까?

냉장고의 물을 마셔도 된다는 제안을 영어로 옮기면 보통 다음과 같이 말한다.

You can drink water **in** the fridge.
You can drink water **inside** the fridge.

하지만 위의 두 표현 모두 '냉장고 안의 물을 마셔도 됩니다'를 영어로 제대로 옮겼다고 할 수 없다. 이런 경우 보통 'in/inside the fridge' 대신 '**from** the fridge'라고 해야 한다. 예문에서 'in/inside the fridge'는 어떤 의미를 나타내기에 문제가 있을까?

You can drink water in the fridge.	냉장고에 현재 있거나, 있었던 물을 마셔도 좋다
You can drink water inside the fridge.	물을 마시는 사건이 진행되는 동안에도 물은 냉장고 안에 존재해야 함

위의 표는 in/inside를 구분하여 비교한 것이다. 표의 설명에서 알 수 있듯이 'You can drink water **inside** the fridge.'라고 표현하려면 냉장고 안에 들어가서 물을 마시는 상황이어야 한다. 그렇지 않고는 이런 상황이 존재할 수 없다. 아무리 더워도 냉장고 안에서 물을 마실 수는 없지 않을까?

따라서 발화하는 시점에 '냉장고에 있는 물을 꺼내 마셔도 좋다'는 의미를 제대로 나타내려면 'You can drink water **from** the fridge.'라고 표현해야 한다.

교장 선생님 앞에 불려갔어요!

before vs. in front of

필자가 고등학교에 재직하던 때, 교장 선생님 앞에 불려간 적이 있었다. 사연인즉, 교실 청소지도를 하다가 며칠 동안 비워지지 않은 쓰레기통을 보고 담임선생님들이 늘 하는 잔소리를 했었다.

"교실이 이게 뭐니? 쓰레기통 비우는 당번 누구야? 벌점 줘야겠네. 쓰레기가 넘치니 교실이 전부 쓰레기장이구나!"

자신에게 계단 청소를 맡기고 며칠 동안 청소구역을 바꾸자고 했던 친구가 약속을 어겼기 때문에 청소당번은 그렇게 벌점을 받게 되었고, 안타깝게도 나는 그 내용을 알지 못했다.

문제는 그 학생이 집으로 돌아가 "엄마, 담임선생님이 나보고 쓰레기래. 엉엉~!" 하였으니, 이런 상황에 어느 부모가 화나지 않았을까? 학생의 어머니는 다음날 교장 선생님께 직접 전화해 민원을 제기하였으니 나는 교장 선생님 앞에 불려갔다. 그때 교장 선생님께서 앞뒤 상황을 들으신 뒤 오히려 나를 위로해주셨던 기억이 난다. 물론 그 어머님의 사과 전화와 학생의 사과 메시지가 있었지만, 그 일로 쓰레기통만 보면 무서워지는 트라우마가 생겼다.

이렇게 나의 흑역사를 글로 쓰는 이유는? 바로 before와 in front of의 차이를 설명하기 위해서이다.

일반적으로 'in front of~'는 공간적으로 앞에 존재하는 것을 나타내고, 'before'는 일련의 순서에서 앞에 존재하는 것을 의미한다. 성형외과나 인테리어 잡지의 'before vs. after'는 좋은 예가 된다. 그리고 'before'는 순서의 앞을 나타내지 않을 경우 뒤에 오는 명사의 고유 기능과 관련된 사건이나 상황이 추가적으로 발생할 수 있음을 함축한다.

- **'in front of'**를 쓰는 표현

  It was raining as we parked **in front of** the hotel.

  (호텔 앞에 주차할 때 비가 오고 있었다.)

  Billy crouched **in front of** the fire to warm his hands.

  (Billy는 손을 따뜻하게 하려고 불 앞에 쪼그리고 앉아 있었다.)

There was a small garden **in front of** the house.

(그 집 앞에 조그만 정원이 있었다.)

- 'before'를 쓰는 표현

The files are in alphabetical order, so B1 comes **before** C1.

(그 서류철은 알파벳 순서로 되어 있다. 그래서 B1은 C1 앞에 온다.)

Your name comes **before** his on the list.

(그 명단에 당신 이름은 그의 이름 앞에 있습니다.)

I was taken **before** the headmaster.

(나는 교장 선생님 앞에 불려갔다.)

The priest knelt **before** the alter.

(그 성직자는 재단 앞에 꿇어앉았다.)

마지막 두 예문과 같은 맥락에서 'before' 대신 'in front of'를 사용할 수 없다. 단순히 교장 선생님 앞으로 불려간 것으로 상황이 종료되지 않고 추가적으로 교장 선생님에게 꾸중을 듣는다는 것이 함축되어 있다. 마찬가지로 마지막 문장은 성직자가 재단 앞에 꿇어앉아 있는 것만 나타내는 것이 아니라 무엇인가에 대하여 기도한다는 것이 추가적으로 함축된 문장이다. 아래 문장의 빈칸에도 당연히 'before'가 와야 한다. 그 사람들이 이들의 결혼생활에 증인이 되어줄 것이란 것을 추가적으로 함축하기 때문이다.

He proposed to her _____ a lot of folks.

(그는 많은 사람 앞에서 그녀에게 청혼했다.)

Summary

• in front of → 단순히 공간적인 위치 '앞'을 나타냄.

• before → 순서상 앞을 나타낼 뿐만 아니라 뒤에 오는 명사의 고유한 기능과 관련된 사건에 주어가 관여되어 있음을 함축한다.

"교장 선생님 앞에 불려갔다.": 이 경우 'before'만 가능(주어가 교장선생님으로부터 꾸중을 듣는다는 것을 추가적으로 함축함)

친하니까 간략히 말해요
That sounds great! vs. Sounds great!

상대가 한 말에 대하여 동의하거나 좋아한다는 뜻을 나타내는 영어 표현 중에 "That sounds great!"가 있다. 'great' 대신 'good', 'wonderful', 'excellent', 'terrific', 'marvelous' 등 긍정적인 판단을 나타내는 형용사를 사용하여 비슷한 의미를 표현할 수 있다.

중학교 영어 교과서에 나온 아래 예문의 'Sounds great!'이라는 표현을 한번 살펴보자.

A: We had a good time at the party.

B: **Sounds great!'**

B의 대답은 'That's great!'로 바꾸어야 올바른 영어 표현이 된다. 이 응답 표현은 'That sounds great!'에서 주어 'That'이 생략된 것이다. 보편적으로 이 표현은 어떤 계획이나 생각 등 **앞으로 발생할 사건이나 상황**이 "좋아요!" 라고 판단할 때 쓰는 표현이다. 하지만 영어 교과서의 맥락은 이미 지난 과거

의 상황(the party)에 관하여 긍정적인 판단을 하고 있다. 이런 경우 'That was great!'이라고 하는 것이 올바른 표현이다.

미래의 계획이나 생각에 대하여 긍정적인 판단을 'That sounds great!'이라는 표현으로 나타낼 때, 자신이 그 상황에 직접 참여하거나 관여하지 않으면 주어 'That'이나 동사 'sounds'를 생략한 형태인 'Sounds great!' 또는 'Great!'이라는 표현은 거의 쓰지 않는다. 즉, 화자가 해당 상황이나 사건에 직접 참여하거나 관여할 때만 생략형을 사용한다.

중학교 영어 교과서에 나온 다음 예문에서 'Great!'를 살펴보자.

A: I am going to go on a picnic with my family.

B: **Great**. Have fun!

A가 가족들과 야외로 소풍을 가려고 한다는 말에 B가 'Great. Have fun!'이라고 말하고 있다. 이 표현 역시 'Great.'이라는 표현은 적어도 'Sounds great.'이나 'That sounds great.'으로 바꾸어야 자연스럽다. 왜냐하면 B는 A가 말한 가족의 야외소풍에 참여하지도 않았고, 제3자적 입장에서 "좋아요. 재미있게 놀아요!"라고 하고 있기 때문이다.

다음과 같은 맥락에서는 화자 A의 두 번째 표현으로 'That sounds great', 'Sounds great', 'Great', 'That's great' 중 어느 것이 적합할까?

A: What do you like about the swap class?

B: We like learning about saving, sharing, and swapping things.

A: ＿＿＿＿＿＿＿. Can I join the class?

앞으로 일어날 일에 대한 것이기 때문에 'That's great.'는 부적합하다. 나머지 3개는 각기 조금씩 다른 어감을 가진다. 먼저, 'That sounds great.'는 어느 정도 제3자의 관점에서 '좋습니다'라고 하는 정도의 표현이다. 바로 이어지는 'Can I join the class?'라는 표현은 화자 자신도 그 교환수업(the swap class)에 참여할 의향이 있음을 내비치고 있고, 같은 반 친구들 간의 비격식적인 대화이기 때문에 차라리 'Sounds great.'가 좀 더 어울리는 표현이다. 마지막으로, 'Great.'는 처음부터 화자가 해당 수업에 완전히 참여한 학생이란 것을 강하게 함축하고 있으므로 약간 어색하다.

사실 위의 대화문은 일부 수정은 했어도 역시 중학교 영어 교과서에 나타난 표현이다. 원래 빈칸에 'That's good.'이라는 표현이 사용되었다. A의 대답은 위에서 설명한 것처럼 '(That) sounds great.'으로 바로잡아야 한다.

Summary

That's great.	긍정적인 판단을 나타내며, 구체적인 (과거의) 사건이나 상황에 대하여 긍정적인 판단을 할 때 사용하는 표현
That sounds great.	앞으로 발생할 일이나 상황에 대하여 긍정적으로 표현할 때 사용
주어 'That'/동사 'sounds' 생략	'Sounds great!', 'Great!': 비격식적인 스타일로, 화자 자신도 해당 상황에 직접 관여할 때 사용하는 표현

우와! 정말 놀랍네요!
surprising vs. amazing

'amazing'과 'surprising'이라는 표현 모두 '놀라움'을 나타낸다. 이 두 단어의 쓰임을 비교해서 살펴보고, 상황에 맞게 잘 활용할 수 있도록 몇 가지 예문들을 살펴보자. 특히 감정을 표현하는 말들은 전하는 사람의 성격은 물론 인격까지도 가늠할 수 있어서 잘 선택해서 사용해야 한다. 밖으로 내뱉는 말은 나의 자유, 그 말을 듣고 나를 판단하는 것은 당신의 자유!

'amazing'은 놀라움의 정도가 'surprising'보다 훨씬 더 큰 것을 의미한다. 그리고 'surprising'은 '새롭게 인식된' 사실을 강조하는 표현이고, 'amazing'은 '놀라운 감정'에 관심과 주의를 집중시키는 표현이다. 따라서 이전에 전혀 인지하지 못한 어느 정도 놀라운 상황을 기술할 때는 'surprising'을 사용한다. 이 놀라운 상황이 화자에게 긍정적, 부정적 어느 것이든 상관없다. 반면, 'amazing'은 대체

로 긍정적인 좋은 상황에 놀라운 감정을 표현할 때 사용되는 표현이다.

예상치 못한 이벤트로 준비한 생일 파티를 시작하기 전, 어두운 방에서 갑자기 불을 켜는 순간 외치는 'Surprise!'. Andrea Bocelli, Sarah Brightman, Nana Mouskouri, 조수미 등 소프라노의 주옥같은 목소리로 불린 'Amazing Grace'. 두 가지 모두 놀라운 상황을 표현하는 말이지만, 조금씩 다르다.

한국에 널리 알려진 음악 어플 mel**과 kak** music 사이트에서 surprising ooo, amazing ooo으로 시작되는 제목을 검색했더니 단연코 'amazing'이 많았다. 위에 언급한 것처럼 'amazing'은 긍정적인 좋은 상황에 놀란 감정을 나타내므로 노래 가사에 더 잘 어울릴 듯! 대체로 감미로운 노래들이 많았다. 그에 비해 'surprise, surprising, surprised' 등이 들어간 팝송 제목들은 대부분 메탈 음악 중에서 헤비를 넘어 데스 메탈 급이거나, 음산한 분위기의 심벌 소리 가득한 Jazz Rock이 많았다.

- **'amazing'을 쓰는 표현**('wow'와 함께 쓰이면 자연스러움)

❶ "Wow, it's **amazing**! It's like magic! That tough ink stain literally disappears before your very eyes!"

(와, 정말 놀랍습니다. 마술 같아요. 제거되지 않던 잉크 자국이 우리 눈앞에서 글자 그대로 사라졌습니다.)

❷ The movie **wowed** audiences with its **amazing** special effects.

(그 영화는 인상적이고 놀라운 특수효과로 관객들을 감탄하게 하였다.)

❸ It's **amazing** to think that the film director is only 23.

(그 영화감독이 불과 23세라고 생각하면 매우 놀랍다.)

❹ It's **amazing** that no one else has applied for such a great job.

(그런 멋진 일자리에 아무도 지원하지 않았다니, 매우 놀랍다.)

❺ The **amazing** thing is that it was kept secret for so long.

(그 사실이 그렇게 오랜 시간 비밀에 부쳐졌다니, 매우 놀라운 일이다.)

❻ What an **amazing** coincidence! (이런 놀라운 우연이 있나!)

❼ 중학교 영어 교과서에 나온 대화 바로잡기

W: **Oh**, look at the news. ➡ Look at the story.

M: What is it?

W: **A man** spent 76 days alone on a small boat at sea.

　　A man ➡ **This** man

M: **Really**? That's **surprising**! ➡ Wow, that's amazing!

• 'surprising'은 'amazing'과 달리 새롭게 인지되어 놀라운 상황을 표현함(중학교 영어 교과서의 **바르게 사용된** 'surprising')

W: Look at this movie. I want to (be able to) ski like that, but
　　we only have deserts.

M: Um⋯. why don't you try **to ski** on the sand?

W: Well, I don't think it (that) is possible.

M: Why not? Don't you know about sand ski racing?

W: Sand ski racing? What's that?

M: Players ski on the sand, not (instead of) on snow.

W: **Wow**. That's **surprising**. ➡ 'surprising'은 바르게 표현했지만,
　　'Wow.'는 '**Really?**'로 바꾸어야 함

창문이 전혀 없는 집

without any window vs. no windows

중학교 영어 교과서에서 가져온 아래 예문의 밑줄친 표현이 제대로 쓰였는지 판단해보자.

They have lived in houses like these for about a thousand years to protect themselves from enemies. The houses have only one gate **without any windows** on the first floor.

위 예문의 맥락은 특별한 형태의 가옥에 대한 것이다. 약 1천 년 동안 적의 침입으로부터 자신들을 보호하기 위해 문이 오직 하나이고, 1층은 창문이 없는 집에 살았다는 내용이다.

하지만 위의 표현 'without any windows'는 '창문이 전혀 없다'라는 의미를 나타내기에는 다소 약한 경향이 있다. 적이 침입해 들어올 수 있는 창문이 전혀 없었다는 관점을 나타내려면 '**no windows**'로 표현해야 한다. 반면, 집 안에 거주하는 사람들이 밖을 내다보거나 환기를 하고 싶은데 아무런 창이 없어 그 답답함을 나타내려면 교과서의 표현 'without any windows'가 적절하다. 밖에서 안으로 진입하는 것이 원천적으로 막혀 있다는 관점을 표현하려면 'no+명사'를 사용하고, 안에서 밖으로 향하여 나갈 가능성을 표현하려면 'not~any+명사'를 사용한다.

앞의 내용을 고려하여 영어 교과서의 또 다른 예문에서 밑줄친 표현이 옳은지 판단해보자.

Last week, lightning struck a tree and started a fire in a mountain forest in California. It spread quickly, and fire fighters had to get to it fast. However, there were **no roads** in the forest, so fire trucks could not get to the fire!

예문에서 밑줄친 표현 'no roads'는 바르게 사용되었다. 소방대원들이 불을 진화하기 위해 숲으로 진입하려는데 그 어떤 진입 도로조차 없다는 의미를 나타낸다. 즉, 밖에서 안으로 들어가는 것을 원천적으로 막고 있어 어떤 종류의 도로도 없다는 의미를 나타내려면 'not any roads'를 사용하기보다 'no roads'를 사용해야 한다. 'no+명사'가 이런 관점의 차이를 나타내는 쓰임을 갖는 것은 부정의 강조라는 기본적인 기능으로부터 유추된 추가적인 기능이라 할 수 있다.

'no+명사'와 'not~any+명사'는 위에서 언급한 차이뿐만 아니라 다음과 같은 용법의 차이를 보인다.

A: Can you get me the beer we bought yesterday out of the fridge?
(어제 사온 맥주를 냉장고에서 가져다줄 수 있니?)
B: Oh no! There **isn't any beer**. Maybe John drank it all. I'll go get more from the grocery store.
(오, 이런! 맥주가 하나도 없네. 아마 John이 다 마신 모양이야. 내가 가게에 가서 더 사놓을게.)

A: I am thirsty, can I have something to drink?
(목마른데 뭐 좀 마실 수 있어요?)
B: Of course. There is some orange juice in the fridge, but there **is no beer**.
(물론이지. 냉장고에 오렌지주스가 있지만, 맥주는 없어.)

앞의 첫 번째 대화문에서 화자 B의 발화에서 'isn't any beer'를 'is no beer'로 바꿀 수 없고, 두 번째 대화문의 'is no beer'는 'isn't any beer'로 바꿀 수 없다. 첫 번째 대화문에서 화자 B는 맥주가 냉장고에 있다고 기대하고 냉장고를 확인한 순간, 염두에 두고 있던 맥주가 조금도 남아있지 않음을 나타내기 위해서 'isn't any beer'라고 표현했다.

그러나 두 번째 대화문은 염두에 두고 있던 맥주와는 무관하게 맥주라는 존재 그 자체를 부정한다. 즉 화자 B는 오렌지주스가 있는 것과 대비하여 맥주는 아예 없음을 주장하고 있다.

이와 같이 어떤 두 가지 존재에 대하여 하나는 존재하고 다른 하나는 존재하지 않음을 대조적으로 주장할 때 'no+명사'를 사용한다. 이런 대조적 주장의 특징은 대조 항목이 두 개이다. 만약 B의 발화를 "Of course. There is some orange juice and milk, but there is no beer."라고 하면 어색해진다. 이 경우 오히려 "~, but there isn't any beer."라고 해야 더 자연스러운 표현이다.

'no+명사'에서 해당 명사가 지칭하는 개체가 특정 자질을 나타내는 위계의 한 단계에 해당한다면 그 단계를 부정하고 다른 단계가 성립됨을 나타낸다. 아래 표현이 그런 쓰임을 보여주고 있다.

He's **no fool**: he can see what you're trying to do.
(그는 전혀 바보가 아니다. 네가 무엇을 하려고 하는지 알 수 있다.)

Trump is **no genius**, but he's smart at playing dumb.
(Trump가 천재는 아니지만, 바보 같은 짓을 하는 데는 일가견이 있다.)

After the argument he stopped speaking to me, but actually it was **no great loss**.
(그 논쟁 후 그는 나에게 말을 하지 않고 있다. 사실 그가 내게 더는 말을 하지 않는 것이 큰 손실은 전혀 아니었다.)

사람의 지적능력 단계를 '바보-보통-천재'와 같이 구성될 수 있다고 가정하면 'no fool'은 가장 낮은 단계인 '바보'를 강하게 부정한다. 그러면 'no fool'은 논리적으로 적어도 보통 지적 수준이거나, 매우 똑똑하다는 것은 부정되지 않음을 함축한다. 반면, 'no genius'는 가장 위의 단계인 '천재'를 강하게 부정하는 표현이다. 즉, 천재가 아닌 그 외의 지적인 단계는 적용될 가능성으로 남아있음을 'no genius'는 나타낸다. 그래서 'no genius'는 천재가 전혀 아니지만, 그래도 나름대로 똑똑하다는 의미가 있다.

위 마지막 예문은 손실의 크기를 나타내는 단계에서 '매우 큰' 단계가 부정되어 있다. 이런 경우에 'no genius'와 같이 그 아래 단계인 '적은 손실'을 함축할 수 있다. 흥미롭게도 이런 단계에 대한 정보가 명시적으로 주어지고, 그 단계가 보통보다 낮은 단계를 나타낼 때 'no fool'처럼 부정되지 않은 상위 단계를 함축한다. 이런 쓰임을 아래 예문을 통해 확인할 수 있다.

Getting the two men to sit down together and talk was **no small achievement**.
(그 두 사람을 한 자리에 앉게 하고 이야기를 하도록 한 것이 결코 작은 성과가 아니다. 즉, 큰 성과다.)

The Tesla Model S was **no ordinary car**.
(Tesla의 S 모델은 보통 차가 전혀 아니었다. 즉, 굉장히 좋은 차다.)

중고등학교 영문법에서 'not any+명사'를 'no+명사'로 대체할 수 있다고 주입식 교육을 받은 독자들은 위에서 설명한 함축관계를 이해하기 어려울 것이다. 화석처럼 굳어버린 이러한 잘못된 영문법의 올바른 이해를 돕기 위하여 중학교 영어 교과서 예문을 추가해 설명한다.

Fern: It doesn't say that, Lurvy. It says, "SOME PIG."
Lurvy: Hey, you're right, Fern! Wilbur is some pig for sure.
Fern: I told you, Uncle! Wilbur is **not an ordinary pig.**

위의 교과서 대화문은 미국 작가 E. B. White가 쓴 아동소설 〈Charlotte's Web〉의 일부를 각색한 것이다. Fern은 농장주 John의 딸이며, Wilbur라는 돼지를 어릴 때부터 키워왔다. 그리고 Lurvy는 농장에서 일을 도와주는 일꾼이다. 농장주 John이 돼지 Wilbur를 도살하려고 하자, 이를 알게 된 거미 Charlotte가 거미줄로 Wilbur는 중요한 돼지 'SOME PIG'라고 써서 사람들에게 이를 알리고 Wilbur의 도살을 막으려 하고 있다. 이런 맥락에서 Lurvy가 확실히 Wilbur는 중요한 돼지라고 확인을 해준다. 그러자 Fern이 "아저씨, 내가 그렇다고 했잖아요, Wilbur는 보통 돼지가 아니에요."라고 주장한다. 여기서 보통 돼지가 아니라는 것을 명확히 나타내려면 'no ordinary pig'라는 표현을 사용해야 한다. 'no+명사'는 'not~any+명사'보다 훨씬 더 부정을 강조하는 표현이기 때문이다.

Wilbur is not an ordinary pig. (X)

Wilbur is no ordinary pig. (O)

또 다른 표현으로 이 구문을 완벽하게 이해하도록 하자.

The weatherman predicted no rain for tomorrow.
(기상 통보관은 내일 비 자체를 예보하지 않았다.)

The weatherman did not predict any rain for tomorrow.
(기상 통보관은 내일 어떤 비도 예보하지 않았다.)

첫 번째 표현은 내일 날씨로 비에 대한 예보가 전혀 없었다는 의미이고, 두 번째 표현은 강우에 대하여 어떠한 예보도 하지 않았다는 의미이다. 즉, 강우 확률이 10%, 20%와 같은 어떤 종류의 강우 가능성에 대하여도 예보하지 않았음을 나타낸다. 따라서 첫 번째 문장이 두 번째 문장보다 비가 오지 않는다는 예보를 훨씬 더 강하게 표현한 것이다.

Summary

no+명사	not~any+명사
명사가 지칭하는 개체의 존재 자체를 부정하는 표현	명사가 지칭한 개체가 어떤 것도 없다는 것을 표현
'not~any+명사'보다 훨씬 강한 부정	특성이 적용되지 않음
금지와 대조적으로 주장	
어떤 단계의 특정한 정도를 표현하며, 그 정도를 제외한 나머지 가능성은 성립할 수 있음. 해당 명사가 보통 이하의 단계를 나타내면 매우 높은 정도의 단계가 성립할 수 있음을 나타냄	명사가 지칭하는 개체에 해당 문장이 나타내는 특성이 전혀 적용되지 않음

격식 너무 '많이' 차리지 마세요
lots of, a lot of vs. many, much

영어 표현에서 '무엇이 많다'를 나타낼 때 흔히 사용되는 것으로 'lots of', 'a lot of', 'many', 'much'를 꼽을 수 있다. 대부분 영문법을 처음 배울 때 형용사 설명이 끝나면 수량형용사라는 거창한 제목과 함께 공식처럼 아래와 같이 외운 경험이 있을 것이다.

'수가 많다'라는 표현은 'many', '양이 많다'라는 표현은 'much', 그리고 수와 양을 모두 나타낼 때는 'lots of', 'a lot of'가 쓰인다.

이들 각각의 차이가 무엇인지 누구나 다 안다고 생각할 수도 있겠지만, 실제 적용에 있어서는 가끔 실수가 따른다. 이들은 어떤 차이가 있을까?

다음은 중학교 영어 교과서에 나온 대화문이다. 'many'와 'so much'가 제대로 사용되었는지를 판단해보자.

A: How was the food?

B: It was great. We ordered **many** different dishes.

G: What did you do yesterday, Minsu?

B: I went to Kevin's birthday party. We had so **much** fun.

위의 두 대화문에서 'many'와 'so much'는 'a lot of'나 'lots of'로 고쳐야 한다. 일상대화에서 '많다'라는 의미를 나타내는 표현으로 'many'와 'so much'를 사용하는 것은 격식을 차린 말투가 되어 듣기에 어색하다.

일상생활에서 격의 없이 표현할 때는 'lots of~'나 'a lot of~'를 아래의 예문과 같이 사용한다.

I went shopping and spent **lots of** money.

I have **a lot of** homework.

The kids read **lots of** books during vacation.

반면, 논문이나 법률의 서술 등과 같은 격식을 요구하는 문맥에서는 주로 'many' 또는 'much'를 사용한다.

There is **much** concern about drug addiction in the US.

(미국 내 마약 중독에 관한 걱정이 많다.)

Much research has been conducted on the phenomenon.

(그 현상에 관해 많은 연구가 되어왔다.)

Many natural language processing systems have a knowledge base
of contextual and world knowledge.

(많은 자연어 처리 시스템은 문맥과 세계 지식의 지식기반을 갖추고 있다.)

위의 예문들에서 볼 수 있듯이 '많다'라는 의미를 일상적인 말투로
해야 하는 경우에 'many'를 사용하면 어색해진다. 마찬가지로, 논문
이나 보고서처럼 격식적인 맥락에서 'lots of' 또는 'a lot of'로 표현하
는 것도 어색하게 된다.

아래 예문과 같이 부정문이나 의문문에서는 'a lot of'나 'lots of'보
다 'many'와 'much'가 더 일반적으로 사용된다.

I **haven't** watched many English films.

He **doesn't** have much time.

There **isn't much** food left but there's **lots of** bread and soup.

A: Does he have **many** girl friends?

B: No, but he has **lots of** men friends.

문제없어요

No problem vs. Of course

여행 이야기는 언제 들어도 즐겁다. 낯선 곳을 가보지 않고도 이야기 속에서 간접 체험과 함께 배움을 얻는다면 덤! 필자가 친구의 타이완 여행 이야기를 듣는 동안 생생한 영어 표현 하나가 떠올랐다. 그가 타이완의 관광 명소인 '스린 야시장'행 MRT 타는 곳을 물어보려는데, 자신이 서 있던 산책도로 벤치 근처에서 영어 구사 가능한 사람을 찾기란 하늘의 별 따기였다 한다. 그나마 간단한 영어 단어와 body language로 MRT 타는 곳을 알려준 한 아주머니를 만났는데, 그 시간 그곳에서 최고의 English Speaker였다고 한다.

타이 위(대만어)와 영어 비율이 10:1이어서 잘 알아듣지 못하자, "Follw me."라고 하시며 도보로 10분가량 걸리는 MRT 역으로 직접 데려다줄 분위기여서 친구는 "Thank you."라고 말했고, "No problem."이라는 대답을 들었다고 한다. 당시 친구의 길 안내를 위해 아주머니가 벤치에서 일어섰을 때, 가까이에서 놀고 있던 3, 5, 7세 가량의 아이들이 동시에 "마마~"라고 하며 함께 따라오는 것을 보고 세 아이의 엄마에게 진심으로 고마움을 느꼈다고 한다. 그때의 감동으로, 한국에 돌아가면 해외에서 온 관광객이 자신에게 길을 물어

올 때 그리 긴 시간이 걸리지 않는 목적지라면 한 번쯤은 자신이 직접 차를 운전해서 데려다주겠다고 다짐했다고 한다.

경북 안동에 사는 그 친구가 버스터미널에 갔다가 택시 승강장에서 금발여성 두 명이 길을 물어보는 것 같은데 택시 기사들이 고개를 가로젓는 것을 보고 운전대를 그쪽으로 돌렸단다. 친구가 등장하자, 금발여성은 '하회마을'로 가는 버스를 타려면 몇 번을 타야 되는지를 물어왔다. 마음보다 몸이 먼저 반응하는 친구는 "No problem."이라고 외치고, 두 여성을 자신의 차에 태우려 했단다. 그 순간 어떠한 설명도 못 듣고 차에 갇히게 될 것 같았던 두 여성은 친구에게 배낭을 벗어던지면서 큰소리로 욕설 비슷한 프랑스어를 마구 들려주었다는 황당한 해프닝이다.

이야기에 등장하는 상황을 정리하면, 타이완의 아주머니는 "No problem.", 금발여성들에게 길을 가르쳐 주겠다고 말한 내 친구는 "Of course."라고 표현해야 한다.

누군가에게 친절을 베풀고자 할 때 흔히 'no problem'이라는 표현을 쓴다. 하지만 중학교 영어 교과서에 나온 아래 대화문의 "No problem."은 부적절한 표현이다.

G: Excuse me. Can you please open the gate for me? My hands are full.

M: **No problem.**

G: Thank you.

위 문장은 "저기요, 문 좀 열어주시겠어요? 양손에 물건을 들고 있어서요."라고 하며 문을 열어 달라고 부탁하는 맥락이다. 잘 아는 사이 혹은 그렇지 못한 사이에 상관없이 여자의 부탁에 "No problem."이라고 반응을 보이는 것은 적절하지 못하다.

이 표현은 상대가 부탁한 것이 '문제'이지만 기꺼이 그 부탁을 들어준다는 의미이다. 즉, 여성이 두 손에 물건을 들고 남성 앞에 있는 문을 좀 열어달라고 부탁하는 맥락에서 '문제가 되는 일'로 받아들이는 것 같은 심리가 보이므로 잘못된 표현이다. 이런 경우 "Of course, here you go!"라고 하는 것이 남자의 반응으로 적절하다.

어떤 부탁을 받았을 때 "No problem."이라고 대답하려면 그 부탁이 실제로 힘이 많이 들거나 상당한 노력이 필요한 경우에 적합하다. 그렇지 않은 경우에 이런 표현을 사용하면 부탁한 상대가 별것이 아닌 것을 '문제'로 받아들인다고 느끼게 될 수 있기 때문에 되도록 피하는 것이 좋다. 일반적으로 "Of course, my pleasure."와 같은 표현이 쓰인다.

물론이죠!

Of course vs. Yes

한국에서 영어를 가르치는 영어원어민 강사들은 다음과 같은 한국인 영어학습자들의 영어 사용에 나타나는 특징을 지적한다. 한국 영어학습자들이 'yes-no' 선택 질문에 긍정적인 대답으로 'Yes'라고 답하는 대신 'Of course'라는 표현을 과도하게 사용해서 어색한 분위기가 될 때가 자주

있었다고 말한다. 문제는 'Of course'라는 표현이 맥락에 따라 매우 무례한 답이 될 수도 있다는 점이다.

아래 예문에 나오는 'Of course'는 모두 무례하거나 퉁명스럽게 들리는 경우이다. 괄호 안의 한국어는 'Of course'라고 대답했을 때 **상대가 상상할 수 있는 답변자의 심리상태**이다. 상대의 기분이 상하지 않도록 대답하고 싶다면

'Of course'의 사용을 되도록 피하고 단순히 'Yes'라고 하면 된다.

Interviewee: May I sit down?

Interviewer: Of course. (바보 같은 소리하고 있네! 그냥 앉으면 되지.)

Teacher: Did you do your homework?

Student: Of course. (숙제했다니까요! 왜요?)

A: Are you German?

B: Of course! (그럼! 내가 독일인이지, 넌 뭐로 보이냐?)

A: Would you like a cup of tea?

B: Of course! (아, 네네! 몇 시간 주문 안 하고 있어 불만이셨죠?)

A: Shall we go for a walk?

B: Of course! (그럼! 우리가 산책하는 것 말고 또 뭘 할 게 있냐?)

　위의 대화에서 질문은 단순히 사실관계를 확인하거나, 당연한 허락을 구하거나, 일상적인 제안을 하는 상황이다. 상대가 어떤 것에 대한 진위를 판단할 정보가 없어서 묻는데 'Of course'라 답하면 '그렇게 당연한 것도 모르냐? 이 바보야!'라는 식으로 응대하는 결과가 된다.

　사회적으로 자신보다 높은 위치에 있는 사람이 사실관계를 물어볼 때 'Of course'라고 답하는 것도 무례한 표현이다. 상대가 어떤 제안을 할 때 'Of course'라고 표현하면 '그럼, 그렇게 해야지! 내가 뭘 달리 하라는 거냐?'라고 퉁명스럽게 쏘아붙이는 듯한 심리상태를 느끼게 할 수 있다.

그런데 다음과 같은 경우는 'Of course'로 답을 해도 무례하거나 퉁명스럽게 들리지 않는다. 아래의 대화문에서 질문 부분이 위에 소개한 대화문의 질문과 어떻게 다른지 생각해보자.

A: Are you coming to my party on Saturday?

B: **Yes, of course!** I'm looking forward to it.

A: I'm going to lunch.

B: Oh, can I come too?

A: **Yes, of course.**

A: That was a wonderful film we just watched.

B: **Of course!**

첫 번째 대화는 토요일 파티에 와달라는 완곡한 요청을 표현하고 있다. 두 번째 대화는 점심을 같이 먹으러 가도 좋은지 허락을 구하고 있다. 세 번째 대화는 함께 보았던 영화가 훌륭했다고 말하고, 서로 이 의견에 명확히 동의할 것을 확신하는 경우이다. 이와 같이 요구, 허락, 당연한 주장 등에서 상대가 그 내용에 대하여 사전에 명확히 알고 있을 경우에는 'Of course'를 사용해도 아무런 문제가 없다.

중학교 영어 교과서에서 가져온 아래 대화문에서 'Of course'가 무례하거나 퉁명스럽게 들리지 않는지 판단해보자.

W: May I help you?

J: Yes, please. I'm looking for a T-shirt.

W: How about this one? It's the latest style.

J: It looks great, but do you have another style?

W: **Of course**. We have it in white, black, and red.

J의 두 번째 대화는 점원에게 다른 스타일의 티셔츠가 있는지를 묻고 있다. 단순히 진위에 대한 정보를 구하고 있는 질문에 W가 'Of course.'라고 하면 "당연히 다른 스타일을 가지고 있지. 넌 여기 어디라고 생각하니? 여기는 옷가게야, 이 바보야!"와 같은 무례한 대답으로 들린다. 따라서 "Yes, sure we have."와 같이 응대해야 정상적인 답이 될 수 있다.

다음 대화문 역시 중학교 영어 교과서의 표현이다. 아래의 'Of course'는 어떨까?

W: Welcome to my party! Would like some juice, first?

M: Oh, thanks. Do you have orange juice, Julie?

W: **Of course**. I'll get you a class.

M의 질문은 오렌지주스를 가졌는지를 묻는 것이 아니라, 오렌지주스를 달라는 완곡한 요구이다. 이런 요구에 'Of course'로 대답하는 것은 아무 문제가 없다. 이렇게 답을 하면 "그래! 네가 오렌지주스를 원하는 것을 내가(M) 명확히 알고 있으니, 그 오렌지주스를 내가 가져다줄게."라는 취지로 'Of course.'를 사용한 것이 된다. 이때 'Of course'는 무례하거나 퉁명스러운 느낌이 없이 상대가 원하는 것을 기꺼이 들어주겠다는 의미이다.

아래의 두 대화문도 중학교 영어 교과서의 표현이다. 무엇이 문제일까?

B: Do you like eating street foods?

G: **Of course**.

B: What's your street food?

G: I like Gimpap.

S: Hi, Anna. What are you doing?

A: I'm practicing for the school festival.

S: Wow, you can dance like Michael Jackson.

A: Thank you, Suho.

S: Can you sing, too?

A: **Of course**, I can. In fact, I'm also practicing some K-pop songs.

대화의 맥락으로 볼 때 'Of course.'는 두 예문 모두 무례하거나 퉁명스러워 자기중심적으로 대답한 느낌이 강하게 나타난다. 상대가 질문한 내용에 대하여 어떤 답을 할지 모르는 상황이다. 즉, 질문의 내용에 대한 가부 판단을 할 정보가 질문자에게 전혀 없는 상황에서 "너무 당연한 것을 왜 묻고 있어? 너 바보야?!"라는 뉘앙스를 주고 있다. 따라서 두 곳의 'Of course'는 'Yes'로 바꾸어야 한다.

아래의 두 대화문은 2018학년도 수능 영어듣기 문항의 지문들이다.

M: Hey, Rebecca? What's up? Your're calling **early** in the morning.

W: Sorry, Daniel. I need to tell you something. Do you remember I applied for the school orchestra?

M: **Of course.** Did you hear anything from the director?

W: Yes. I got a text message from him last night. I got accepted!

W: Hello. Can I help you?

M: Yes. I need a winter blanket.

W: How about this one? It's lightweight but it'll keep you warm.

M: Oh, it's soft, too. How much is it?

W: It was originally $50, but it's on sale. It's only $40.

M: Great. I'll take one. Do you also have pillows?

W: **Of course.** What kind of pillow are you looking for?

첫 번째 대화문의 'Of course'가 퉁명스럽게 들리는 것은 다음 이유 때문이다. W가 학교 오케스트라에 입단하려고 지원했단 사실을 M이 여전히 기억하고 있는지 확인하는 질문을 했는데, 그 질문에 M이 'Of course'라고 답하여 "넌 나를 뭐로 아니? 얼마 지나지 않은 일을 기억 못 할 거라고 생각해?"라고 쏘아붙이듯이 말하고 있다. 이런 오해를 피하려면 단순히 'Yes, I do.'라고 하면 된다.

두 번째 대화문의 'Of course'도 약간은 비아냥거리는 느낌이 들 수 있는 퉁명스러운 대답이다. 가게에 베개가 있는지 단순히 물어보는 말에 'Of course'라 대답하여 "그럼! 여기서 베개 팔지, 어디 가서 사려고 하니? 여기 침구류 가게야, 이 멍청아!"라는 느낌을 줄 수 있다. 퉁명스럽고 비꼬는 표현으로 들릴 소지가 있는 답이다. 단순히 'Certainly, we have.', 'Yes, we have.'와 같이 응대하면 이런 오해의 소지가 없어진다.

그런데 위의 두 번째 대화문은 'Of course'의 부적절한 사용 외에도 여기저기 부자연스러운 표현이 보이는데, 다음과 같이 수정해볼 수 있다.

W: **Good morning/afternoon. May** I help you?

M: Yes. I need a winter blanket.

W: How about this one? It's lightweight but it'll keep you warm.

M: Oh, it's soft, too. How much is it?

W: It was originally $50, but it's on **sale for $40.**

M: **That's great. I think I'd like that.** Do you also have pillows?

W: **Yes, I do!** What kind of pillow are you looking for?

첫 번째 W의 대화에서 'Hello'를 'Good morning/afternoon'으로 수정한 이유는 'Hello'는 전화 대화에서 주로 상대방을 호출할 때 사용하는 표현이다. 이런 말을 가게에 온 손님에게 주인이 건네는 것은 상황에 어울리지 않는다. 'Good morning'처럼 가벼운 인사말로 손님에게 말을 거는 것이 일반적이다.

그리고 W의 세 번째 대화에서 원래 50달러에 팔던 것인데 40달러로 할인 판매중이라고 말하고 있다. 이런 내용을 원래의 수능 영어 지문에서처럼 두 문장으로 표현하면 하나의 생각이 두 문장에 분산되어 응집성(coherence)이 훼손되어 자연스럽게 들리지 않는다. 그래서 'it's on sale. It's only $40.'을 한 문장으로 통합하여 'it's on **sale for $40.**'으로 수정하였다.

M의 마지막 대화 'Great. I'll take one.'을 **'That's great. I think I'd like that.'**으로 수정한 이유는, 원래의 표현이 너무 비격식적이며 친한 친구에게 일상적으로 말하듯 하고 있어서 처음 보는 손님과 가게 주인의 대화에 적절한 말투로 바꾼 것이다. 'Great'는 친한 사이에 일상적으로 말할 때 'That's'를 생략하고 'Great'만 말한다. 'That's wonderful/good/interesting,'과 같은 표현 역시 일상적 표현에서는 'That's'를 생략할 수 있다. 또한 'I'll take one.'보다 좀 더 유보적으로 **'I think I'd like that.'**이라고 하면 처음 보는 손님과 가게 주인 사이에 주고받을 수 있는 대화 말투로 훨씬 더 자연스러워진다.

Summary

Of course

- 일반적인 질문이나 호의를 베풀기 위한 제안을 하는 질문의 답 → 무례하거나 퉁명스러운 답이 될 위험이 있는 표현
- 상대가 허락을 구하거나 어떤 것을 요구하기 위한 질문의 답 → 문제없음
- 상대의 너무 당연한 주장/진술에 대한 호응 → 자연스러움
- 상대가 내용을 알고 있는 진술/질문에 대한 호응 → 자연스러움
- 영어 교과서, 수능 영어시험 문제(듣기)에서 Of course 오용 사례 → 이런 오용을 피하는 쉬운 방법: Of course 대신 단순히 'Yes'를 사용

7

단수, 복수 결정은
그들만의 셈법

Singular or Plural?
It's Their Own Decision!

긴 머리 스타일
a long hair vs. long hair

누군가의 외모를 영어로 묘사할 때, 불가산명사에 대한 이해 부족으로 헤어 스타일을 말하며 큰 실수를 하는 경우가 가끔 있다. 여자들의 'a long hair'는 완전 엽기적일 뿐 전혀 매력적이지 않다.

I think women with a long hair look charming. (Wrong)

I think women with long hair look charming. (Right)

잘못된 표현인 첫 번째 문장은 머리카락 한 가닥만을 의미하기 때문에 'long hair'라고 해야 한다. 필자 역시 'hair' 때문에 대학 신입생 시절 황당한 실수를 경험한 적 있다. 평소 강의시간을 엄격히 지켜달라는 말씀을 자주 하셨던 영어원어민 교수님 강의에 지각했던 날 "I'm so sorry I'm late. I was washing my hairs and lost track of time." (늦어서 죄송해요, 교수님. 머리 감다가 시간 가는 줄 몰랐습니다)라고 말씀드렸더니, "Is that right?" (그러세요?)라며 웃음을 참을 듯 말 듯 하시던 교수님. 과제 제출을 하기 위해 연구실에 들른 필자에게 교수님께서 건네주신 책 한 권…. 그중에서 uncountable noun(불가산명사) 부분에 형광펜으로 하이라이트 해주신 페이지를 읽으면서 비애와 감동을 동시에 느꼈다.

물론 그 후로 외국인과 대화할 때 불가산명사나 단수, 복수 표현을 더 신중하게 말하게 되었다. 여러분은 필자와 같은 실수를 범하지 않기를 바란다. 머리를 감을 때 머리카락은 'my hairs'가 아니라 'my hair'로 표현할 것!

한국어에서 사탕은 헤아릴 수 있는 개체로 표현된다. 영어원어민 화자들의 사탕에 대한 개념은 어떨까? 헤아릴 수 있는 개체로 인식될까, 아니면 헤아릴 수 없는 개체로 인식될까?

중학교 영어 교과서에 나온 아래 예문 A의 질문에서 'candies'라고 복수형을 사용하고 있다. 바르게 사용되었을까?

A: Do you like **candies**?

B: No, I don't. I don't like **sweets**.

영어의 'candy'는 셀 수 없는 'salt', 'rice', 'water' 등과 같은 물질명사에 속한다. A의 대화에서는 무관사 단수 형태인 'candy'가 사용되어야 한다. B가 말한 'sweets'는 'candy'와 같은 의미로 사용되었다. 복수형인 'candies'가 사용되어야 하는 경우는 아래 문장처럼 사탕을 낱개로 나타낼 필요가 있을 때다.

Mary wanted me to bring some small, round **candies** to make the eyes for gingerbread men. (Mary는 생강 쿠키의 눈을 만들기 위해 내가 몇 개의 작고 둥근 사탕을 가지고 오기를 원했다.)

이처럼 물질명사로 사용되기도 하고, 가산명사로 사용되어 구체적으로 낱개의 개체를 지칭하는 용법을 보이는 명사는 'hair', 'clover', 'thread' 등이 있다.

I got quite a surprise when I saw her with **short hair**.
(그녀가 **짧은 머리**를 한 것을 보고 꽤 많이 놀랐다.)
I found **a hair** in my soup this morning.
(오늘 아침 국에서 **머리카락** 하나를 발견했다.)

The field was covered with **clover**.
(그 들판은 **클로버**로 가득 덮여 있다.)
Mary was looking at three four-leafed **clovers**.
(Mary는 **네 잎 클로버** 세 개를 살펴보고 있었다.)

I shall need some red **thread** to sew this dress.
(나는 이 옷을 꿰매기 위해 **붉은 실**이 좀 필요하다.)
Push **a thread** through a needle. (**실**을 바늘귀에 꿰어라.)

쉿! 조용히 하세요
Do not make a noise! vs. Don't make noise!

아기를 재울 때 조용히 하라고 주위 사람에게 말할 때 사용하는 표현으로 어떤 것이 있을까? "Shhh… Be quiet! My baby's sleeping."이라고 하거나, 아기가 잠자는 방문 앞에 아래 그림처럼 'Baby is Sleeping BE QUIET or BABYSIT!'라는 주의표시를 걸어둔다.

이때 'Be Quiet' 대신 'Keep Quiet'을 사용하기도 한다. 'babysit'은 아이를 돌본다는 뜻을 가진 동사이다.

그런데 중학교 영어 교과서에 엄마가 아기를 재우면서 조용히 하라는 맥락으로 "**Do not make a noise!**"라고 표현해 놓았다. 아기를 재우고 있는 상황에서 이 표현이 주위 사람들에게 조용히 하라는 메시지로 과연 적절할까?

'noise'라는 명사로 조용히 하라는 표현을 하려면 오히려 불가산명사로 '**Don't make noise!**'라고 하거나 '**Don't be noisy!**'라고 해야 한다. 가산적인 뜻으로 사용된 'noise'는 특정 시점에 만들어진 단발성 소음을 의미하지만, 동사 'make'와 결합하여 'make a noise about something'과 같은 숙어를 형성하여 '불평하다'라는 의미가 있다.

따라서 아기를 재우는 상황에는 교과서의 표현 'Do not make a noise!'는 부적절한 표현이다. 차라리 어떤 소리도 내지 말라는 절대 정숙을 의미하는 'Don't make a sound!'가 아기를 재우는 상황에서 조용히 하라고 하는 의미로 더 적합할 것이다.

어법상으로 보면, 명사 'noise'는 가산(countable), 불가산(uncountable) 명사의 기능 둘 다 가능하다. 가산명사로 사용될 경우에는 아래 예문이 보여주듯 특정 순간에 만들어진 시끄러운 소리를 나타낸다.

"He made a noise like a pig."
(그는 돼지처럼 시끄럽게 떠들었다.)

반면, 불가산명사로 사용되면 특정한 순간에 만들어진 소리가 아닌 여러 가지 소란스러운 소리를 의미한다. 다음의 예문이 이러한 불가산적 용법을 보여주고 있다.

There was too much noise in the room.
(그 방은 매우 소란스러웠다.)
The noise of bombs and guns was incessant.
(총성과 폭발음이 끊이지 않았다.)

동사 'make'의 목적어로 복수형(noises)이 사용되면 어떤 것에 대하여 간접적이며 불명확하게 이야기하는 것을 나타낸다. 아래 예문에서 확인하자.

The government is making noises about the new social security policy.

(정부는 그 새로운 사회보장정책에 관하여 모호하게 이야기하고 있다.)

She's been making noises about going back to college.

(그녀는 대학으로 복학하는 것에 대해 계속 불명확하게 떠들어대고 있다.)

Summary

쉿! 조용히 하세요.

① Be quiet!

② Keep quiet!

③ Don't make noise!

④ Don't be noisy!

⑤ Don't make a sound!

〈주의〉 Don't make a noise! (noise: 가산명사 취급)

　　　 특정 시점에 단발성으로 만들어지는 소음을 내지 말라는 의미

과일과 야채를 충분히 섭취하세요

fruit and vegetable vs.
fruits and vegetables

우리말 "과일 좋아하니?"라는 질문을 영어로 표현하면 "Do you like fruit?" 이고, "슈퍼마켓에 여러 종류의 과일이 있다."라는 표현은 "There are many different **fruits** available in the supermarket."이다. 이처럼 과일을 뜻하는 같은 표현에 단수, 복수의 차이가 날 때는 어떤 상황마다 다른 것일까? 아래 그림으로 보면 과일은 헤아릴 수 있는 가산명사로 인식된다.

영어의 'fruit'라는 단어는 '식사 후 디저트로 과일을 먹는다'처럼 일반적인 음식으로서 과일을 나타낼 때는 무관사 단수 형태인 'fruit'로 사용된다. 이 방

식은 물질명사를 표현할 때와 비슷하다. 하지만 다양한 종류의 과일들을 나타내야 할 때는 다음 문장처럼 복수 형태 'fruits'를 사용한다.

We grow three different kinds of **fruits** on our farm: apples, pears, and peaches.
(우리는 농장에 세 종류의 다른 과일을 재배합니다: 사과, 배, 복숭아.)

'food' 역시 'fruit'와 같은 쓰임을 보인다. 일반적으로 음식을 나타낼 때는 단수 무관사로 사용되어 'We need to eat **food** to survive.' (우리는 살기 위해서 음식을 먹어야 한다.)라고 표현하고, 'What is your favorite **food**?'라는 질문에도 단수 무관사로 표현한다. 하지만 여러 종류의 음식을 나타내야 할 경우는 'fruit'처럼 복수 형태로 사용된다. 예를 들어, '의사는 나에게 더 많은 다양한 종류의 과일과 건강식을 권했다.'라고 할 때 'The doctor advised me to eat a wide variety of **fruits** and healthy **foods**.'라고 표현할 수 있다.

다음 문장은 중학교 1학년 영어 교과서에서 가져온 표현이다. 무슨 문제가 있을까?

Today's topic is your health. Many students do not eat enough **fruit** and **vegetables**. They have lots of vitamins. For example, oranges have lots of vitamin C. Also, carrots are full of Vitamin A. So you should eat **fruit** and **vegetables** every day.

위 예문의 'fruit and vegetables'를 '(a variety of) fruits and vegetables'로 바꾸어야 맥락에 맞게 된다. 'vegetable'은 '신선야채', '녹색 채소'라고 하는 먹거리를 나타낼 때 **'fresh vegetables'**, **'green vegetables'**라고 복수 형태로만 사용된다. 하지만 **개별적으로 채소를 지칭할 때**는 단수 **'vegetable'**을 사용한다.

'시금치는 한국에서 가장 많이 먹는 채소다.'라고 할 때는 위 설명처럼 'The spinach is the most eaten **vegetable** in Korea.'로 표현한다. 그리고 'fruit'와는 달리 '야채 좋아하니?'라고 물을 때 'Do you like **vegetables**?'라고 복수형을 사용한다. 반면, '가장 좋아하는 야채는 뭐야?'라고 물을 때는 'fruit'처럼 단수형을 사용하여 'What is your favorite **vegetable**?'이라고 표현한다.

영어 교과서에서도 이러한 오류가 나타나는 것을 보면 영어 단어의 단수, 복수 문제는 영어원어민 그들만의 셈법이라 해도 과언이 아니다.

Summary

❶ fruit, food: 일반적으로 '과일', '음식'을 의미하면 단수 형태, 그 종류 나타내면 복수 형태
❷ vegetable: 먹거리로서 '야채'라고 할 때 복수형 사용
❸ 가장 좋아하는 음식/과일/야채는 뭐니??
　→ What is your **favorite food/fruit/vegetable**?(단수 사용)
❹ 가장 좋아하는 과일과 야채는 뭐니?
　→ What **are** your favorite **fruits** and **vegetables**?(복수 사용)

정의는 셀 수 없어도 불의는 낱낱이 세어 처벌
justice vs. a terrible injustice

정의는 공정함을 의미하는 매우 추상적인 개념이다. 영어에서 이런 추상적인 개념을 나타내는 말은 물질명사처럼 무관사 단수형으로 사용된다. 'injustice'는 'justice'의 반대말로, '불의'를 나타낸다.

하지만 이런 추상적 개념을 나타내는 표현은 그 개념이 적용되는 사건을 나타내는 용도로 사용될 수 있으며, 다음 예문처럼 보통명사와 같은 용법으로 쓰이기도 한다.

They did her **a terrible injustice** by not allowing her to file a complaint.
(그들은 그녀가 고소하는 것을 허락하지 않음으로써 그녀에게 매우 부당한 일을 저질렀다.)
Black Americans are still faced with **many injustices** in the areas of employment.
(미국 흑인들은 여전히 고용 분야에서 많은 부당함에 직면해 있다.)

반면에 정당하게 처리된 사건을 'a justice', 'a few justices'라고 표현하지는 않는다. 'justice'는 판사들을 나타내는 경우를 제외하면 보통명사처럼 사용될 수 없다. 그러므로 다음 예문처럼 쓰인 표현은 영어에는 존재하지 않는다.

*Two considerable **justices** were achieved during the inquiry.
(*조사과정에서 두 가지 상당히 정의로운 일들이 달성되었다.)

'fairness'는 'justice'처럼 언제나 추상적인 개념을 나타내며, 불가산명사로 부정관사나 복수표지를 갖지 못한다. 그 반대 개념을 나타내는 'unfairness'는 부당한 행위를 나타낼 때 'injustice'처럼 가산성을 갖게 되어 다음 문장처럼 복수표지를 취할 수 있다. 그렇지 않으면 부당한 상태, 정의의 부재를 나타내며 전형적인 추상명사로 쓰여 가산성을 부여할 수 없다.

You are a born peacemaker who cannot bear **injustice** or **unfairness**.
(너는 불의 혹은 부당함을 참지 못하는 타고난 중재자다.)
He couldn't stand **unfairness** or getting things he didn't deserve.
(그는 부당함 즉 그가 당할 이유가 없는 것을 당했을 때 참지 못했다.)

피해, 손해를 나타내는 표현으로 'harm', 'injury', 'damage'가 있다. 이 표현들도 그 추상적인 개념이 적용되는 구체적인 사건을 나타낼 수 있다. 하지만 아래 예문처럼 구체적인 사건, 일을 나타낼 때 보통명사처럼 사용 가능한 것은 'injury'만 해당하고, 'harm', 'damage'

는 무관사 단수 형태로 사용된다.

She's concerned about the risk of **injury** to her reputation.

(그녀는 자신의 명성에 해가 가지나 않을까 걱정한다.)

His athletic career has been slowed by **many injuries**.

(그 운동선수의 성공은 많은 부상으로 인해 늦어졌다)

Serious harm was done to the project's prospects.

(그 사업 전망에 심각한 피해를 끼쳤다.)

***Two serious harms** were done to the project's prospects.

(두 번의 심각한 피해를 그 사업에 끼쳤다)

The scandal caused **terrible damage** to her career.

(그 불미스러운 일이 그녀의 경력에 심각한 손상을 초래했다.)

She managed to repair as **a few damages**.

(그녀는 가까스로 몇몇 피해를 복구했다.)

결론적으로, 영어 추상명사의 가산성 여부는 궁극적으로 영어원어민 화자들의 직관에 달려 있어서 한국인 학습자들이 완벽하게 습득하기 어려운 부분일 수 있다.

명백한 증거는 셀 수 있나요?

explicit evidence vs. explicit evidences

우리나라에서 발매 부수가 가장 많다는 한 일간지 영어 칼럼에 사람들이 관심을 가질 만한 외신을 근거로 그 소식의 영어 표현들을 소개하는 코너가 있다. 그 칼럼에서 읽은 직장 내 성희롱·성폭행을 다룬 영어 기사를 바탕으로 쓴 아래의 영어 표현을 한 번 살펴보자.

"…명백한 증거를 제시하지(set forth explicit evidences) 못하고 가해자가 강력히 부인하면(strenuously deny), 오히려 낭패 보기 십상이다…"

'명백한 증거'에 해당하는 영어 표현 'explicit evidences'는 오류이다. 그리고 영어 부사 'strenuously'를 '강력히'로 번역하는 것은 오역까지는 아니어도 부정확한 번역이다. 'strenuously'는 육체적, 정신적 모든 노력을 다한다는 뜻이므로 '애써, 격렬하게, 필사적으로' 등으로 번역해야 자연스럽다. 이 의미는 단순히 강도를 나타내는 'strongly'보다 'arduously, zealously(힘겹게)'와 같은 단어의 의미에 더 가깝다고 할 수 있다.

'명백한 증거'에 해당하는 영어 표현 **'explicit evidences'**를 단순실수가 아닌 오류로 보는 이유는 다음과 같다. 우리나라 학생들의 영작문 과제를 보면 'some evidences', 'many evidences', 'a few evidences'와 같이 'evidence'를 잘못 쓰고 있는 사례를 흔히 볼 수 있다. 영어에서 'evidence'는 복수 표현으로 사용될 수 없다. 그런데도 학생들이 이 단어를 복수형으로 자주 사용하는 이유는 한국어의 '증거'가 헤아릴 수 있는 것을 나타낸다고 생각해서 거기에 상응하는 영어 단어 'evidence'도 같다고 생각하기 때문이다.

불행하게도 **'evidence'는 어떤 경우에도 복수형으로 사용되지 못하는 단어**이다. 이런 식으로 모국어의 영향을 받아 지속해서 범하는 실수를 언어습득 이론에서는 **모국어 간섭으로 인한 오류 현상**이라 한다.

아래에 제시한 단어들처럼 영어에는 불가산명사의 용법으로만 사용되어야 하는 단어들이 다수 있다.

---

advice, attention, awareness, baggage, equipment, furniture, information, knowledge, luck, luggage, machinery, money, news, oblivion, permission, poetry, progress, publicity, research, rubbish, spaghetti, sweetness, travel, trash, thunder, traffic, weather, etc.

위의 단어 중 밑줄친 단어들 외에는 'evidence'와 같이 복수형이나 부정관사와 함께 절대 사용될 수 없는 불가산명사이다. 밑줄친 단어들은 'evidence'처럼 대부분 불가산명사로 사용되기도 하지만, 아래 예문처럼 의미가 약간 변하여 본래 의미와 달라진 경우는 복수형이나 부정관사와 사용된다는 점에서 차이가 있다.

❶ 'attention'이 복수형으로 사용되면 아래 예문에서 확인할 수 있는 것처럼 본래의 의미인 '주의'에서 '친절, 걱정, 좋아하는 마음' 등을 나타내게 된다.

She found his **attentions** flattering.

(그녀는 그의 호감에 매우 기분이 흡족했다.)

She has been receiving **unwanted attentions** from a coworker.

(동료로부터 원하지 않은 친절을 받아오고 있다.)

❷ 지식을 나타내는 'knowledge'는 특정 분야에 대한 어느 수준 이상의 지식을 표시할 때 '**a considerable knowledge of** chemistry'에서와 같이 'a knowledge of~'라는 표현을 사용할 수 있다. 이런 경우를 제외하면 모든 경우 불가산명사로 사용되어 복수형으로 사용되지 않는다. 그리고 'research'는 아래 예문이 보여주듯이 아주 드물게 복수형으로 사용되어 'investigations'와 같은 의미로 사용될 수 있다.

We read about Sigmund Freud's **researches** into the human psyche.

(우리는 프로이드의 인간 영혼에 대한 탐구에 관하여 읽었다.)

❸ 'travel'은 'research'와 같이 특수한 경우 예외적으로 복수형으로 사용되어 '아주 먼 곳으로의 여행'을 나타내고, 'weather'의 경우 '모든 날씨'라는 의미를 나타낼 때는 'all weathers'라는 복수형을 허용할 뿐 그 외 다른 상황은 모두 불가산명사로 사용된다.

We extended our **travels** in more foreign lands for another week.

(우리는 외국의 더 많은 곳을 들러보기 위해 여행을 한 주 더 연장했다.)

She likes to ride her bike in **all weathers**.

(그녀는 어떤 날씨에도 자신의 자전거 타기를 좋아한다.)

❹ 'thunder'는 천둥소리처럼 우렁찬 소리를 나타내는 경우에만 '**a thunder of applause**'(우레와 같은 박수)처럼 '**a thunder of~**' 형태로 부정관사와 함께 사용될 뿐 그 외 다른 경우는 모두 불가산명사로 사용된다.

일간지 칼럼의 잘못과 같이 'evidence'의 오용은 어쩌면 한국인이면 자연스럽게 범할 수 있는 오류이다. 이런 오류의 가능성이 큰 advice, baggage, equipment, furniture, information, permission, progress, publicity, research, spaghetti, traffic, weather 등과 같은 단어들은 빈도수가 높아 일상적으로 흔히 사용된다. 우리말 의미와 쓰임에 따라 이 단어들을 복수 형태나 부정관사와 함께 사용하지 않도록 주의해야 한다.

우리말에 없는 가산, 불가산명사의 구분은 한국인 영어학습자들에게 큰 과제로 남아있다. 중고등학교에서는 요즘도 'A는 셀 수 있어서 가산명사, B는 셀 수 없어서 불가산명사'라고 외치며 주입식으로 '영어'라는 언어를 가르친다. 이 개념을 혼동 없이 가르치려면 **인식적으로 동일 종의 대체물을 설정할 수 있는지에 따라 가산인지 불가산인지를 판단한다**는 식의 논리적 근거라도 제시해야 한다.

이러한 내용을 아래에 상세하게 정리해 놓았으니 명사의 가산성 판단에 도움이 되길 바란다.

열린 자세와 열린 태도
open posture, receptive attitude vs.
an open posture, a receptive attitude

앞의 'evidence'를 잘못 사용했던 일간지의 또 다른 영어 칼럼에서 'evidence'를 오용한 것과 비슷하지만 약간 다른 성격의 영어 오류가 눈에 들어왔다. '죽음이 삶에 대해 가르쳐줄 수 있는 것'에 대한 영어 기사를 소개한 내용으로, 다른 사람의 의견이나 주장을 받아들이려는 우리말 '열린 자세'를 나타내는 영어 표현으로 'open posture'를 사용하였다. 그리고 유사한 뜻을 가진 표현 '수용적 태도'를 'receptive attitude'로, '동화 같은 행복한 결말'을 'fairy-tale happy ending'이라고 표현해 놓았다. 이들 세 가지 영어 표현은 각각 **'an open posture'**, **'a receptive attitude'**, **'a fairy-tale happy ending'**이라고 해야 한다.

먼저, 'posture'는 다음과 같은 영어 표현처럼 신체의 '자세'를 나타내는 경우 불가산명사로 사용될 수 있다. 'He has good/bad/poor posture.' (그는 자세가 좋다/나쁘다/형편없다). 하지만 '태도' '입장' 등을 나타낼 때는 다음 예문에서처럼 가산명사로만 사용된다.

The country has taken **an** aggressive **posture** on immigration.

(그 나라는 이민에 대하여 공세적인 태도를 보여왔다.)

She took **a** neutral **posture** in the argument.

(그녀는 그 논쟁에서 중립적인 태도를 보였다.)

따라서 위에 언급한 영어 칼럼의 'open posture'가 열린 마음과 태도를 나타낸다면 당연히 '**an open posture**'로 수정되어야 한다.

다음으로, 'attitude'가 긍정적이거나 부정적인 태도를 나타내면 가산명사로 사용된다. 즉, '**a positive/negative attitude**'라고 해야 한다. 'attitude'가 가산명사로 사용될 때 무엇을 향한 태도인지도 함께 표현되는 것이 일반적이지만, 불가산명사로 사용되는 경우는 아래 예문에서 확인할 수 있듯이 무례한 행동을 나타낼 때다.

He was showing **some attitude** during practice today, so the coach benched him.

(그가 오늘 연습 도중 무례한 행동을 보여서 코치가 연습에서 제외했다.)

따라서 칼럼의 'receptive attitude'는 'a receptive attitude'로 수정되어야 한다.

마지막으로, '**ending**'은 가산명사로만 사용되기 때문에 칼럼에서 사용된 표현은 'a fairy-tale happy ending'으로 수정되어야 한다.

앞서 언급한 일간지에 실린 '새해맞이 행복론'이라는 또 다른 칼럼에도 위에서 언급한 것과 같은 종류의 오류를 범하고 있다. 내용 가운데 '남과 비교하며 덧없는 명성과 부에 대한 집착과 상실감(obsession and sense of loss)으로 스스로 행복을 걷어차는 것'이라는 표현은 'an obsession and sense of loss'로 수정되어야 한다. 'obsession'과 'sense'는 집착하는 대상, 느끼는 대상이 'of~'와 같이 전치사구 등으로 표현된 경우는 언제든지 헤아릴 수 있는 것으로 판단하고 'an obsession of ~', 'a sense of ~'처럼 부정관사와 함께 사용되어야 한다.

Summary

❶ 영어를 외국어로 배우는 영어학습자에게는 부족한 언어능력 때문에 명사의 가산성 판단에 오류가 자주 발생함

❷ 명사의 가산성 판단 여부는 영어원어민 화자들의 언어 직관에 속함

❸ 명사가 나타내려고 하는 것이 시간적, 공간적 측면에서 그 크기를 가져 다른 것과 구별해서 생각할 여지가 있으면 가산명사 취급

❹ ❸의 경우가 아니라면 불가산명사로 취급

단수, 복수는 그들만의 셈법
The audience was vs. The audience were

　　학교 문법에서 집합명사는 주어로 사용될 때 단수와 복수 동사의 형태를 모두 취할 수 있다고 가르친다. 이러한 특성을 갖는 집합명사에는 다음과 같은 것들이 있다.

army	clergy	government
audience	council	jury
band (musical band)	crowd	majority
board (political)	department	minority
cabinet (political)	enemy	public
choir	group	school
class	herd	senate
committee	faculty	society
company	family	team

　　이들 집합명사들은 어떤 경우에 영어원어민 화자들이 단수 또는 복수로 취급하고, 또 그에 맞는 동사나 인칭대명사를 사용하는 것일까?

The **audience was** enormous.

(관중은 어마어마했다.)

The **audience were** all women.

(관중은 모두가 여성이었다.)

위의 첫째 문장은 'audience'가 단수로 사용된다. 이 문장의 'audience'는 'a single undivided body'를 나타낸다. 'enormous'는 'audience'와 함께 사용되면 집단의 크기가 매우 크다는 것을 나타낸다. 만약 집단의 구성 개개인을 나타낸다면 그 개개인이 걸리버 여행기의 거인국 사람들처럼 어마어마한 크기의 사람들이라는 말이 되어 현실과 동떨어진 표현이다. 따라서 'The audience **were** enormous.'라는 표현으로 복수형 be-동사를 사용하면 이상하게 들린다.

두 번째 문장은 'audience'가 복수로 사용된다. 여기서 'audience'는 그 구성원을 염두에 둔 표현이다. 즉, 구성원 하나하나를 고려해보면 모두가 여성이라는 표현이다. 따라서 복수형 be-동사를 사용하는 것은 당연하다.

The public **has/have** to a right to know.

(대중은 알 권리가 있다.)

앞의 설명을 확장해서 위 예문을 살펴보면 'The public has/have a right to know.'도 have-동사의 단수 혹은 복수형의 선택적 사용을 설명할 수 있다.

이제 영어원어민들의 문법적 수 개념을 보두 더 이해하기 위하여 다음과 같은 표현을 생각해보자.

A flock of birds is flying south.

(한 무리의 새가 남쪽으로 날아가고 있다.)

위 그림에서처럼 'A flock of birds'는 무리를 이루는 각각의 새들이 아닌 한 무리의 새를 나타낸다고 보아야 한다. 남쪽으로 한 무리의 새가 날아가고 있다고 할 때 그 무리의 개별 새들은 관심의 대상이 아니다. 따라서 이들은 단수로 취급되어 be-동사 단수형 'is'를 사용해야 올바른 표현이다.

아래 문장은 그 구성원들이 서로 붙어 싸우는 상황을 묘사하기 때문에 'the team'이 하나의 무리를 나타내는 것이 아니라, 그 구성원들을 나타내는 것으로 보아야 한다.

The team are always fighting amongst themselves.

(그 팀은 구성원들끼리 늘 붙어 싸운다.)

이 문장에서는 집합명사의 쓰임이 'a single undivided body'를 나타내는지 'individuals of the body'를 나타내는 것인지가 명확하다고 할 수 있지만, 그렇지 않은 예도 있다.

The committee (has, have) not yet decided how _____ should react to the President's racist slur.
(그 위원회는 아직 대통령의 인종차별적 비하 발언에 어떻게 대응해야 할지 아직 결정하지 못했다.)
The audience (was, were) applauding like mad and stamping _____ feet in excitement.
(관중들은 미친 듯이 손뼉을 치며 흥분해서 발을 구르고 있었다.)

밑줄친 빈칸에 들어갈 인칭대명사는 무엇일까? 첫 번째 문장의 'how' 뒤의 주어 자리에 'it'이 오는 것이 좋을까, 아니면 그 복수형인 'they'가 좋을까? 그리고 두 번째 문장에서 'feet'를 수식하는 소유격 인칭대명사로 'its'를 사용해야 할까, 아니면 그 복수형 'their'를 사용해야 할까?

대부분의 영어원어민 화자들은 다음과 같은 선택을 했다.

The committee (**has**, ~~have~~) not yet decided how **they** should react to the President's racist slur.
The audience (**was**, ~~were~~) applauding like mad and stamping **their** feet in excitement.

영어원어민 화자들의 이러한 선택은 다음과 같은 점에서 일관성이 없어 보인다. 각 문장의 첫 번째 절에 사용된 집합명사 'committee'와 'audience'를 하나의 집합체로 간주하여 단수 동사 'has'와 'was'를 택했다고 설명할 수 있다. 그렇다면 이어지는 절에 같은 집합명사를 선행사로 갖는 대명사는 당연히 단수형인 'it', 'its'가 되어야 한다. 하지만 복수형인 'they', 'their'가 왔다. 이런 불규칙성을 어떻게 설명해야 할까?

굳이 설명하자면, 첫 번째 문장의 종속절에서 주어가 복수형인 'they'가 사용된 것은 대통령의 인종차별적 비하 발언에 위원들 개개인의 반응이 어떤지를 묘사하기 때문이라  고 할 수 있고, 두 번째 문장의 발을 구르는 묘사는 개개인의 행동을 염두에 둔 표현이기 때문에 복수형 'their feet'를 사용했다.

Summary

❶ 특정 문장에 주어로 사용된 집합명사가 집단을 나타내는지 혹은 개별 구성원을 나타내는지는 그 문장의 술어가 나타내는 상황에 달려 있음

❷ 그 술어부가 나타내는 해당 상황이 집단에 문제가 되는지, 그 구성원 개개인에 문제가 되는지는 화자가 결정함

❸ 집합명사가 주어로 사용될 때 단수형 동사를 취할지, 복수형 동사를 취할지는 영어원어민들의 직관에 달려 있음

❹ 이 문제는 외국어로서 영어를 배우는 우리에게는 매우 혼란스럽고 이해하기 힘든 그들만의 셈법!

여러 개를 한 번에 하나씩 고려하면 단수 취급

There is a Mother's Day and a Father's Day. vs.
There are Mother's Day and Father's Day.

학교 문법은 there-존재 구문(Existential There-Construction: ETC) 'There is/are~'에서 be-동사 뒤에 복수 개체를 나타내는 말이 오면 'are', 단수 개체를 나타내는 말이 오면 'is'를 사용해야 한다고 규정하고 있다.

There is a doll in the box.
There are dolls in the box.

그런데 만약 be-동사 뒤에 오는 말이 'a doll and a toy car'처럼 두 가지 이상을 나타내는 단수 명사로 연결되면 어떻게 될까? 당연히 아래 예문에서처럼 복수로 취급해야 한다.

Her father bought her **a doll and a toy car**, which **are** made in Korea.

그렇다면 다음과 같은 표현에서 'There _____ a doll and a toy car in the

box.'의 괄호 안에 들어갈 be-동사의 형태는 단수형 'is'일까, 복수형 'are'일까?

이 경우에 영어원어민 화자들은 'is'를 사용한다. 위 예문에서 'a doll and a toy car, (which are made in Korea)'는 복수로 취급되어 be-동사 복수형 'are'가 왔다. 영어원어민들의 언어에 대한 이러한 직관은 같은 표현을 두고 단수로 취급하기도 하고, 복수로 취급하기도 한다.

아래 예문들은 이런 존재 구문에 있어 'and'로 연결된 명사구 의미상 주어 (notional subject)의 단수와 복수 판단이 어떻게 이루어지는지를 잘 보여준다.

There's a table and three chairs in the room.

There are three chairs and a table in the room.

There's a knife and (a) fork on the table.

영어원어민 화자들은 존재 구문에 있어 'and'로 연결된 명사구 의미상 주어의 단수와 복수 판단을 그 명사구 전체가 복수의 개체를 나타내는 것과는 상관없이 be-동사 바로 연이어 오는 첫 번째 명사가 단수이면 단수로, 복수이면 복수로 판단함을 알 수 있다.

다음 문장은 중학교 영어 교과서에 있는 어버이날과 관련된 내용 일부이다.

Eobeoi-nal is May 8th in Korea. But in America, **there are Mother's Day and Father's Day.**

(한국의 어버이날은 5월 8일이다. 하지만 미국은 어머니날과 아버지날이 있다.)

위 문장의 there-존재 구문은 앞서 제시한 영어원어민 화자들의 언어 직관으로 판단하면 잘못된 표현이다. there 다음에 오는 be-동사는 단수형인 'is'가 와야 하고, 'a Mother's Day and a Father's Day'라고 부정관사를 각각 붙여야 한다. 그 이유는 한국의 어버이날과 비교하고 있으므로, 미국의 어머니날과 아버지날은 한국의 어버이날과 구별되는 보통명사처럼 취급되어야 하기 때문이다. 바르게 수정된 아래 문장의 표현을 확인하자.

But in America, **there is a Mother's Day and a Father's Day.**

한편, 구어체적 일상대화에서는 의미상으로 복수가 분명한 경우인데도 다음과 같이 be-동사의 단수형 'is'의 축약형을 there-존재 구문에 사용한다.

Look! There's two lions in the yard.
There's only four bottles of wine left.

이러한 수 불일치의 사례는 실제로 '코퍼스 자료(linguistic corpora)'에서 많이 발견된다. 구어체에서 발견되는 의미상 주어-동사 수의 불일치는 딱히 설명할 방법이 없어 보인다. 일부 언어학자들이 형식적인 주어는 'there'이므로 그것에 맞추어 be-동사의 단수형을 사용한다고 설명하는 정도일 뿐이다.

존재하지 않아도 복수로 취급
no class vs. no classes

주말이나 공휴일도 아닌데 학교에 가지 않고 수업이 없는 날은 대체로 개교기념일이 될 것이다. 이런 맥락에서 '수업이 없다'라는 영어 표현으로 'have no _____'의 밑줄친 빈칸에 단수형 'class'가 적절할까, 아니면 복수형 'classes'가 더 적절할까?

이에 대해 중학교 영어 교과서 한 곳에는 다음과 같이 단수형을 사용하여 'We have no **class** today.'라고 되어있다. 하지만 단수형 'class'를 복수형 '**classes**'로 바꾸어야 자연스러운 표현이 된다. 그 이유는 학교에서는 보편적으로 여러 과목의 수업이 진행되기 때문이다. 만약 단수의 개체를 염두에 두고 그것을 부정하는 경우는 당연히 단수형 명사를 사용하여야 한다. 아래 표현을 보면 이러한 단수, 복수의 문제가 더 명확해질 것이다.

He must lead a lonely life in that village: he has no wife and no children.

(그는 그 마을에서 고독한 생활을 할 수밖에 없다. 아내도, 아이들도 없다.)

일부다처제를 선택한 문화권이 아닌 보통의 경우에 아내는 한 명, 아이들은 여럿을 가지질 수 있다. 따라서 아내의 경우는 'no wife'라는 단수형 표현, 아이들은 'no children'이라는 복수형 표현을 하는 것이 자연스럽다.

다음 예문들에서도 단수·복수형 명사의 선택을 설명할 수 있다.

❶ No (player has, ~~players have~~) won the award more than once.

(어떤 선수도 한 번 이상 그 상을 받은 적이 없다.)

➡ 그 상을 한 번 이상 탄 선수는 아무도 없다고 하는 의미를 전달하므로 단수형인 'player'를 선택해야 한다.

❷ No (~~dog~~, dogs), unless they are on a lead, are allowed in the park. (목줄을 하지 않은 개는 공원에 들어올 수 없다.)

➡ 공원에 출입하는 개는 한 마리만 있는 것이 아니어서 복수형을 써야 한다.

❸ You said there were no (~~car~~, cars) we could afford.

(당신이 우리가 구매할 수 있는 차는 없다고 했잖아요.)

➡ 구매 가능한 차는 여러 대 있을 수 있어서 복수형 'cars'를 취하고 있다.

❹ He had to walk because he had no (car, ~~cars~~).

(그는 차가 한 대도 없어서 걸어야만 했다.)

➡ '한 대도 없다'라는 의미를 표현하므로 단수형 'car'를 사용하고 있다.

명사구 'no+명사'에서 명사의 단·복수형 결정이 위의 설명처럼 언제나 명확한 것은 아니다. 아래의 'no'가 수식하는 명사구는 그 명사가 특별한 이유 없이 거의 숙어적(idiomatic)으로 단수형을 사용한다.

> no amount, no time, no idea, no doubt, no reason, no need,
> no evidence, no problem, no way, no point, no use, …

'idea'와 같은 명사는 단수형과 복수형 모두 'no'와 함께 쓰이지만, 그 의미는 각각 달라진다. 즉, 단수형 'no idea'는 'no knowledge'와 같은 의미가, 복수형 'no ideas'는 'no creative thoughts or plans'와 같은 뜻으로 창의적인 생각이나 계획이 없음을 뜻한다.

'No gain, no pain'이라는 영어 속담에서는 단수 명사를 사용한다. 하지만 Benjamin Franklin은 이와 유사한 속담인 'God helps those who help themselves.'를 'There are **no gains, without pains.**'라고 표현했다. 여기서는 'no gains', 'without pains'처럼 복수형을 사용하고 있다.

Summary

① no+명사구문의 단·복수 결정은 맥락에 따라 복수 개체를 염두에 두지 않으면 단수형 명사를, 그렇지 않은 다른 경우는 복수형 명사를 사용
② 특별한 이유 없이 숙어적으로 단수형만을 취하는 때도 있음
③ 'idea'의 경우처럼 단·복수형에 따라 의미가 달라지는 예도 있음
④ 'gain', 'pain'은 단·복수형 모두 허용
⑤ 단·복수의 문제는 영어원어민 화자, 그들만의 셈법!

하늘과 바다도 지분등기 됩니다
the clear, blue sky vs. clear, blue skies

한국어의 '하늘'은 헤아릴 수 있는 대상이 아니라, 단지 하늘일 뿐이다. 하지만 영어에서는 하늘을 'sky'의 복수형인 'skies'를 사용하여 다양한 하늘을 표현할 수 있다. 특히 어떤 특성을 가진 하늘을 지칭할 때 복수형으로 표현할 때도 있다. 예를 들면, **날씨의 개념으로 하늘의 상태를 표현하는 일기예보에서는 복수형**을 사용한다.

Tomorrow we expect **clear skies** in the morning, with rain in the afternoon.

(내일은 아침에 맑다가 오후에 비가 오겠습니다.)

For weeks we had **cloudless blue skies**.

(몇 주 동안 구름 한 점 없는 청명한 날이었습니다.)

We're looking at **clear skies** all day today, so it'll be a great beach day.

(오늘 온종일 맑겠습니다. 해변에서 보낼 수 있는 멋진 날입니다.)

❶ 하늘의 상태를 언급할 때 사용되는 'sky'의 복수형 'skies'는 특정한 곳에서만 볼 수 있는 하늘을 나타내는 것이 아니라, 일반적인 하늘도 의미한다. 아래 예문에서처럼 **특정한 곳에서만 국한된 하늘을 지칭할 경우 단수형 'sky'**를 사용한다.

Looking up at **the sky**, she saw a beautiful rainbow.

(하늘을 올려다보면서 그녀는 아름다운 무지개를 보았다.)

The space shuttle Atlantis blasted off into **a Florida sky** Monday to kick off a long-awaited mission to save the Hubble Space Telescope.

(우주왕복선 Atlantis가 오랫동안 기다려온 허블 우주망원경의 구조 임무를 수행하기 위해 월요일 Florida 하늘로 발사되었다.)

❷ 하늘을 나타내는 또 다른 표현으로 'heavens'가 있다. 단수형 'sky'가 특정 하늘을 나타낸다면 복수형 **'heavens'는 특정한 곳의 하늘을 나**타낸다. 단수형 **'heaven'**은 추상명사로 **즐거움이 있거나 주는 곳 혹은**

천국을 의미한다.

We stared up at **the heavens** trying to see the comet.

(우리는 혜성을 보려고 하늘을 쳐다봤다.)

Galileo used a telescope to observe **the heavens**.

(Galileo는 하늘을 관측하기 위해 망원경을 사용했다.)

He hopes to go to **heaven** when he dies.

(그는 죽어 천국에 가기를 희망하고 있다.)

❸ 아래 예문은 중학교 영어 교과서의 한 문장이다. 'sky'의 쓰임이 올바르게 사용되었는지 판단해보자.

I like **the clear, blue sky**. She likes **the deep, blue sea**.

예문에서 자신은 맑고 푸른 하늘을, 친구는 깊고 푸른 바다를 좋아한다고 말한다. 공통점은 푸른색을 좋아한다는 것이다. 그런데 예문의 표현은 특정한 곳의 하늘을 의미하는 것이 아니라, 맑고 푸른 일반적인 히늘을 지칭하므로 성관사 'the'를 빼고 'sky'를 복수형 'skies'로 고쳐야 한다. 마찬가지로, 두 번째 문장의 'the deep, blue sea'도 'deep, blue seas'로 바꾸어야 앞 문장과 조화를 이룰 수 있다.

느닷없이 특정 바다를 의미하는 정관사를 동반한 교과서의 표현은 일반적인 호불호를 나타내는 맥락에서 맞지 않는다. 아래 문장처럼 수정해야 한다.

I like **clear, blue skies**. She likes **deep, blue seas**.

❹ 한정 복수 표현 'the seas'는 특정한 시점과 지역에 있는 바다를 가리킨다.

We were steaming through **the calmest seas**.

(우리는 가장 고요한 바다를 증기선으로 항해해 나아가고 있었다.)

The seas are warm further south.

(그 바다는 더 남쪽이 따뜻하다.)

He drowned after 30 minutes in **the rough seas**.

(그는 그 거친 바다에 빠져 30분 후 익사하였다.)

❺ '특정 지역에 국한된 바다'라는 의미를 'waters'로 표현할 때도 있다.

We left San Diego and sailed south for **Mexican waters**.

(우리는 San Diego를 떠나 멕시코 수역을 향해 남쪽으로 항해했다.)

They were fishing in **international waters**.

(그들은 국제 수역에서 고기를 잡고 있었다.)

❻ 복수형 'waters'는 'the river's mighty waters', 'the stormy waters of the bay'에서처럼 높이 치는 파도를 의미한다. 이러한 파도의 의미를 통해 어렵고 불명확한 상황을 은유적으로 나타내는 뜻을 전달하기도 한다.

We are entering into **dangerous waters** whenever we discuss religion in public.

(우리는 공개적으로 종교를 논할 때면 위험한 상황으로 빠져들었다.)

He is always interested in venturing into **uncharted waters**.

(그는 미지의 영역으로 위험을 무릅쓰고 진출하는데 늘 관심이 있다.)

❼ 'water'는 물질명사이면서 불가산명사이다. 이 명사가 복수형으로 사용되면 가산성, 즉 헤아릴 수 있는 개체를 나타낸다고 볼 수 있다. 'inland waters'는 육지에 있는 호수이나 강 등의 물을 의미하고, 'coastal waters'는 연안 해역을 의미한다. 연안을 따라 형성된 해수 전체를 지칭하기 때문에 '해역'이라고 번역된다.

그리고 'mineral waters'는 광천수를 의미하는데 일반 물을 나타내는 것과 복수형이 가능한 이유는 물에 함유된 미네랄과 탄산가스 포함 여부('still' or 'sparkling')에 따라 분류될 수 있어 가산성을 가지고 있다고 보기 때문일 것이다.

Summary

❶ 특정한 곳의 하늘을 의미할 때는 단수형인 'sky'를 사용하여 표현

❷ 날씨와 관련된 하늘의 상태를 나타낼 때는 복수형인 'skies'를 사용하여 표현

❸ 단수형 heaven은 천국 또는 천국과 같이 좋은 곳을 의미

❹ 특정한 곳의 하늘을 나타내려면 복수형 'heavens'를 사용하여 표현

❺ 'water'의 복수형은 특정 지역의 '해역', '수역'을 의미

❻ 광천수처럼 종류 구별이 가능한 물을 지칭할 때는 복수형 'waters'로 표현

❼ 복수형 'seas'는 특정 지역의 바다를 의미

❽ 영어 자체의 고유한 특성과 영어원어민 화자들만의 수 헤아림
   그런 방식에서 나온 표현

부록

APPENDIX

부록

명사의 가산성 판단

❶ 명사 자체만으로 가산인지 비가산인지 판단하는 논리적 근거는 인식적으로 동일 종의 대체물을 설정할 수 있는지에 따라 결정된다. 이러한 인식은 상황에 따라 가변적이며, 영어를 모국어로 하는 화자들은 해당 명사가 지칭하는 것이 논리적인 근거로 볼 때 일반적으로 동종의 대체물로 구분되지 않아도 **동종의 대체물로 구분해 인식할 필요가 있으면 가산성을 부여하여 가산명사로 취급**한다. 그 반대의 경우도 가능하다. 다음 두 가지 분류의 예문들은 가산성의 판단이 명사별로 상황에 따라 변화한다는 것을 보여주는 좋은 예이다.

- Hetty likes to gorge herself on *cake*.

  Whenever Hetty gobbles down *a cake*, her diet 'starts tomorrow'.
- *Oak* is deciduous.

  An oak is deciduous.   *deciduous 매년 잎이 떨어지는, 낙엽수의
- Nick Frenzy plays *guitar* with noise.

  Carol has just bought *a guitar*.
- The scrapyard is full of smashed *car* awaiting recycling.

                                          *scrapyard 쓰레기 하치장

  The driveway was blocked by *a car* with its front end stove in.
- We went to *school* by car.

  Is there *a school* around here?
- In *bed* they were blissfully happy.   *blissfully 더할 나위 없이

  You could buy *a bed* cheaply down on the lane.
- There's not enough *table* for everyone to sit at.

  We need *a bigger table*.
- Ellie finds squashed *spider* more nauseous than the thing alive.

                                          *nauseous 메스꺼운

  We were worried that even *a squashed spider* would upset Graham enough to make him suicidally depressive.

- John uses *a lot of egg/chocolate/stone* in his work.

  John put *one egg, two chocolates, and three little stones* on the desk.
- I had *three apples/eggs* for dinner.

  Add *more apple/egg* to the salad.
- Mary has blond *hair/*hairs*.

  Mary noticed one gray hair on Jane's hair.
- The mattress was filled with *straw/*straws*.

  Pass me *two straws*, please.
- The field was covered with *clover/*clovers*.

  Mary was looking over *three five–leafed clovers*.

❷ 영어에는 같은 의미를 지칭하는 가산명사와 물질명사가 있다.

가산명사	물질명사
Did you have *a good journey*?	I like *travel*, but it's often tiring.
Do you have *a fresh loaf*?	Do you have some fresh *bread*?
Would you like *a meal*?	Would you like some more *food*?
	I'm looking for some interesting *work*.
I'm looking for *a new job*.	There *is* too *much traffic* on the road.
There *are* too *many vehicles* on the road.	

❸ 재료가 되는 물질을 나타내는 단어는 비가산명사로 취급하지만, 같은 단어를 써서 재료로 만들어진 사물을 나타내는 경우 가산명사로 취급할 수 있다. 재료, 액체 등을 나타내는 명사가 제품을 나타낼 때도 가산명사로 취급할 수 있다.

- I'd like some typing *paper*.
  I'm going out to buy *a paper*. (=a newspaper)
- The window's made of unbreakable *glass*.
  Would you like *a glass* of water?
- Not all washing *powers* are harmless to the fabric.
  The wine–carrying cart has select luxury *wines*.

가산명사와 불가산명사

❶ rice, grapes 등은 개별적 요소들이 모인 집합체로 볼 수도 있고 한 덩어리도 볼 수도 있다. 이런 종류의 사물 중에는 불가산명사, 가산명사 모두 존재한다. 작은 낱알(sand, rice)은 보통 불가산명사이고, 더 큰 낱알이 모여 구성된 집합체(peas, grapes)는 가산명사인 경우가 많다. 이 구분은 명확한 체계가 있는 것은 아니므로 상황에 따라 판단하면 된다.

- 불가산명사: fruit, rice, spaghetti, macaroni, sugar, salt, corn, wheat, barley(보리), rye(호밀), maize(옥수수), gravel(자갈)
- 가산명사: vegetable(s), bean(s), pea(s), grape(s), lentil(s), pebble(s)
  Fruit is very expensive, but *vegetables are* cheap.
  Is the *spaghetti* ready?
  These *grapes are* sour.
- hair
  His *hair* is black. (불가산명사)
  So why has he got *two* blonde *hairs* on his shirts?

❷ 수량의 개념을 표현하기 위해 단수 가산명사를 불가산명사처럼 쓰기도 한다. 이러한 명사 앞에 much, enough, plenty of, a lot of 등으로 수량의 개념을 표현한다.

There is *enough paint* for 10 square meters of the fence.
If you buy one of these, you can get *plenty of computer* for your money.

❸ 가산 추상명사 중 difference, point, reason, idea, change, difficulty, chance, question 등은 little, much 등의 한정사 뒤에서 불가산명사처럼 쓰일 수 있다.

Is there *not much difference* between 'end' and 'finish'?
I don't see *much point* in arguing about it.
(그 문제를 두고 입씨름해봐야 의미가 없다.)
There is *little reason* to expect the real estate market to stabilize.
(부동산 경기가 안정되리라고 예상할 근거가 거의 없다.)
I haven't got *much idea* of his project.
There isn't *any change* in the patient's condition.
(그 환자의 병세는 전혀 차도가 없다.)
They had *little difficulty* in stealing the gold bar.

❹ 일부 가산명사는 관용표현에서 복수형으로 취급한다.

Aimee Mullins goes running on the beach *in all weathers*.
Did you visit many historical places *on your travels*?
Gulliver's Travels

❺ 심리적, 정신적 활동을 나타내는 일부 불가산명사 앞에 a/an을 붙여 명사의 의미를 구체적으로 한정하기도 한다.

He needs a team leader with *a first-class knowledge* of Spanish.
She has *a deep distrust* in her new neighbors.
The kindergarten student shows *a surprising understanding* of adult thinking
You were *a great help* to the success of this contract.
I need *a good* night's *sleep*.

• 다음 명사들은 일반적으로 복수형으로 쓸 수 없으며, 대부분의 불가산명사는 형용사의 수식을 받더라도 그 앞에 a/an을 붙일 수 없다.
My father enjoys *very good health*.
We're having *terrible weather*.

She speaks *excellent English*.
It's *interesting work*.
His speech did serious *damage* to his chance of election.

❻ 복수형 불가산명사

불가산명사 중에서도 복수형을 취하는 명사들이 있다. 이러한 명사들은 단수형이 없으며 대체로 수가 앞에 올 수 없다.

I have often bought *groceries* online.
The airport *customs* have found many guns in his luggage.
Many *thanks* for your help.

arms, cloths, congratulations, contents, earnings, funds, goods, lodgings(숙소), leftovers(나머지), manners, the Middle Ages, odds(가능성), premises(건물), regards(인사), proceeds(수익금), odds-and-ends(잡동사니), outskirts(변두리), remains(유적), refreshments(다과), savings(저금), supplies(보급품), valuables(귀중품), troops(군대), surroundings(환경), wages(임금)

구상명사와 추상명사

❶ 추상명사는 특성(difficult), 사건(arrival), 감정(live) 등을 가리킨다. 구상명사와 마찬가지로 추상명사도 부분 명사(part of the time)와 단위 명사(a piece of information), 종 명사(a new kind of music)와 결합한다. 가산명사나 질량명사의 범주에 속하는 추상명사는 물리적인 의미에서는 명확한 개념이 될 수 없다. 사건과 특별한 상황을 나타내는 명사(talk, knock, shot, meeting 등)는 대체로 가산명사이다.

There was *a quiet knock* on the door.
The committee held two evaluation *meetings*.

❷ talk, sound, thought 같은 명사는 질량명사의 범주에 속하기도 한다.

We had *a long talk* with the Consumer Rights Protection Association. (가산)

In Islamic countries, we now hear *talk* of women's freedom. (질량)

I couldn't hear *a sound*. (가산)

This high-tech spacecraft can sail on the moon faster than *sound* waves. (질량)

What are your *thoughts* on this problem? (가산)

The senator was deeply lost in *thought*. (질량)

❸ honesty, happiness, information, progress, applause, homework, research 같은 추상명사는 질량명사로만 쓴다.

President Biden's inaugural address was followed by loud *applause*.

I have some *homework* to finish.

The company has provided us with sufficient *information* and *advice*.

Wealth did not bring them *happiness*.

❹ experience, difficulty, life 같은 추상명사는 질량명사 또는 가산명사가 될 수 있다.

The EU had little *difficulty* in eliminating tariffs between countries. (질량)

＊주의: He is having financial *difficulties*. (가산)

He is a semiconductor engineer with years of *experience*.

＊ 주의: Tell me about your *experiences* abroad. (가산)

Life is both beautiful and complicated. (질량)

＊ 주의: He has had *a* really difficulty *life*. (가산)

❺ 추상명사와 함께 쓰는 분할과 부분에 관한 표현은 다음과 같은 예문에 잘 나타난다.

• 추상명사와 part를 함께 쓸 때

  Part of her music *education* was completed at Yale University.

• 단위 명사

  We had *a (good)* game of chess.

  He suffered from *(terrible)* fits of fury.

Let me give you *a (useful) bit of advice*.
There is *an (interesting) item of news*.
• 시간(기간) 명사(가산명사의 계량명사에 해당하는 추상명사)
  three months of hard work
• 종 명사
  a(n exciting) type of dance
  a (strange) kind of behavior

❻ 추상명사는 원칙상 관사와 함께 쓰이지 않으며 복수형도 만들지 않는다. 단,
수식어구와 함께 쓰일 때는 정관사를 붙일 수 있고, 부정관사가 부가됨으로 가
산명사의 범주에 속하기도 한다.

Knowledge is power.
A little knowledge is a dangerous thing.

He is *the wisdom* of Solomon.
Wisdom is gained by experience.

The rich envy *the happiness* of the poor.
Happiness consists in contentment.   * contentment 만족

Necessity is the mother of invention.

영어 교과서 '속살 보기' 오류와 실수

지은이 이예식·김지희

펴낸이 박영발

펴낸곳 W미디어

등록 제2005-000030호

1쇄 발행 2022년 3월 25일

주소 서울 양천구 목동서로 77 현대월드타워 1905호

전화 02-6678-0708

e-메일 wmedia@naver.com

ISBN 979-11-89172-40-4 03740

값 19,800원